대 한 민 국
재 테 크 트 렌 드
2021

대한민국 재테크 트렌드

2021

제로금리, 포스트 코로나 시대의 성공 투자법

조선일보 경제부 엮음

"위험은 자신이 무엇을 하는지 모르는 데서 온다.
진짜 능력은 얼마나 많이 아느냐가 아니라
자신이 아는 것과 모르는 것이 뭔지 아는 것이다."

-워런 버핏

차례

부동산

01

이광수

미래에셋대우 리서치센터 애널리스트. 리츠와 부동산시장, 건설 회사를 분석한다. GS건설을 다녔고 수차례 베스트 애널리스트로 선정되었으며 2019년에는 글로벌 리서치 기관 리피니티브(Refinitiv)에서 수여하는 '애널리스트 어워즈 아시아 최고 애널리스트(Analyst Awards Overall Top Stock Picker)'를 수상했다. 투자자를 위해 좌고우면하는 의견이 아닌 근거 있고 선명한 리서치를 하려 노력한다. 저서로 《흔들리지 않는 부동산투자의 법칙》, 《서울 부동산 경험치 못한 위기가 온다》, 《2020 리츠가 온다》 등이 있다.

1장

부동산 배틀 Round 1.

부동산,
왜 버블인가?

이광수, 미래에셋대우 리서치센터 수석연구위원

시대가 빨리 변하고 시장 변화도 급속히 이뤄지고 있지만 부동산을 살펴보기 전에 꼭 전제할 것이 두 가지 있습니다.

하나는 내 집 마련이든 투자 목적이든 이제 부동산을 단기 목적으로 사면 거의 실익이 없다는 점입니다. 가령 2년 이내에 팔면 양도세 부담이 굉장히 클 뿐 아니라 내야 할 세금도 많고 변동성까지 감안해야 하므로 단기로는 그다지 의미가 없습니다. 그래서 부동산시장은 긴 호흡으로 봐야 합니다. 어떤 목적으로 부동산을 사든 최소 5년 이상은 보유해야 합니다.

다른 하나는 부동산을 살 때 많은 돈을 투자하므로 과연 5~6년 후 돈을 벌 수 있는지 고민해봐야 합니다. 이것은 굉장히 중요한 일입니다. 대출을 받아서 집을 샀는데 4~5년 후 집값이 30~40퍼센트 하락하면 설령 내가 살고 있는 집일지라도 마음이 전혀 괜찮지 않습니다.

결국 부동산시장은 긴 호흡으로 봐야 하고 특히 투자 목적일 때는 무엇을 더 관심 있게 봐야 하는지 알고 접근해야 합니다. 즉, 당장 2021년 집값도 중요하지만 투자 목적이라면 긴 호흡으로 그보다 더 긴 기간을 고려해야 합니다.

이것을 염두에 두고 다음 도표를 봅시다.

이것은 2016년부터 최근까지 부산에 있는 한 아파트의 실거래가를 나타낸 것입니다. 어떤 생각이 드나요? 저는 두 가지 생각을 하리라고 예상합니다.

'와, 한동안 오르지 않다가 이제 오르기 시작했네. 지금이 살 때네!'

'여태 오르지 않다가 왜 갑자기 지금 오른 거야?'

흥미롭게도 2020년에만 올랐어요. 그동안에는 앞의 생각이 늘 주목을 받았고 항상 맞았습니다. 그런데 이 도표의 관심사는 '앞으로 어떻게 변할 것인가' 하는 점입니다.

2016년부터 2019년까지 이 아파트는 가격이 계속 오르지 않았고 사람들은 별로 관심을 두지 않았습니다. 그런데 갑자기 2020년 들어 급등하자 사람들의 생각이 바뀌었죠.

부산 ○○ 아파트 실거래가 흐름

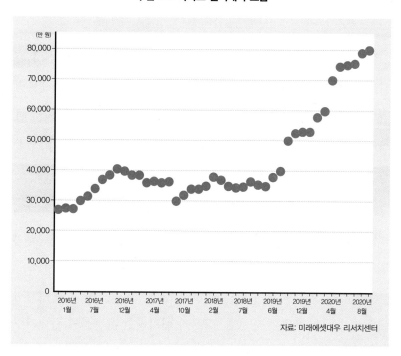

자료: 미래에셋대우 리서치센터

'그래, 좋은 곳이야! 사야 해!'

왜 2016년, 2017년에는 이 아파트를 사지 않았을까요? 세상이 그토록 크게 변한 걸까요?

매물 감소로 인한 가격 상승은 변동성이 크다

  이번 장 제목이 '왜 버블인가'인데 사실 버블인지 아닌지 제가 판단을 잘못할 수도 있습니다. 그런데 가격 상승 요인을 분석해보면 그 가격에 정당성이 있는지, 더 오를 수 있는지, 하락할 것인지는 판단이 가능합니다. 같은 맥락에서 어떤 시장을 볼 때는 가격이 왜 올랐는가를 가장 먼저 봐야 합니다.

  저는 "콩 심은 데 콩 나고 팥 심은 데 팥 난다"는 말을 아주 좋아합니다. 콩을 심었는데 팥이 날 리는 없죠. 마찬가지로 현재 무슨 일이 벌어지고 있는지 면밀히 검토해야 미래를 잘 전망할 수 있습니다.

  여러분은 왜 한국의 집값이 이처럼 가파르게 올랐다고 생각합니까? 여러 가지 이유가 있겠죠. 금리가 하락하고 유동성이 확대되면서 돈 가치가 떨어져 갑자기 급등했다고요? 물론 일리가 있는 말이고 저도 동의합니다. 하지만 분석을 그처럼 광범위하게 하면 원인을 파악하기가 어렵습니다.

  예를 들어 어느 날은 삼성전자가 돈을 벌어서 집값이 올랐다고 하다가 다음에 또 집값이 오르자 이제는 금리가 떨어져서 집값이 올랐다고 하는 식이면, 만약 금리가 올랐어도 집값이 계속 오를 경우 다른 이유를 댈 겁니다. 사실 시장가격이 오르는 이유는 아주 단순해요. 재화 시장에서 가격이 변동하는 원인에는 두 가지가 있습니다. 수요가 증가하거나 공급이 감소하는 거죠. 이 두 가지 원인에 다른 여러 가지 원인이 응축되어 그 결과가 나타나는 것입니다.

그런 의미에서 최근 한국의 집값에는 굉장히 흥미로운 현상이 벌어지고 있습니다.

다음 도표를 보면 서울의 아파트 가격이 2016년부터 지금까지 계속 오르고 있는데 한 가지 과거와 다른 변화가 보입니다. 여기서 거래회전율은 집을 소유한 사람들이 시장에 집을 내놓는 매물의 양을 말합니다.

사람들이 부동산을 살 때는 보통 부동산중개소를 이용합니다. 그곳에는 매물이 있는데 만약 매물이 많으면 집값은 당연히 하락합니

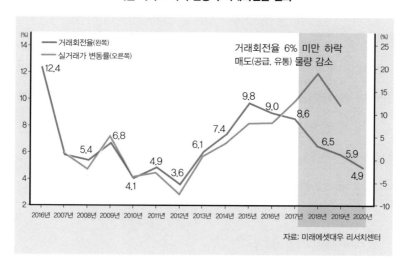

서울 아파트 가격 변동과 거래회전율 변화

자료: 미래에셋대우 리서치센터

다. 반대로 수요는 똑같은데 매물이 없을 경우에는 가격이 상승합니다.

그런데 2018년부터 서울의 아파트를 중심으로 시장에 매물을 내놓는 사람들이 급격히 감소했습니다. 특히 다주택자를 중심으로 시장 매물이 빠른 속도로 감소했지요. 사려는 사람은 많은데 매물이 없으면 가격이 오르는 것은 당연합니다.

예를 들어 지금 비규제 지역의 아파트 가격이 크게 상승하는 이유는 갑자기 수요가 증가해서가 아닙니다. 느닷없이 사람들이 비규제 지역으로 몰려드니까 팔려는 사람들이 매물을 거둬들인 것이지요. 그래서 가격이 급등하는 겁니다.

재화 시장에서 공급 감소에 따른 재화 가격 상승을 저는 '버블'이라고 표현합니다. 이것은 모든 재화 시장의 공통적인 측면입니다. 예를 들어 공급자가 담합해서 라면 가격을 올리면 버블입니다. 버블은 언젠가 빠지게 마련이지요.

반대로 시장에 수요가 늘어나 가격이 오르면 계속 더 오를 수 있습니다. 한국의 가계 소득이 상승해서 인구가 늘어나고 가계 수가 증가해 계속 오르는 거라면 괜찮습니다. 그렇지만 시장 매물이 감소해서 가격이 오르는 것은 항상 불안하고 변동성이 큽니다. 이 점을 꼭 기억할 필요가 있습니다.

매물이 늘어나는 2021년 부동산시장

왜 매물이 감소했을까요? 가장 큰 이유는 '정책'에 있습니다. 정부는 2018년부터 다주택자가 임대 사업자로 등록하면 혜택을 늘려주었는데 대표적으로 종부세를 거의 내지 않았습니다.

가령 서울에 집이 두 채면 2~3퍼센트씩 종부세를 내야 하지만 임대 사업자로 등록하면 열 채든 스무 채든 종부세를 내지 않았죠. 그러다 보니 2018년부터 임대 사업자 등록 수가 갑자기 급등했고 전국적으로 약 142만 채가 등록했습니다. 서울만 보면 약 8만 채가 임대 사업자 등록을 했어요. 거의 1년 거래량에 육박하는 숫자가 임대 사업자로 등록한 겁니다.

일단 임대 사업자로 등록하면 물건을 팔 수가 없습니다. 의무적으로 5~10년 동안 임대해야 하거든요. 그러니까 가격이 올라서 팔고 싶어도 팔지 못해 시장 매물이 확 감소한 것입니다. 특히 다주택자 매물이 크게 감소했는데 사실은 이것이 가격 급등을 유발한 결정적인 원인입니다.

시장가격에 변화를 일으키는 것은 매물 증감입니다. 제가 임대 사업자 등록을 전수 조사했는데 주요 아파트의 13퍼센트가 임대 사업자로 등록되어 있습니다. 다시 말해 13퍼센트는 팔고 싶어도 매물로 내놓을 수 없고, 살 사람은 매물이 감소하니 급한 마음에 비싼 값에라도 사는 바람에 계속 가격이 오른 것이죠.

앞으로 여기에 균열이 일어날 가능성이 있습니다. 왜 그럴까요?

우선 2021년부터 세금 강화로 다주택자가 세금을 많이 내야 합니다. 일단 임대 사업자로 등록하지 않은 2주택자 이상은 2021년 양도세 중과세가 10퍼센트포인트 이상 인상됩니다. 이제 다주택자들은 언제 시장에 매물을 내놓아야 하는지 걱정하고 있습니다. 시기를 놓치면 양도세뿐 아니라 보유세까지 커지기 때문입니다. 가령 서울에 두 채를 갖고 있으면 보유세를 매년 2~3퍼센트 내야 합니다. 만약 가격 상승세가 이보다 더 빠르지 않으면 시장 매물이 증가할 수 있습니다.

사실 일부 지역은 부동산 매물이 조금씩 증가하고 있어요. 물론 그 결정적인 이유는 다주택자 중과세 강화입니다. 또 하나는 충격적이게도 이제 임대 사업자 등록제도가 아예 없어졌습니다. 5년 동안 임대 사업자에게 혜택을 주었던 제도 자체가 말소되면서 더 이상 임대 사업자는 혜택을 볼 수 없습니다. 이제는 다주택자로 살면서 계속 세금을 낼 것인지 아니면 시장 매물로 내놓을 것인지 결정해야 합니다.

흥미롭게도 그렇게 말소되는 양이 엄청납니다. 전국 기준으로 2020년 47만 채, 2021년 58만 채, 2022년 72만 채, 2023년 83만 채가 말소됩니다. 등록이 말소된 임대 사업자가 팔아야 하는지 고민하는 아파트와 주택이 늘어나기 시작하는 겁니다.

서울은 2020년 말소되는 주택이 12만 채인데 2021년부터 여기에 종부세와 양도세를 중과합니다. 12만 채가 어느 정도 물량인지 감이 잡히나요? 서울에서 새로 짓는 아파트가 최근 4만 채이므로 거의 3년 치 공급 물량이 시장에 나오는 것입니다. 이 매물이 다 풀리면 공급량은 굉장히 많을 거예요.

여전히 전문가들은 입주 물량이 줄어든다고 말합니다. 설령 입주 물량이 줄어들어도 시장에 파는 물건이 증가하면 공급은 많아집니다. 유통시장의 속성이 원래 그래요.

2021년부터 이러한 변화가 시작될 가능성이 높습니다. 2020년에 임대 사업자 제도를 말소하고 다주택자에게 중과를 했어도 아직은 괜찮습니다. 당장은 영향이 없죠. 하지만 2021년부터는 영향을 미치면서 시장에 팔려는 사람이 훨씬 늘어날 확률이 높습니다.

투자 목적으로 집을 사는 사람들이 감소한다

이런 상황에서 어떤 일이 벌어지고 있는지 아십니까? 바로 수요가 감소하고 있습니다. 앞으로 팔려는 사람이 많아질 텐데 그걸 받아줄 사람이 줄어들 가능성이 큽니다. 이미 줄어들고 있어요.

요즘 서울 아파트를 사면 자금조달계획서를 제출하는데 이때 이렇게 묻습니다.

"왜 지금 집을 사세요?"

그런데 사람들의 42퍼센트 정도가 자금조달계획서에 임대나 투자 목적으로 산다고 표시했습니다. 아파트를 사는 수요 중 40퍼센트는 투자 목적으로 산다는 이야기입니다. 바로 그 투자 목적 수요가 지금 급감하고 있습니다. 여기에는 두 가지 이유가 있죠.

첫째, 투자 목적으로 집을 사는 사람은 취득세를 8퍼센트 더 내야 합니다. 이게 굉장히 큰 영향을 미치면서 서울에서 투자 목적으로 집을 사는 수요가 확 줄었습니다. 둘째, 투자 목적으로 집을 사면 거의 대출이 안 됩니다. 결국 앞으로 40퍼센트에 이르는 투자 목적 수요가 줄어들 가능성이 있습니다.

사람들은 그동안 투자 목적으로 얼마나 많은 집을 샀을까요?

2019년 전국에서 주택 56만 7,000채가 거래되었는데 그중 다주택자가 산 것이 10만 7,000채입니다. 약 20퍼센트는 다주택자가 한 채 더 산 주택이었다는 이야기입니다. 이제 다주택자는 더 이상 살 수 없습니다. 왜 그럴까요? 누군가는 이렇게 말할 수도 있습니다.

"취득세 8퍼센트? 내면 되지!"

그렇지 않습니다. 2020년 말 현재 서울의 집값 상승률을 감안하면 일주일에 0.01퍼센트씩 오릅니다. 이렇게 해서 어떻게 8퍼센트를 만회합니까? 이것이 시장에서 투자를 목적으로 하는 다주택자가 급감하는 이유이기도 합니다.

대치동 아파트 거래가 변화가 보여주는 교훈

그런데 왜 지금 수요가 받쳐주고 있는 걸까요? 바로 30대와 40대의 수요 때문입니다. 전세가가 오르자 무주택자들이 대출해서 집을 사는 비중이 갑자기 급증했습니다. 다주택자는 시장에서 빠지고 있는데 그사이를 그동안 계속 소외받아온 무주택자가 집을 사고 있다는 거죠.

과연 이 현상이 얼마나 갈 수 있을까요? 오래 못 갑니다. 시장을 길게 움직이는 세력은 투자 목적으로 구입하는 다주택자입니다. 다주택자들은 주로 신용대출을 받아서 집을 샀습니다. 30대 다주택자의 경우 2016년 4퍼센트가 신용대출을 받아서 샀다면 2020년에는 11~12퍼센트가 신용대출로 집을 샀습니다. 그런데 그 신용대출이 막히고 있어서 더는 수요가 일어날 수 없습니다.

시장을 좀 길게 보면 30대와 40대가 사는 것은 더 영향이 큽니다. 원래 이 수요는 미래 수요입니다. 나중에 5~6년간 집값을 받쳐줄 미래 수요라는 말이지요. 그것이 미리 당겨져 지금 수요가 이뤄지고 있는 겁니다. 그러면 5~6년 후에는 누가 사줍니까? 20대가 살까요? 어떻게요? 길게 보면 지금 30대, 40대가 집을 사는 것은 장기적으로 수요가 감소하는 역설적 상황을 일으키는 셈입니다.

임대 사업자가 시장에서 나가려고 하는데 그 물량을 누군가가 받아주지 않으면 어떤 현상이 일어날까요? 갑자기 집값이 크게 하락할 가능성이 있습니다.

최근 굉장히 흥미로운 뉴스가 있었죠. 강남 아파트 46채가 통째로 420억 원에 팔린 것입니다. 한 가구가 강남 아파트 46채를 투자 목적으로 소유하고 있다가 2021년부터 보유세와 양도세가 증가하니까 팔려고 내놓은 겁니다. 그런데 그걸 통째로 사갈 사람이 어디 있겠습니까. 그래서 420억 원에 사모펀드에 팔았습니다. 420억 원을 따져보면 30평짜리가 10억 8,000만 원입니다. 주변 시세가 16~17억 원인데 말이죠.

이 다주택자는 왜 이토록 싸게 매물을 내놓았을까요? 사줄 사람이 없었기 때문입니다. 이는 매물은 증가하는데 시장에 수요가 없을 때 나타나는 전형적인 현상이죠. 앞으로 매물이 증가하면 이러한 일이 얼마든지 벌어질 수 있습니다.

실제로 이런 일이 15년 전인 2006년에 일어났습니다. 다음 도표는 강남구 대치동의 모 아파트 실거래 가격입니다.

보다시피 2006년 1월 7억 원 후반대에 거래가 이뤄집니다. 그러다가 2006년 11월 이 아파트가 11억 원 이상으로 거래됩니다. 1년도 되지 않아 갑자기 50퍼센트가 오른 거죠. 그때는 지금보다 더 충격적이었어요. 신문이 대서특필하고 전문가마다 위기의식을 불어넣으면서 놀란 무주택자들이 대출을 받아서 집을 사느라 난리가 났었습니다.

그 이후 규제를 강화하고 시장 변동성이 커지면서 다주택자들이

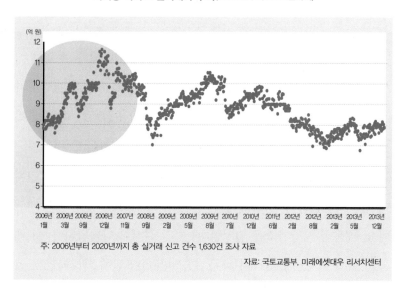

대치동 아파트 실거래가 추이(2006년부터 2013년까지)

주: 2006년부터 2020년까지 총 실거래 신고 건수 1,630건 조사 자료

자료: 국토교통부, 미래에셋대우 리서치센터

매물을 내놓았는데 받아줄 사람이 없었어요. 그러자 갑자기 가격이 급락하면서 7억 원으로 빠졌다가 반등했다가 다시 매물이 나오면 떨어지고 하더니 2013년까지 7억 원에 눌러앉았습니다.

이처럼 매물이 결정하는 시장은 변동성이 클 뿐 아니라 받아주는 수요가 없으면 하방으로 갈 가능성이 있습니다. 우리는 불과 7, 8년 전에 이런 현상을 경험했어요. 이러한 변동성을 읽어야 합니다. 매물이 시장에 미치는 영향은 굉장히 큽니다.

대출 제한이 가져올 유동성 변화

2013년부터 2018년까지 집값은 꾸준히 상승했습니다. 수요가 시장을 계속 받쳐주었기 때문입니다. 이게 좋은 시장이죠. 그러다가 2018년부터 시장 매물이 감소하면서 가격이 올랐습니다. 투자 관점에서는 시장의 유통 물량 증감이 아니라 변동성을 봐야 합니다.

예를 들어 2018년 대치동의 한 아파트가 9월 18억 5,000만 원에 매매가 이뤄졌습니다. 그러다가 계속 빠지고 오르는 변동성이 커졌어요. 매물이 시장가격을 결정할 때 이런 현상이 나타납니다. 이 매물은 20억 원으로 올랐다가 다시 17억 4,000만 원에 거래되었죠. 그럼 이게 오른 걸까요? 아닙니다. 이렇게 거래하면서 부동산중개 수수료와 취득세에다 그동안 낸 세금을 고려하면 무조건 마이너스입니다.

2020년 들어 이 매물은 상당히 올라서 22억 2,000만 원에 거래되었고 다시 20억 8,000만 원으로 내려왔습니다. 이걸 두고 꾸준히 상승하는 시장이라고 말할 수 있을까요? 이러다가 갑자기 시장 매물이 증가하면 17억 원으로 빠집니다. 또 매물이 감소하면 갑자기 20억 원으로 오르고요. 한마디로 좋은 시장이 아닙니다. 그러므로 투자 관점에서 가격 변화를 살펴볼 필요가 있습니다.

많은 사람이 유동성 증가로 집값이 오를 거라고 말합니다. 하지만 여기에는 전제가 필요합니다. 즉, 대출이 가능해야 하죠. 아무리 금리가 내려가고 유동성이 늘어나도 대출이 안 되면 한계가 있습니다.

그다음으로 '플로(flow, 흐름)'를 봐야 합니다. 유동성이 증가한다는 것은 시장에 현금이 많아진다는 것을 의미합니다. 가령 금리가 내려가면 저금리가 아니라 금리가 5퍼센트, 4퍼센트, 3퍼센트, 2퍼센트, 1퍼센트처럼 내려가는 것이 중요합니다. 투자 관점에서는 누군가가 계속 높은 가격에 사줘야 하죠. 그렇다면 이런 질문을 던져야 합니다.

"지금의 유동성보다 유동성이 더 커질 것인가?"

그래서 금리가 내려갈 때는 차라리 5퍼센트에서 4퍼센트로 떨어질 때가 가장 좋은 겁니다. 떨어질 여지가 더 많으니까요. 그럼 지금 금리가 더 떨어질 수 있다고 생각하나요? 거의 제로금리에 가까워서 더 떨어질 여지가 없습니다. 이러면 다 간 겁니다. 누군가가 높은 가격에 계속 대출을 일으켜 유동성이 증가할 가능성이 현저하게 낮은 거지요.

과거가 아니라 미래를 봐야 합니다. 과거에는 5퍼센트에서 4퍼센트, 3퍼센트, 2퍼센트, 1퍼센트로 떨어지니까 유동성이 증가한 것입니다. 이제 0퍼센트가 얼마나 떨어지겠습니까? 그런 차원에서 유동성도 한계를 노출하고 있습니다. 대출을 막은 것뿐 아니라 플로 관점에서 한계를 노출하기 시작했다는 게 굉장히 중요한 변화입니다.

값이 오를 때만 집을 사는 사람들

다음 도표는 아파트 실거래가 변동률을 나타낸 것입니다. 가격 변동폭을 보면 아주 위험한 시장입니다. 과연 이런 시장의 변화를 알아맞힐 수 있을까요? 굉장히 힘듭니다. 여기서 무엇보다 충격적인 것은 사람들이 항상 집값이 오를 때만 집을 산다는 사실입니다. 단기에도 그렇습니다.

2020년 1분기에 강남 집값이 하락했는데 왜 그때는 사지 않았나요? 그때는 무관심하다가 집값이 오르니까 사야 한다고 전국이 들썩였죠. 다시 말하지만 과거가 아니라 미래를 봐야 합니다. 시장 변동 사이클을 보면 한눈에도 절대 안정적으로 보이지 않습니다. 이런 현상이 2019년부터 이어져오고 있지요.

〈주간경향〉에 '극과 극 부동산 괴담'이라는 제목으로 실린 기사를 보면 "강남불패 신화는 절대 깨지지 않을 것이다. 왜냐면 강남권 지역 집 보유자들이 절대 집을 팔지 않을 것이기 때문이다. 만약에 팔면 엄청난 세금을 내야 하기에 매도하느니 차라리 자자손손 물려주겠다는 것이 보유자들의 이야기다. (중략) 매도물량은 씨가 말라버린다"라는 내용이 있습니다. 이 내용에 동의합니까? 많은 사람이 여기에 고개를 끄덕일 겁니다. 충격적이게도 이 기사는 15년 전인 2006년 11월에 실린 겁니다. 그런데 만약 이때 강남에 집을 샀으면 7~8년 동안 빚에 허덕였을 거예요. 물론 그때 사서 버텼으면 좋았을 겁니다. 과

아파트 실거래가 변동률

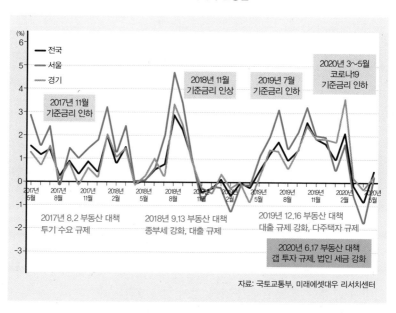

자료: 국토교통부, 미래에셋대우 리서치센터

연 그렇게 산 사람들이 버텼을까요? 못 버티고 다 팔았어요. 그들이 팔 때 누군가는 싼 가격에 샀습니다.

이게 시장의 변화입니다. 사람들이 과도하게 집착할 때, 영원히 변하지 않을 것이라고 이야기할 때, 당연하다고 생각하는 것을 말할 때, 어쩌면 세상이 조금 바뀔 수도 있다고 할 때, 여러분은 기회를 잡고 변화를 읽어야 합니다. 자산의 80~90퍼센트를 대출받아 집을 사면 과연 행복할까요? 그렇지 않습니다. 중개수수료를 내고 잔뜩 오른 집값에 사는 게 과연 현명한 판단일까요? 오른 집값에 사서 과연 얼마나 상승하고 얼마나 집값이 변할지 냉철한 판단이 필요한 상황입니다.

부동산은 단타 투자 종목이 아니다

앞에서 강남 대치동 아파트가 2006년 1월 7억 원이었는데 11월 50퍼센트 상승해 11억 원이 되었다고 했죠? 당시 아주 독특한 현상이 일어났는데 2006년 서울의 지역별 부동산가격 중 가장 많이 상승한 지역이 노원구입니다. 그곳의 집값이 계속 오르지 않다가 2006년 시장이 열광할 때 노원구가 가장 많이 상승했습니다.

그럼 2020년 상황을 봅시다.

2020년 말 서울에서 강북 집값 상승률이 강남 집값 상승률을 초과했습니다. 그중 가장 많이 오른 동네가 노원구입니다. 신기하게도 15년 전과 똑같습니다. 일단 사람들이 집을 팔지 않자 여태껏 집을 사지 않던 사람들이 집을 사기 시작했습니다. 이때 자금에 한계가 있으니까 대출이 가능한 중저가 아파트로 몰리는 바람에 강북 집값이 급등한 것입니다.

어떤 생각이 듭니까? 잘 바라보면 변화를 읽을 수 있습니다. 최근 5~6년간 계속 올랐지만 집을 한 채 갖고 있는 사람은 돈을 번 게 아닙니다. 물론 무주택자보다는 훨씬 좋지만 다 오르는

가격 상승세의 확산이 가지는 의미

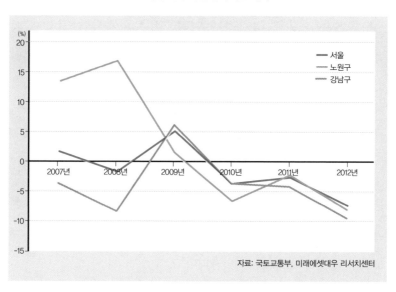

자료: 국토교통부, 미래에셋대우 리서치센터

바람에 이사도 못 갑니다.

제가 2020년 말이나 2021년 1~2월까지 오를 만한 동네를 알려 드릴까요? 그동안 오르지 않았던 곳, 규제를 받지 않는 곳, 대출이 가능한 곳은 무조건 오릅니다. 이건 누구나 아는 사실입니다. 그래서 2020년 하반기에 전혀 관심을 받지 않던 지역까지 다 올랐잖아요. 파주도 오르고 경주도 올랐습니다. 경주 가서 사면 2021년 상반기까지 수익률이 좋을 겁니다. 그게 여러분에게 좋을까요? 그것을 어떻게 팔 겁니까? 과연 누가 받아갈까요? 양도세, 취득세 몽땅 내고 나면 실익이 없어요.

부동산은 절대 단타가 아닙니다. 그 차원에서 진지하게 시장 변화를 고민해야 합니다. 무엇보다 안타까운 사실은 집이 가장 없는 세대, 그동안 집값이 오르지 않아 가장 괴로웠던 세대가 집을 사고 있는 현상입니다. 불안 심리에 쫓겨 대출을 있는 대로 끌어다가 집을 사는 상황이 얼마나 갈까요?

이 현상을 보고 어떤 전문가가 "30대, 40대 무주택자가 샀으니 매물이 나오지 않아 집값이 빠지지 않을 것"이라고 예측하더군요. 이건 너무 단기만 생각한 분석입니다. 사람들이 이렇게 집을 샀기 때문에 미래 수요가 사라져버렸습니다.

2024~2025년부터 3기 신도기에 몰려들기 시작할 테고 또 서울 시내에도 공급한다고 하는데, 이런 물량이 나올 때 시장에 어떤 변화가 일어날지 진지하게 고민할 필요가 있습니다.

이러한 변화 앞에서 투자 목적으로 시장을 바라보면 관점이 달라질 수 있습니다. 투자 관점으로 세상을 보고 변화를 한번 읽어보기 바랍니다.

이상우

인베이드투자자문 대표. 증권사 애널리스트 출신으로 주거 시장을 중심으로 합리적이면서 분석적인 관점에서 부동산에 접근하는 방법을 전달하고 있다. 정기구독 서비스 〈월간 부동산라이프〉를 발간하고 있으며 저서로 《대한민국 아파트 부의 지도》, 《대한민국 부동산 대전망》이 있다.

2장

부동산 배틀 Round 2.

부동산 가치의 재발견: 거거익선

이상우, 인베이드투자자문 대표

부동산 가치 측면에서 12~13년 전과 달리 2020년에 변화한 것은 바로 거거익선(巨巨益善)입니다. 더 큰 집이 더 좋은 주거환경을 제공한다는 의미지요. 과연 큰 집은 2021년 우리에게 얼마나 많은 편의를 제공할까요?

먼저 지금 우리에게 가장 필요한 것을 살펴봅시다. 최근 가장 큰 화두가 '세금'이죠. 자산을 보유한 사람은 누구나 세금을 내야 하는데 세금이 내기 싫어서 자산을 매각하는 사람도 있습니다. 자산을 매각하면 세금을 낼 대상은 사라지지만 대신 내 손에 아무것도 남아 있지 않습니다. 저는 차라리 자산을 더 보유해서 세금을 더 내겠다는 긍정적인 자세가 더 낫다고 봅니다. 그러니까 세금을 적극 내면서 어떻게 살아갈지 고민해보는 것이 좋습니다.

그런 긍정적 자세로 주거 복지를 생각해봅시다. 저는 주거 복지란 지금 사는 집보다 좀 더 넓은 집, 임대가 아닌 소유를 의미한다고 봅니다. 더 큰 차가 우리에게 더 큰 만족을 주듯 집도 현재보다 더 큰 집이 행복을 가져다준다고 생각합니다. 내 집을 소유하되 점차 늘려가는 것이 바로 행복이자 복지가 아닐까요?

2021년 주택 관련 슬로건은 '좀 넓게 살자. 친구도 부르고'입니다. 굳이 밖에 나가 아웅다웅하는 것보다 내 집에서 편하게 일도 하고 공부도 할 수 있는 나만의 공간이 있는 게 좋지 않을까요? 더욱이 언택트 시대가 성큼 다가오고 보니 2021년에는 더 큰 집이 상당히 중요해질 것으로 보입니다. 이 현상은 코로나19가 종식되든 아니든 큰 변화가 없을 것입니다.

슬프게도 2020년 논란이 있었던 말 중 하나가 '벼락 거지'입니다. 이들은 정말 한눈팔지 않고 정석대로 사회생활을 열심히 한 사람들입니다. 그런데 주택, 주식, 비트코인 등에 공격적으로 투자한 사람들이 돈을 벌다 보니 이들이 상대적으로 쪼그라든 느낌을 받는 것입니다. 더구나 누가 지칭해서가 아니라 자기 스스로 그렇게 느낀다는 점에서 더욱 안타까운 현상입니다.

2020년 초 코로나19 때문에 수많은 공포감이 조성되긴 했지만 그

와중에도 펀더멘털이 좋은 주식은 많이 올랐고 집값은 그야말로 미친 듯이 올랐습니다. 이 둘뿐 아니라 가상화폐나 다른 자산도 상당히 가격 흐름이 좋다 보니 부정적으로 생각하는 사람만 힘들어지는 세상이 되어버렸습니다.

2020년을 예측할 때 저는 강남에 신길과 고덕을 더해 4퍼센트 정도 상승을 내다봤습니다. 이를 흔히 '강고신'이라고 부르죠. 이 기본 근거는 2021년에도 크게 달라지지 않을 겁니다. 여기에다 2021년에는 서울시장, 부산시장 선거 이슈가 있어서 2020년과 시황이 비슷하리라고 봅니다.

여기서 한번 우리가 2020년에 무얼 잘못했는지 혹은 무얼 했는지 생각해봅시다. 유명한 미국 주식, 가령 바이오, 전기차 주식을 샀나요? 그게 아니면 한국 주식을 샀나요? 비트코인은? 집은? 땅은? 여러 가지 부정론에 휩쓸려 아무것도 하지 않았나요? 언택트 시대라고 그저 집에서 배달만 시켜 먹었나요? 어쩌면 2020년에 무얼 했느냐고 질문을 받으면 배달 회사 좋은 일만 시켜주었다는 대답밖에 나오지 않을지도 모릅니다.

언뜻 2020년은 무엇 하나 제대로 하기 힘든 한 해로 보였지만 사실 해외 지수만 해도 엄청나게 올랐습니다. 나스닥뿐 아니라 다우존스도 크게 상승했지요. 종목 선정이 어렵다면 그냥 지수만 샀어도 수익률이 상당히 좋았을 겁니다.

한국은 더 올랐습니다. 굳이 서학 개미를 하지 않고 동학 개미만

했어도 잘됐을 것입니다. 코스피보다 코스닥이 더 많이 올랐어요. 적어도 코스닥을 샀으면 종목을 잘 모를지라도 115퍼센트 가까운 상승률을 경험했을 거예요. 2020년 말 현재 코스피는 더 올랐습니다. 12월 초 사상 최고치를 경신했는데 이때 마음 아파한 사람이 많을 것입니다. 폭포수처럼 빠지던 엄청난 급락 기간에 대부분 못 샀기 때문이지요. 물론 저도 아무것도 못했습니다. 급락 기간에 용기를 내서 들어갈 수 있는 건 일반인뿐 아니라 전문가도 쉽지 않습니다.

그런데 거의 똑같은 흐름이 부동산에서 벌어졌어요. 다만 부동산은 2020년 상반기 때 많이 빠지지 않았고 심지어 올랐지요. 평소에 사람들이 잘 쳐다보지 않던 6억 원 이하나 9억 원 이하 주택이 상당히 많이 올랐습니다.

가상화폐도 많이 올랐지요. 많은 사람이 관심을 기울이지 않는 동안 400퍼센트 정도씩 올라가는 일이 벌어졌습니다.

저는 투자의 가장 중요한 포인트는 '긍정적인 사고'라고 생각합니다. 염세적인 자세와 영원히 안 될 것 같은 패배주의에서 빨리 벗어나야 합니다. 2020년 여름부터라도 부동산이든 주식이든 아니면 자신이 잘 아는 무언가든 잘 추적하다가 어떤 결정을 딱 내렸으면 상당히 좋은 수익이 났을 것입니다.

2020년과 같은 상승세를 보일 2021년

지금은 변동성도 무척 커졌고 속도도 아주 빨라서 어떤 결정을 내리기가 굉장히 어렵습니다. 아마 '과연 지금 내가 잘하는 걸까?' 하는 생각이 하루에도 몇 번씩 들 것입니다. 일단 여기서는 부동산 쪽을 생각해봅시다.

2020년 11월까지 아파트 매매가격을 보면 KB 평균 기준으로 서울이 약 19.6퍼센트 상승했습니다. 강남보다는 강북이, 서울보다는 경기도가 더 많이 올랐습니다. 경기도가 20.8퍼센트 상승했는데 특이하게도 세종은 무려 65퍼센트 가까이 평균가가 올랐지요. 대구, 울산, 부산 지역도 상승률이 두 자릿수에 이르다 보니 전국 평균 상승률이 거의 18퍼센트에 달합니다.

재밌게도 2020년에는 지방도 올랐습니다. 보통 도 단위 지역은 잘 오르지 않았는데 2020년에는 1~2퍼센트라도 다 올랐습니다. 이것이 2020년 부동산시장의 특징 중 하나입니다. 저는 2021년에도 2020년과 엇비슷한 움직임을 보일 거라고 예상합니다.

주택 상황을 보면 2018년과 2019년 그리고 2020년에도 크게 달라진 것이 없습니다. 다음 도표는 주택 소유자 수를 나타낸 것인데 신기하게도 대부분 늘어납니다.

1주택자가 늘어나는 것은 상당히 좋은 일입니다. 2주택자가 늘어

2012년~2019년 주택 소유자 수

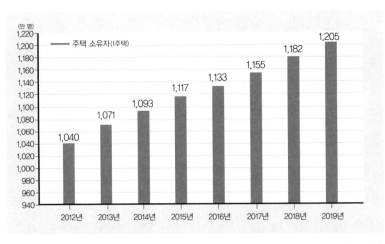

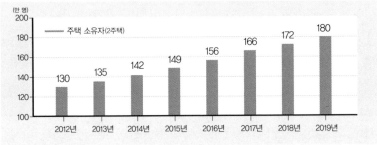

나는 것은 무언가 생각이 바뀌었기 때문으로 보이며 제가 가장 염려하는 부분입니다. 2019년 말 기준 전국에는 주택이 약 1,813만 호가 있고 1,146만 가구가 주택을 보유하고 있는데 1주택자 숫자가 무려 1,000만 명이 넘습니다.

과연 1주택자들은 어떤 결정을 내릴까요? 그들이 모두 2주택자가 되기에는 주택 숫자가 부족합니다. 1,000만 명에 가까운 1주택자들이 집을 하나 더 사야겠다는 생각을 하는 순간 집을 구하기는 어려워집니다. 그만큼 집은 우리가 생각하는 것 이상으로 세상에 남아돌지 않습니다.

3주택 이상자도 늘고 있습니다. 2015년 39만 명, 2016년 42만 명, 2017년 46만 명, 2018년 47만 명입니다. 1주택자, 2주택자, 3주택 이상자는 늘고 있지만 재밌게도 20주택 이상자는 점점 줄어들고 있습니다. 언론에서나 사회적으로 공격을 많이 받는 다주택자 숫자가 줄고 있는 겁니다. 사실 임대 시장은 다주택자가 이끌고 있는데 그들이 빠지면 임대 공급 물량이 줄어들면서 전세 공급량이 감소합니다.

결국 1주택자가 늘어나는 것은 축하할 일이지만 다주택자가 감소하는 것은 곤란한 일입니다. 다주택자가 많아야 전세시장과 월세시장이 안정되는데 그럴 가능성이 줄어들기 때문이지요. 아무튼 1주택자도 늘어나고 2주택자도 증가한다는 점을 눈여겨볼 필요가 있습니다.

수도권 주택 상황을 보면 단독주택이 계속 줄어들면서도 그 자리에 아파트 비율이 늘어나지 않고 있습니다. 이는 단독주택이 사라진 자리에 아파트가 아닌 다른 것이 들어섰다는 의미입니다. 다음 도표를 보면 인천과 경기도는 아파트 비율이 늘어나고 있는데 서울만 그렇지 않습니다. 서울에만 아파트가 들어서지 않고

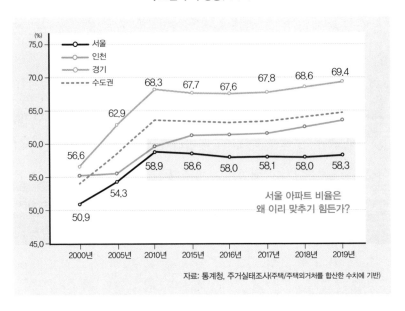

수도권 주택 상황(아파트)

(%)

- 서울
- 인천
- 경기
- 수도권

2000년: 서울 50.9, 인천 56.6
2005년: 서울 54.3, 인천 62.9
2010년: 서울 58.9, 인천 68.3
2015년: 서울 58.6, 인천 67.7
2016년: 서울 58.0, 인천 67.6
2017년: 서울 58.1, 인천 67.8
2018년: 서울 58.0, 인천 68.6
2019년: 서울 58.3, 인천 69.4

서울 아파트 비율은
왜 이리 맞추기 힘든가?

자료: 통계청, 주거실태조사(주택/주택외거처를 합산한 수치에 기반)

있는 겁니다.

지방도 부산, 대구, 광주, 대전, 울산, 즉 5대 광역시를 보면 부산을 제외하고 대부분의 지역에서 아파트 비율이 상승했습니다. 평균 미만인 도시는 부산뿐입니다. 5대 광역시 중에서 단독주택 비중이 가장 높은 곳은 대구입니다. 이는 향후 재개발로 단독주택이 사라지는 움직임이 대구에서 크게 나타날 수 있음을 의미합니다.

대형 주택 소비성향이 강해진 이유

이제부터 제가 왜 앞으로 대형 주택 소비성향이 강해질 것으로 보는지 그 이유를 알아보겠습니다. 실제로 우리가 12~13년간 잊고 지냈던 대형 주택이 2020년부터 다시 주목받고 있습니다. 이것은 대형차를 선호하는 것과 마찬가지로 쾌적하고 살기 좋다는 이유로 선호에 변화가 일어났기 때문입니다.

일단 2021년 시장의 가장 큰 변수는 코로나19 백신이 효과를 내서 모두 마스크를 벗고 생활할 수 있을까 하는 점입니다. 아마 2021년이 2020년보다 더 나쁠 거라고 생각하는 사람은 없을 겁니다. 확실히 2020년보다 많은 개선이 이뤄져 더 밝은 미래가 다가오지 않을까요?

고용 측면을 보면 공기업과 공공기관의 고용 상황이 상당히 좋아지고 있습니다. 급여도 아주 높고요. 이처럼 공공부문에서 고용률이 늘어난다는 것은 상대적으로 고용 상태가 안정적인 사람이 증가한다는 뜻입니다. 이들은 내일 당장 해고당할 일이 거의 없다 보니 더 긴 미래를 계획하기가 용이합니다.

제가 5대그룹 급여를 계산해봤는데 공기업, 공공기관과 민간업체의 연봉 차이가 그리 크지 않더군요. 이제는 공공이 민간보다 조금 받는다는 말을 하기가 좀 어려울 겁니다.

2020년에는 생존 공포 속에서도 3분기까지 소득 증가 속도가 아주 빨랐습니다. 그중에서도 3분위, 4분위, 5분위는 전년 동기 대비

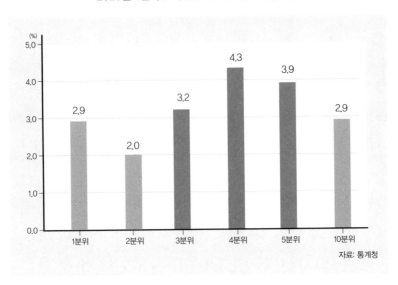

2020년 3분기 도시 근로자 가구 총소득 증가율

자료: 통계청

소득 증가 속도가 3퍼센트 이상으로 나타났습니다.

근로소득은 평소에 받는 월급을 말하는데 이것은 3분위가 가장 빠르게 늘었습니다. 2020년의 특징 중 하나는 3분위, 즉 중간 이하 층의 소득 증가 속도가 상당히 빨랐다는 점입니다. 여기서 총소득은 주식이나 다른 투자에서 번 돈을 다 포함합니다.

2020년 초부터 집값이 많이 올랐는데 그중에서도 3분위 소득자 들이 소비하기 좋은 집이 많이 올랐습니다. 3분위 소득자들의 가구 소득이 연봉 약 6,000만 원이다 보니 6억 원 이하나 9억 원 이하 주 택 가격이 가장 빠르게 올랐죠. 분기별로 실제 집값을 보면 상위가

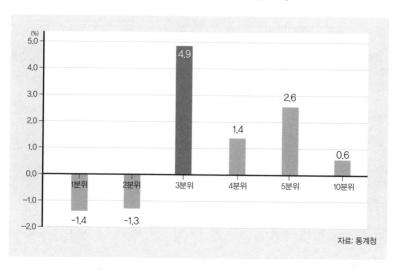

2020년 3분기 도시 근로자가구 근로소득

(%)

- 1분위: -1.4
- 2분위: -1.3
- 3분위: 4.9
- 4분위: 1.4
- 5분위: 2.6
- 10분위: 0.6

자료: 통계청

올라갔을 때가 있고 하위가 더 많이 올라갔을 때가 있는데, 최근 하위 20퍼센트의 소득 증가 속도가 빨라지면서 각 도시의 약간 저렴했던 주택 가격이 빠른 속도로 상승했습니다.

문제는 다른 사람들도 돈을 많이 벌었다는 데 있습니다. 1분위, 2분위만 제외하고 전반적으로 소득이 다 늘었어요. 우리는 코로나19를 겪으면서 많은 사람이 실직으로 고통을 겪는 줄 알았지만 통계는 그와 판이한 결과를 보여주고 있습니다.

서초, 연제, 고양, 안양, 과천에 주목하라

2020년 11월까지 KB 매매가격 지수로 11.59퍼센트, KB 평균 매매가로 19.56퍼센트 가까이 상승했다는 점을 감안하면 2021년 서울은 그 절반인 9.9퍼센트 상승을 예상해봅니다. 특히 서초, 연제, 고양, 안양, 과천이 좀 더 주목받을 전망입니다. 2020년 소득이 많이 늘어났는데 이에 따라 시장의 관심도와 정부의 관심도가 더해져 가격이 어떻게 형성될지 생각해봐야 합니다.

저는 30평대 기준으로 지방 광역시에서 10억 원 이상, 서울에서는 20억 원 이상, 특히 강남에서는 35억 원 이상으로 신축 아파트 가격이 형성되리라고 봅니다. 이 액수는 앞서 말한 9.9퍼센트를 넘어 11퍼센트 정도 오를 것으로 예상해서 나온 수치입니다.

다음 도표는 2020년 1월부터 서울 아파트 매매가격 동향을 월별로 나타낸 것입니다.

제가 2020년에 4퍼센트 상승한다고 했다가 8퍼센트로 바꾼 것은 1월, 2월, 3월이 굉장히 강했기 때문입니다. 진한 회색은 월 1퍼센트 이상 상승률, 흰색은 0.5퍼센트 이상 상승률을 나타낸 것인데 보다시피 2020년 초부터 굉장히 뜨겁게 상승했습니다. 재밌게도 2020년에는 하락한 달이 전혀 없습니다. 평균 매매가 기준으로 보면 11월에도 1.5퍼센트 가까이 상승했습니다. 아마 제가 어떤 생각

월간 서울 아파트 매매가격 동향

연간	2010	2011	2012	2013	2014	2015	2016	2017	2018	2019	2020F	2021F
(%)	-2.3	+2.3	-5.8	-4.7	+1.7	+6.7	+13.7	+10.9	+23.4	+5.3	+8.0	+9.9
1월	0.12	0.15	-0.25	-0.42	0.04	0.22	0.20	0.17	2.22	-0.19	1.22	
2월	0.31	0.28	-0.24	-0.43	0.14	0.36	0.11	0.15	1.95	-0.07	3.30	
3월	-0.04	0.08	-0.34	-0.27	0.25	0.48	0.17	0.26	2.92	-0.21	1.49	
4월	-0.14	-0.03	-0.64	-2.58	0.10	0.60	0.28	0.33	1.72	-0.10	0.28	
5월	-0.42	-0.13	-0.34	-0.05	-0.13	0.40	0.55	0.82	0.78	0.01	0.08	
6월	-0.56	3.18	-0.38	-0.16	-0.06	0.63	0.71	1.72	0.61	0.19	1.07	
7월	-0.49	-0.21	-0.65	-0.38	0.04	0.64	0.95	1.12	0.89	1.22	2.73	
8월	-0.52	-0.13	-0.67	-0.34	0.09	0.74	0.98	1.89	1.57	1.09	3.65	
9월	-0.27	-0.16	-0.84	-0.15	0.60	0.79	0.96	0.47	4.78	1.06	1.84	
10월	-0.19	-0.18	-0.66	0.09	0.41	0.48	1.51	0.85	2.38	0.29	0.66	
11월	-0.18	-0.29	-0.47	-0.08	0.12	0.80	1.19	1.12	1.14	0.57	1.54	
12월	0.08	-0.24	-0.47	-0.04	0.05	0.37	0.27	1.46	0.31	1.39		

자료: KB국민은행

3월 +8.0%으로 변경

최근 5년간 가장 낮은
상승률 4% 전망

으로 2021년에 9.9퍼센트 정도 오를 거라고 예측했는지 알아챘을
겁니다. 이 패턴은 2019년과 비슷한데 분명 2021년에도 유사하리라
고 봅니다.

다양한 대책이 쏟아진 2020년

지금까지 2020년 7·10 대책 때처럼 부동산을 둘러싼 모든 세제, 즉 종합부동산세, 재산세, 양도소득세, 취득세를 한꺼번에 강화한 적은 별로 없습니다. 그런데 2020년 정부는 이것을 전부 강화했습니다. 이러면 사지도 팔지도 유지하지도 못하는 괴상한 상황에 놓이고 맙니다.

2020년 11월 19일 정부는 '서민·중산층 주거 안정 지원 방안'을 내놓았는데 이것을 흔히 '전세 대책'이라고 부릅니다. 그중에서도 단기 주택공급이라고 해서 앞으로 2년 동안 13만 4,700호를 공급하겠다는 내용에 주목할 필요가 있습니다.

소위 '호텔 거지'라는 말로 유명해진 비주택 리모델링 부분은 너무 나쁘게 볼 건 없지만 물량이 그리 많지 않습니다. 서울에 약 3,400호밖에 없습니다. 제가 가장 걱정하는 부분은 '정비사업 이주 시기 조정'입니다. 서울에 2년 동안 1만 7,000여 호의 이주 물량이 있는데 이들이 언제 이주할지 모릅니다. 그들이 언제 이주하느냐에 따라 분명 시장에 영향을 주리라고 봅니다.

한편 정부는 시장 안정 기조를 강화하기 위해 조정 대상 지역을 확대했는데 그것은 투기과열지구가 48개, 조정 대상 지역이 75개입니다. 그런데 투기과열지구보다 조정 대상 지역인 부산 해운대, 수영, 동래, 연제, 남, 대구 수성, 김포가 더 많이 올랐어요.

정부는 부동산 공시 가격도 현실화했고 이는 곧 증세를 의미합니다. 재산세는 공시 가격에 공정시장가액비율과 세율을 곱해서 나오는 액수이기 때문에 공시 가격이 오르면 결국 세금이 증가합니다. 나아가 공시 가격이 오를 경우 건강보험료와 기초연금, 토지 보상금도 함께 늘어납니다.

대형 평수를 선호하는 시대가 온다

사람들은 왜 신축 아파트를 선호할까요? 단순히 새것이라서가 아닙니다. 같은 30평형대라도 신축 아파트는 4베이도 아니고 5베이까지 나오고 있습니다. 베이(bay)란 건물 기둥과 기둥 사이의 공간으로 그 공간 중 햇볕이 들어오는 곳을 말합니다. 예를 들어 방이 3개이고 거실이 하나인 30평형 아파트를 생각해봅시다. 이때 거실과 방 하나가 햇볕이 들어오는 방향에 있으면 2베이(공간 2개), 거실과 방 2개가 그런 위치에 있으면 3베이(공간 3개)입니다. 4베이, 5베이도 같은 식으로 생각하면 됩니다.

지금까지는 아파트 구조가 보통 15년 주기로 변화해왔는데 이것이 조금 빨라지고 있습니다. 그만큼 기술혁신이 빨리 일어나고 있는 셈입니다.

심지어 20평대에서도 4베이가 나오고 30평대에서 방이 5개가 나오고 있지요. 과거에는 알파룸(아파트 평면 설계상 남는 자투리 공간)만 있었지만 지금은 베타룸도 있는데 앞으로 감마룸이 나오지 않을까 싶습니다.

평면이 점점 더 멋지게 변하다 보니 사람들은 구축 아파트를 옛날식이라고 여깁니다. 심지어 2020년 분양한 곳 중에는 비록 테라스형이긴 하지만 8베이도 있습니다. 이처럼 대기업이 공급하는 신축 아파트 중심으로 거센 주거혁명이 일어나고 있습니다.

다음 도표는 가족 수와 인당 몇 평씩 쓰는 것이 좋은지를 나타낸 계산법입니다. 곱하기를 해보면 생각보다 쉽게 도출할 수 있습니다. 저는 여기서 전용 32평과 전용 48평 사이 어딘가가 가장 인기 있을 것이라고 봅니다. 그 계산은 '가족 수×전용면적'으로 합니다. 전용면적을 계산해 공급면적으로 바꾸면 우리가 흔히 말하는 면

가족 수와 전용면적에 따른 평수 예상법

가족 수	전용면적(평)						
	8	10	12	14	16	20	24
1	8	10	12	14	16	20	24
2	16	20	24	28	32	40	28
3	24	30	36	42	48	60	72
4	32	40	48	56	64	80	96
5	40	50	60	70	80	100	120

전용/공급 = 75%

전용(평)	공급(평)
12	16
24	32
32	43
48	64

적이 나옵니다(도표 오른쪽 참조).

서울은 아파트 가격이 소형 평형 위주로 많이 상승하고 있습니다. 반면 지방은 대형 평형이 더 빨리 상승하는 모습을 보이고 있습니다. 벌써 1년 넘게 이런 현상이 나타나고 있는데 왜 지방은 대형 평형이 더 빨리 오르는데 서울은 그렇지 않은 걸까요? 이유는 단 하나 비싸기 때문입니다.

다음 도표를 보면 서울은 매매가 상승률이 우하향 추세입니다. 이 것이 의미하는 것은 대형 주택이 더 많이 오르지 못한다는 것입니다. 중소형 평형만 계속 오르고 대형 평형이 오르지 못하다 보니 이

서울 규모별 아파트 매매가 상승률(전용면적 기준)

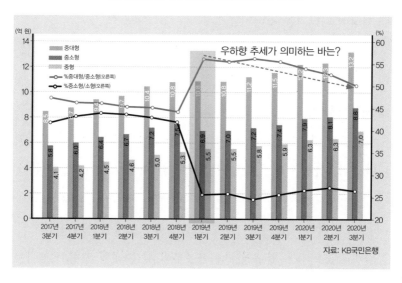

자료: KB국민은행

2장 부동산 부동산 배틀 Round 2, 부동산 가치의 재발견: 거거익선

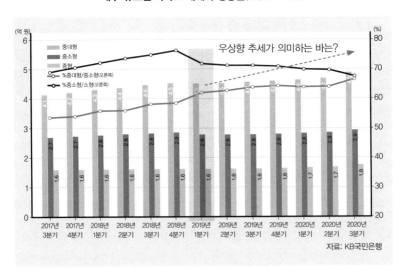

대구 규모별 아파트 매매가 상승률(전용면적 기준)

우상향 추세가 의미하는 바는?

범례:
- 중대형
- 중소형
- 중형
- %중대형/중소형(오른쪽)
- %중소형/소형(오른쪽)

자료: KB국민은행

런 현상이 나타나는 것이지요.

반면 대구는 도표에서 보다시피 계속 우상향하고 있습니다. 이는 대표적인 지방 광역시 대구에서는 대형 평형이 더 빨리 오른다는 것을 의미합니다.

저는 서울과 수도권에서도 이런 현상이 나타나지 않을까 생각합니다. 서울 사람과 대구 사람의 생각에 큰 차이는 없다고 보거든요. 지금 지방 광역시에서 나타나는 중대형 평형 위주의 상승을 서울도 결국 받아들일 수밖에 없을 거라고 예상합니다.

실제로 도곡동 타워팰리스나 아크로빌 같은 대형 평형이 생각보다 빠르게 가격이 상승하고 있습니다. 그것도 안정적으로 쭉 상승하는 것이 아니라 한 번씩 점프해서 상승하는 일이 벌어지고 있어요.

일반 아파트 역시 매매가격별 격차가 크게 벌어지고 있습니다. 매매가격 격차가 벌어진다는 것은 특정 평형과 다른 특정 평형 간의 가격 차이가 생각보다 많이 벌어진다는 의미입니다. 이런 현상은 주로 서울에서 나타나고 있습니다. 이미 강남은 지방처럼 대형 평수가 빠르게 올라가고 있지요. 소위 '소비력이 있는 동네'부터 대형 평수가 빠르게 상승하는 중입니다.

2021년에도 대형 평수 아파트의 소비력이 떨어질 만한 요인은 없습니다. 소득도 상승하고 소비 욕구도 상당히 늘어나고 있습니다. 이런 상황에서는 증세를 걱정하는 부정적인 생각을 하기보다 거거익선의 자세로 자산을 잘 지키는 결정을 내리기 바랍니다.

고종완

한국자산관리연구원장. 국내 최고의 도시부동산 자산관리의 융복합 전문가로 한양대학교 부동산융합
대학원 특임교수, LH 자문위원, 국민연금공단 투자심의위원, 산업단지공단자문위원 등 다양한 활동
을 이어가고 있다. 저서로 《부동산 투자는 과학이다》 등이 있다.

집 살 때인가 팔 때인가: 성공 투자 3대 비법

고종완, 한국자산관리연구원 원장

부동산이란 무엇일까요? 부동산은 종합 응용과학입니다. 부동산은 가치가 가격을 결정하지요. 그래서 우리는 부동산을 가치를 지닌 자산, 진짜 자산 혹은 안전 자산이라고 표현합니다.

2020년 부동산 경기는 무서울 만큼 굉장히 호황이었습니다. 사실 실물 경제는 불확실성을 띠고 있는데 왜 부동산으로 돈이 몰리는 것일까요? 그 이유는 부동산에 진짜 가치가 있고 부동산이 진짜 자산이자 안전 자산이기 때문입니다.

중요한 것은 부동산 경기가 호황일 때 뜨는 부동산도 있고 불황기일 때 뜨는 부동산도 있다는 점입니다. 전혀 새로운 개념이죠? 미래 부동산 과학은 부동산 투자에서 실패를 예방하고 맞춤형 자산관리를 위해 정밀 분석하는 것입니다. 이 관점에서는 부동산 경기가 나쁘다고 부동산 투자를 보류하거나 관망만 하는 것은 결코 옳은 행동이 아닙니다.

이 말은 부동산이 불황기에 놓일 때, 그러니까 부동산 경기가 하향하고 가격이 내릴 때도 특별한 비법이 있다는 의미입니다. 불황기에 강한 부동산, 안정형 부동산도 있습니다. 또 부동산에는 소위 말하는 명품도 있고 정상적인 재화나 열등 재화도 있습니다. 명품에 해당하는 것이 바로 강남 아파트죠.

2020년 말 현재 아파트 가격이 워낙 상승하다 보니 풍선 효과로 빌라가 뜨고 있지만 이것은 정상적인 거래 행위는 아닙니다. 명품은 가격이 오르면 본래 수요가 감소해야 하는데 오히려 수요가 증가하는 예외적인 상황이 펼쳐지고 있기 때문입니다.

그렇다고 상대적으로 열등 재화에 속하는 빌라가 나쁘다는 뜻은 아닙니다. 경제학적 분류에서 이런 재화는 가장 늦게 뜨도록 되어 있습니다. 결국 지금의 현상은 부동산에서 새로운 슈퍼 사이클이 시작된다는 신호라기보다 끝물 조짐일 가능성이 큽니다.

과거 경험상 열등 재화는 가격이 내려가면 오히려 수요가 감소해 가격이 오르지 않았습니다. 그런데 지금은 왜 오를까요? 이걸 '선순환 법칙'이라고 합니다. 주식으로 말하면 블루칩이 오른 뒤 옐로칩이 오르고 그다음에 인기가 없던 나머지 것도 오르는 현상이 발생한 겁니다.

빌라나 지방 아파트에 이어서 2021년에 강남권과 마·용·성(마포, 용산, 성동)이 다시 오른다면 이는 슈퍼 사이클이 작동하는 신호로 해석할 수 있습니다.

세 번째 파동을 겪고 있는 부동산시장

저는 부동산을 "토지와 건물로 구성되어 있으면서 위치성을 지닌 독특한 가치 재화"라고 정의합니다. 여기서 위치는 입지와 비슷한 말입니다. 그런데 이 위치는 지리적 위치는 고정되어 있지만 사회적, 경제적, 행정적 가치는 가변합니다. 이 말은 인구 증가, 소득 증가, 인프라 증가를 비롯해 행정적 변화가 계속해서 일어난다는 의미입니다. 미래 부동산 과학에서는 이 네 가지를 '4대 성장지표'라고 부릅니다.

이 부분을 알지 못하면 부동산 투자에서 절대 성공할 수 없습니다. 그러니까 부동산 공부는 1만 시간의 법칙처럼 10여 년 동안 꾸준히 공부할 각오를 해야 합니다.

부동산에서 사람들의 관심이 가장 높은 요소는 가격 변동입니다. 사람들의 관심은 크게 두 가지로 분류할 수 있죠. 하나는 '지금 내가 사는 집의 적정한 가격은 얼마인가'입니다. 이것은 실거래가나 공인 감정평가사가 감정하는 가격을 근거로 알아볼 수 있습니다. 다른 하나는 '내가 사는 집의 가격이 오를 것인가, 내릴 것인가'입니다. 이것을 알 수 있는 비법은 부동산은 토지와 건물로 구성되어 있다는 점에 있습니다. 그 구체적인 것은 뒤에 이어지는 내용에서 다루고 있으니 참고하십시오.

그다음으로 세상의 모든 부동산은 제가 볼 때 오직 '슈퍼 부동산'과 '좀비 부동산' 두 가지뿐입니다. 세상 사람을 좋은 사람과 나쁜 사람, 능력 있는 사람과 능력 없는 사람으로 구분하듯 부동산도 마찬가지입니다. 진품명품처럼 진짜 아파트인지 아니면 무늬만 아파트일 뿐 살기도 불편하고 구입하는 것도 나쁜 아파트인지 구별할 줄 알아야 합니다.

2020년 말 현재 부동산 경기가 어떻습니까? 간단하게 정리하면 집값이 폭등하고 전셋값도 치솟고 있습니다.

과연 이러한 현상은 언제부터 발생했을까요? 지난 1986년 이후부터 한국 부동산 경기의 장기 사이클을 보면 지금은 3기에 해당합니다. 이 주기는 소위 '10년 주기설'에 따라 10~12년 기간을 기준으로 상승과 하락을 반복하는 사이클을 말합니다. 그러니까 지난 30년을 쭉 살펴보면 현재 한국 부동산 경기는 세 번째 파동을 크게 겪고 있는 중입니다. 이를 '기조 흐름의 변화' 혹은 '대세 흐름'이라 하며 전환기라고 부르는 사람도 있습니다.

사실 부동산 경기는 2014년부터 올랐고 이미 6~7년째 오르고 있습니다. 그런데 흥미롭게도 과거 사례를 보면 7년 이상 오른 적이 없습니다. 이런 사례는 꼭 기억해둘 필요가 있습니다.

집값이 오른다고 해서 끝까지 오르지 않는다

부동산에는 종류가 아주 많은데 주로 주거용 부동산과 비주거용 부동산, 도시 부동산과 비도시 부동산으로 나눕니다. 그럼 제가 앞서 말한 도시 부동산 변화의 법칙이란 뭘까요?

우리는 가격 변화에 관심이 많은데 가격은 그걸 지켜보고 있으면 보이지 않습니다. 그런데 많은 사람이 가격 흐름을 보고 가격을 예측하려 합니다. 이게 무슨 뜻일까요? 지금처럼 6~7년 정도 집값이 오르면 전문가는 대부분 더 오를 것이라고 말합니다. 이건 일종의 심리 법칙이죠. 관성의 법칙이라고 말할 수도 있어요.

그러나 경제학 법칙, 즉 경제 원리는 그렇게 설명하지 않습니다. 여기서 두 가지 흐름을 살펴봐야 합니다. 하나는 한국 부동산 가격은 약 10년마다, 그러니까 5~6년 오르면 4~5년 하향 안정되는 사이클을 보였습니다. 다른 하나는 일본에 15년 주기설, 미국에 20년 주기설이 있다는 점입니다. 약간 주기상의 차이는 있지만 집값이 오른다고 해서 끝까지 오르는 일은 없다는 이야기죠.

부동산에도 버블, 즉 거품론이 있어요. 가격 거품론은 굉장히 중요한 내용입니다. 2020년 말 현재 부동산 가격이 많이 올랐고 그렇기에 고점일 가능성이 큽니다. 사이클 법칙에 따르면 앞으로 집값이 전환될 가능성이 높습니다.

그렇다고 단정적으로 하락한다고 예측하긴 어렵지만 투자 위험도가 높아지고 있습니다. 지난 1997년 말 외환위기 때와 2008년 서브프라임 모기지 사태 때 집값이 내려가서 얼마나 고생했습니까? 인간은 너무 빨리 망각합니다. 그리고 너무 조급해합니다. 부동산 투자에는 인내도 필요하다는 것을 기억하기 바랍니다.

수급 개선이 필요한 서울 부동산시장

다음 도표는 지난 10년간 전국 아파트 매매와 전세가 추이를 나타낸 것입니다. 보다시피 집값이 상당히 많이 올랐지요. 특히 서울은 집값과 전셋값이 함께 상승했습니다.

도표에서 최근 구간을 살펴보면 집값과 전셋값이 함께 가파르게 오르는 와중에 간격이 벌어지고 있는 것이 보입니다. 집값이 큰 폭으로 상승하면서 상대적으로 전세가율이 낮아졌어요. 이런 현상은 주택을 매입하는 부담 지수가 늘어나는 동시에 실수요 목적도 있지

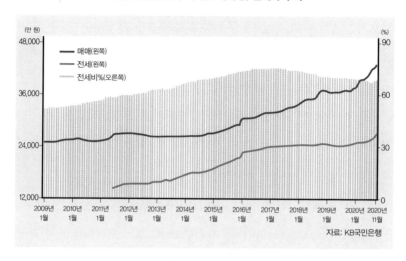

지난 10년간 전국 아파트 매매 및 전세가 추이

(만 원)

48,000 ─── 매매(왼쪽)
          ─── 전세(왼쪽)
          ┈┈┈ 전세비%(오른쪽)

36,000

24,000

12,000

2009년 2010년 2011년 2012년 2013년 2014년 2015년 2016년 2017년 2018년 2019년 2020년 2020년
1월   1월   1월   1월   1월   1월   1월   1월   1월   1월   1월   1월   11월

(%)
90

60

30

0

자료: KB국민은행

만 투자 목적으로 시중의 과잉 부동자금이 많이 유입됐음을 의미합니다.

이것을 익스포즈(expose), 즉 '부동산의 노출'이라고 말합니다. 부동자금의 55퍼센트가 부동산에 집중되고 있는데 이건 정상이 아닌 이상 과열입니다. 2021년이면 거품을 향해, 다시 말해 정점을 향해 나아가는 사이클이 나올 겁니다.

사이클이 정점에 이르면 버블이 쌓이고 쌓여 마침내 맥주 거품처럼 꺼지고 말죠. 바로 이것이 버블 붕괴론입니다. 이는 어디까지나 경제학 관점에서 부동산을 바라본 판단입니다. 다른 전문가와 예측이 다를 수 있다는 점은 인정합니다.

만약 2021년까지 부동산 가격이 계속 상승하면 이제는 갈 데까지 가보자는 셈입니다. 공급은 부족하고 유동성은 많고 정부 정책이 미흡하면 오르는 수밖에 없습니다. 어디까지나 경제학 관점에서 지금까지의 사이클상 그렇게 예측하는 것이 타당하다는 이야기입니다.

과연 한국의 주택보급률은 어느 정도일까요? 다음 도표는 2018년 시도별 주택보급률을 나타낸 것입니다. 막대그래프를 보면 공급이 부족하다는 것이 한눈에 드러납니다.

서울은 주택보급률이 95.9퍼센트인데 적정 주택공급률은 105퍼센트입니다. 이걸 감안하면 약 10퍼센트, 즉 20~30만 가구 가량 공

2018년 시도별 주택보급률

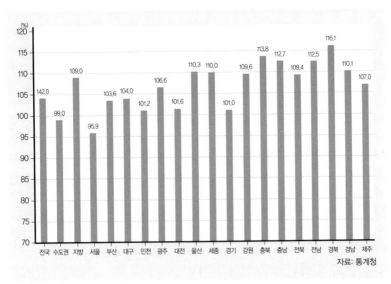

자료: 통계청

급해야 할 집이 부족하다는 의미입니다. 이렇게 공급률이 부족하니까 전셋값이 오르고 전셋값이 오르니까 또 집값이 오르는 것입니다.

그럼 앞으로 어떻게 해야 할까요? 당연히 수급을 개선해야 합니다.

여기서 등장하는 것이 바로 '시장 원리'입니다. 시장 원리란 수요와 공급에 따라 시장가격이 결정된다는 가격결정 모형을 말합니다. 이것만큼 많이 쓰이는 것도 드뭅니다. 결국 공급이 부족하니까 시장가격 불균형으로 가격이 자꾸만 올라가는 것이지요.

인구 1,000명당 주택 수를 보면 일본은 450가구인데 서울은 380가구입니다. 이것은 서울에 중소형 새 아파트를 꾸준히 공급해야 한다는 뜻입니다.

이처럼 수치와 통계를 보고 과학적으로 분석하면 논란의 여지가 없습니다. 정부는 늘 공급이 부족하지 않다고 말합니다. 가장 큰 문제가 바로 실효성 있는 공급 대책이 없다는 것이죠.

시장이 확 바뀔 2021년

부동산을 말할 때는 무엇보다 땅값에 주목해야 합니다. 알다시피 전셋값이 오르면 집값이 상승합니다. 그럼 집값이 오르면 전셋값과 월셋값이 오를까요? 사실 이 부분은 부동산 경제학이 확실한 답을 내놓지 못하고 있습니다. 그렇지만 경험법칙에 따르면 집값이 오를 경우 월셋값과 전셋값도 오릅니다.

만약 땅값이 오르면 집값이 오를까요? 네, 오릅니다. 연도별 개별 공시지가 변동률을 보여주는 다음 도표에 그 현상이 잘 나타나 있습니다.

그런데 흥미롭게도 땅값이 조금 꺾이고 있습니다. 이것은 적어도 2021년에는 집값이 상승해도 2020년만큼 오르지는 않을 것이라는 점을 예고하는 지표입니다.

지금 우리가 궁금한 것은 집값이 오를지 아니면 내릴지의 문제입니다. 집값이 궁금할 때는 선행지표로 두 가지를 봐야 합니다. 하나

연도별 전국 개별공지시가 변동률

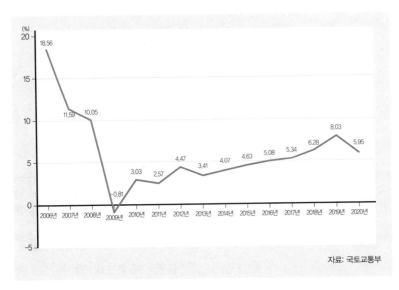

자료: 국토교통부

는 전셋값이고 다른 하나는 땅값입니다. 물론 한국 부동산에 가장 큰 영향을 미치는 것은 바로 '정책'입니다. 그 외에 수급, 유동성, 낙관론도 많은 영향을 미칩니다.

여기서 낙관론이란 집값 상승에 보이는 기대감을 말합니다. 지금은 집값이 상승할 거라는 기대감이 광범위하게 넓게 퍼져 있습니다. '더 오를 것'이라는 기대감에 너도 나도 집을 사야 한다고 생각하고 있지요. 이것을 '심리적 밀도', 즉 쏠림 현상이라고 합니다.

그러다가 거품이 빠지는 순간 어떻게 될까요? 2021년은 분기점이 되는 정말 중요한 해입니다. 저는 2021년이 고점이자 변곡점이라 전환기가 올 거라고 봅니다. 집값이 빠질 때 과연 수월하게 팔 수 있을까요? 특히 다주택자는 이 점을 깊이 숙고해봐야 합니다.

2020년은 소위 주택 소유자가 시장을 지배하는 '매도자 중심 시장'입니다. 그러나 시장이 확 바뀌면 팔 기회를 주지 않습니다. 이미 많은 사람이 1997년 이런 경험을 했지요. 2008년에도 이와 비슷한 경험을 한 사람이 많을 겁니다. 나만 팔려고 하는 것이 아닙니다. 모두가 팔려고 해요.

주식투자를 해본 사람은 아마 버블이 꺼진다는 것이 무얼 의미하는지 잘 알 것입니다. 그처럼 버블이 무너지고 냉각기가 온다는 것을 미리 알고 있어야 합니다.

제가 좋아하는 말은 "무릎에서 사서 어깨에서 팔아라"입니다. 파는 시기는 머리꼭지에 있을 때가 아닙니다. 마찬가지로 구매는 발바닥에서 하는 것이 아닙니다. 매수의 적기는 무릎입니다. 탈출하는 신호가 나타났을 때, 꼭지 징후가 보일 때, 상투 조짐이 보일 때는 팔아야 합니다. 이미 상투가 시작되면 늦습니다. 적어도 어깨 정도면 팔 때라는 투자의 대교훈을 기억하기 바랍니다.

입지는 위치가 아니라 환경이다

부동산 경제는 예측이 가능할까요? 그럼 어떻게 예측할 수 있을까요? 부동산에는 단기 예측(1~2년), 중기 예측(4~5년) 그리고 장기 예측(10~12년)이 있습니다.

지난 2020년은 어떤 상황일까요? 거래가 감소한 상태에서 가격 상승을 보이는 이상 과열 상황입니다. 이것은 거래 감소와 가격 하락 사이클이 나타날 가능성이 높음을 예고하는 것이나 마찬가지입니다.

일단 거래량이 늘고 전세 가격이 오르면서 상승과 하락이 뒤섞여 있습니다. 여기에다 미분양도 입주 물량도 줄어들고 있습니다. 그래서 단기적으로는 상승 요인이 많이 보입니다.

반면 중기로 가면 조금 달라집니다. 세계 경제가 양적완화론으로 약간 회복 조짐을 보이고 있긴 하지만 실물경기 침체가 지속될 확률이 높습니다. 정책은 문재인 정부 내내 규제 강화 기조를 지속할 듯합니다. 세금과 대출 규제 강화죠.

문제는 유동성이 증가해 이자율이 하락하면 할인율이 내려가고 할인율이 내려가면 부동산 투자의 기대수익률이 높아진다는 점입니다. 결국 현재 집값 상승은 단순히 투기 수요 때문만은 아닙니다. 사실 금리가 하락하면 반대로 부동산은 상승합니다. 자산 가치가 쑥 오른다는 이야기인데 이것은 하나의 법칙입니다. 여기에다 유동성이 더해져 앞으로 집값이 오를 것이라는 낙관론이 광범위하게 퍼져 있습니다. 이 모든 것이 완전히 거품만은 아닙니다.

그럼에도 불구하고 평균 추세선을 이탈하고 있다는 점, 물가상승률이 소득보다 과도하게 오르고 있다는 점, 심리적으로 지나친 낙관론이 퍼져 투자 목적으로 집을 사는 사람이 너무 많다는 점, 금리가 슬금슬금 오르고 있다는 점이 부담 지수를 높이고 있습니다. 특히 상승 추세가 너무 가파른 것이 버블을 의심하게 합니다.

이런 상황에서 우리는 어떤 선택을 해야 할까요? 단적으로 말해 성장 도시, 성장 지역, 핵심 입지를 선택해야 합니다. 흔히 역세권, 직주근접, 대학가를 선택하라고 말하지만 도시공학에서는 그렇지 않습니다. 도시공학은 모든 도시는 80~100년 단위로 성장과 쇠퇴를 거듭한다고 말합니다. 또 성장하는 도시에는 성장 지표가 있다고 하지요.

거품이 빠질 때 거품 지표가 있듯 성장 지표에는 네 가지가 있습니다. 인구구조 변화, 소득구조 변화, 인프라 변화, 행정 계획 변화가 그것입니다.

쉽게 말하면 성장 지역은 현재 역세권보다 미래의 역세권이 더 낫다는 거예요. 현재 살기가 좋으면 집값도 비싸죠. 사실 우리가 바라는 것은 미래의 집값, 즉 미래 예측입니다. 이걸 알 수 있는 방법은 '내 집이 성장 지역의 핵심 위치와 가까운 곳에 있는가'입니다. 이것을 알아내는 지표는 내 주관적 생각도, 전문가의 말도 아닙니다. 바로 부동산 과학에서 말하는 네 가지 성장 지표가 그것을 알려줍니다.

인프라에는 교통, 산업, 상업 그리고 문화 인프라까지 들어갑니다. 그리고 입지도 중요합니다. 흔히 부동산은 첫째도 입지, 둘째도 입지라고 말하지요. 그럼 과연 입지는 무엇일까요? 입지는 위치가 아니라 환경입니다. 그 환경은 용도별로 다양하고 미래에는 변화합니다. 따라서 미래의 핵심 입지 선택이 가장 중요합니다.

2021년, 조심하고 신중할 때

이제는 미래 부동산 과학 관점에서 '슈퍼 부동산', 슈퍼 아파트를 찾는 노력이 중요합니다. 슈퍼 부동산의 반댓말은 좀비 부동산인데 지금 많은 사람이 소유한 아파트가 좀비 아파트일 가능성이 무려

'살집팔집' 기준 투자가치 측정 지표

가치 체계	분석 지표	배점 (재건축 외)	배점 (재건축)	분석 단위	분석 주기
입지 가치	용적률	15	25	개별 아파트	연간
	용도지역	8	8	개별 아파트	연간
	공시지가 변동률	15	15	개별 아파트	연간
	지가 변동률	3	3	시, 군, 구	연간
	역세권과의 거리	5	5	개별 아파트	수시
	교육 시설	4	4	개별 아파트	수시
	서비스 LQ지수	2	2	시, 군, 구	연간
	계	52	62		
수익 가치	매매가격 변동률	12	10	개별 아파트	월별
	전세가격 변동률	6		개별 아파트	월별
	건물 노후도	2		개별 아파트	연간
	계	20	10		
희소 가치	단지 규모	5	5	개별 아파트	연간
	주택보급률	1	1	시, 도	연간
	아파트 미분양 추이	1	1	시, 군, 구	월별
	주택 인허가 추이	1	1	시, 도	분기별
	계	8	8		
미래 가치	대중교통망 계획	6	6	시, 군, 구, 동	수시
	정비사업계획(공원, 학교 포함)	2(+2)	2(+2)	시, 군, 구, 동	수시
	각종 개발계획(집객시설 포함)	2(+2)	2(+2)	시, 군, 구, 동	수시
	인구 증가율	2	2	시, 군, 구	월별
	가구수 증가율	2	2	시, 군, 구	월별
	지역 소득 증가율	2	2	시, 군, 구	연간
	계	20	20		
합계		100	100		

60퍼센트에 달합니다. 이것은 '살집팔집'을 테마로 부동산 투자 가치를 분석하고 가격을 예측하는 시스템에서 나온 수치입니다.

사실 부동산 가격은 발생 요인, 형성 요인, 결정 요인이 따로 있습니다. 최근에는 '똑똑한 한 채'라고 해서 강남과 마·용·성(마포구, 용산구, 성동구) 수요가 크게 늘어났죠. 특히 강남은 대체성이 없고 선호도가 워낙 크기 때문에 상승 기대감이 폭발하고 있는 것입니다.

앞쪽 도표는 좋은 부동산과 나쁜 부동산, 슈퍼 부동산과 좀비 부동산을 구별하는 방법을 지표로 가늠하도록 제시한 것입니다. 특정 지표 20개로도 우리는 살집과 팔집을 구별해볼 수 있습니다.

그럼 투자 가치가 높은 것과 낮은 것은 어떻게 분석할까요? 아래 도표는 20개 지표를 기준으로 대치2단지와 번동 한진아파트를 비교 분석한 것입니다. 양쪽을 보면 한눈에 답이 나옵니다.

과연 지금은 서울에 아파트를 살 시기일까요, 아닐까요? 시기 선택 관점에서 지금은 조심하고 신중할 때입니다. 바뀐 국토부 수장이

투자가치 비교 분석

지역명	아파트명	입주년도	총세대수	용적률	용도지역	투자가치 등급Buy	주거가치 등급Live
강남구 개포동	대치2단지	1992	1,758	174	3주거	S+(높음) ★★★	S+(높음) ★★★
강북구 번동	한진아파트	2000	202	337	2종주거	L(낮음) ★☆☆	S(보통) ★★☆

2021년 봄 이사철까지 어떤 정책을 내놓는지, 시장이 변화하는지, 6월 1일 이전 다주택자가 매물을 얼마나 내놓는지 등을 보고 판단해도 늦지 않습니다.

사실 지난 6~7년간 집을 사지 않은 사람들은 이미 늦었어요. 이 사실을 인정하고 상황을 잘 지켜봐야 합니다. 앞으로 고점 내지 변곡점, 투자 위험도가 높아지기 때문입니다.

특히 지금 신축은 너무 비싸므로 구축에 주목할 필요가 있습니다. 3.3제곱미터당 땅값을 보면 10~30년 된 구축 아파트는 오히려 저평가되어 있습니다. 즉, 내재 가치와 시장 가치, 시장 가격이 좀 저평가된 상태입니다. 재건축 아파트는 꿈틀댄다는 말이 있지만 좀 더 추가 상승력은 있어도 저는 고점에 가까워지고 있다고 생각합니다.

지방은 어떨까요? 저는 서울보다 경기도나 인천이 내집 마련에 더 유리하다고 봅니다. 무엇보다 가격 대비 투자 가치, 즉 '가투비'에서 경기도나 인천이 낫습니다. 특히 GTX A/B/C 같은 신설 역세권에 주목하길 바랍니다.

덜 오른 지역 중에서 고르고 싶다면 서울시에서 관문도시로 육성하는 지역(석수, 신정, 개화, 신내, 도봉, 수색, 사당, 온수 포함 12곳)을 눈여겨보십시오. 요즘 뉴타운이 뜨고 있지만 저라면 아파트나 재건축보다 단독, 다가구, 빌라 중에서 선별할 겁니다. 그중에서도 GTX A/B/C가 만나는 세 군데로 '뉴 트라이앵글'이 있는데 바로 서울역과 청량리와 삼성동입니다. 강북 쪽에서는 앞으로 용산이 뜰 가능성이 큽니다. 강남은 중심이 조금 움직여서 앞으로 중심은 삼성, 잠실, 압구정이 될 것이라고 봅니다.

공공재개발을 하는 지역은 집이 대부분 낡았는데 이들 지역에 있는 빌라가 꽤 유망합니다. 빌라는 가격 대비 투자 가치가 높으며 그냥 집이 한 채 생긴다고 보면 됩니다.

무엇보다 3기 신도시는 정말 놓치면 안 됩니다. 과연 1기나 2기와 마찬가지로 3기도 성공할까요? 성공할 가능성이 큽니다. 먼저 교통 대책을 수립한 다음 3기 신도시를 내놓았기 때문에 더욱더 그렇습니다. 문제는 그 공급에 시간이 많이 필요하다는 데 있습니다.

3기 신도시 유망 지역 TOP 3

부동산의 가장 큰 맹점은 단기 공급 탄력성이 작다는 것입니다. 그래서 뉴타운 해제 지역, 뉴타운 지역, 공공재개발 예정 지역에 주목할 필요가 있습니다. 신설 역세권도 마찬가지입니다.

신설 역세권에서는 두 가지 효과를 기대할 수 있습니다. 하나는 종착지 효과입니다. 출발점인 수원이나 송도 같은 곳도 좋고 그동안 교통 열세 지역으로 있다가 우세 지역으로 바뀔 파주, 문정, 양주, 덕정 지구도 괜찮습니다. 교통 편익이 증가하면 주거 편익이 좋아지고 구매하기도 좋아지는 연계성을 보입니다.

현재 역세권보다 미래 역세권을 봐야 합니다. 물론 가격에 미래 역세권 요소가 90퍼센트 이상 반영되므로 상승 여력은 생각보다 크지 않습니다.

용산의 경우 앞으로 통째로 바뀝니다. 그 핵심 입지는 용산민족공원이지요. 창동과 광진구에도 변화가 일어나고 있습니다. 무엇보다 한국의 테크노밸리로 불리는 산업단지나 일자리, 소득이 증가하는 지역에 주목해야 합니다. 요즘 구리와 하남이 뜨는 이유가 여기에 있지요.

세종시가 뜨는 것은 정치적 이유 때문이라 저는 세종시 투자에 주의해야 한다고 봅니다. 경제가 아닌 정치적 목적으로 뜨는 것은 지속성이 없기 때문입니다. 그리고 1기 신도시는 리뉴얼 프로젝트가 있으므로 가능한 한 팔기보다 보유하는 전략이 유리해 보입니다.

3기 신도시는 1기, 2기 신도시와 달리 젊은이가 살기 좋은 도시로 특화합니다. 무엇보다 교통 대책이 있고 자족도시로 세워집니다. 더구나 분양가가 시세의 70~80퍼센트로 잡혀 있습니다. 어느 곳이 좋은지 따지지 말고 가점이 높으면 하남 교산으로 가십시오. 위례 신도시, 하남 신도시가 뜬 상태라 그와 가까이 있는 3기 신도시가 뜨는 것은 인접성 효과로 충분히 알아챌 수 있는 부분입니다.

이때 선택 기준은 '직장과 가까운 곳'입니다. 즉, 직주근접이 갑입니다. 3기 신도시는 젊은 층뿐 아니라 은퇴를 앞둔 사람들에게 도 꼭 권하고 싶습니다.

3기 신도시 가운데 강남을 대체할 만한 곳은 하남 신도시밖에 없어요. 하남 교산지구죠. 이곳은 청약 경쟁률이 높을 것 같은데 2021년 6월부터 사전 청약에 들어갑니다. 남양주 왕숙, 고양 창릉지구도 괜찮습니다. 계양이나 부천 대장지구는 인기가 없을 거라고 말하는데 그렇지 않습니다. 2020년 말 현재 김포가 많이 올랐으므로 김포를 사기보다 좀 기다렸다가 부천 대장지구나 인천 계양지구를 사는 것이 좋습니다.

그럼 앞으로 4기 신도시가 나올 가능성이 있을까요? 이제 택지를 확보하기도 어렵고 3기 신도시에 23~30만 가구가 들어서면 재정이나 토지 여력이 있을까 하는 의문이 듭니다.

도시의 공간이 바뀌면 구조가 바뀌고, 구조가 바뀌면 위치가 바뀌고, 위치가 바뀌면 가치가 바뀌고, 가치가 바뀌면 가격이 바뀝니다. 여기서 알 수 있는 것은 가격이 변화하려면 다른 많은 것이 변해야 한다는 점입니다. 그러니 구조와 위치 변화에서 그 답을 찾아야 합니다. 도시 부동산의 변화 법칙이죠. 성장 지역의 수퍼 부동산, 슈퍼 아파트를 고르는 일이 가장 중요합니다.

지역별 슈퍼 아파트 TOP10

서울시_신축 아파트

구	동	아파트명	입주년도	총세대수	용적률	내재가치				미래가치	투자가치판단
						종합	입지	수익	희소		
강남구	개포동	래미안블레스티지	2019	1,957	249	★★★	★★★	★★★	★★★	★★★	높음
강남구	대치동	래미안대치팰리스 1단지	2015	1,278	258	★★★	★★★	★★★	★★★	★★★	높음
동대문구	전농동	동대문롯데캐슬 노블레스	2018	584	258	★★★	★★★	★★★	★★★	★★★	높음
동작구	흑석동	아크로리버하임	2018	1,073	193	★★★	★★★	★★★	★★★	★★★	높음
동작구	상도동	e편한세상 상도노빌리티	2019	893	244	★★★	★★★	★★★	★★★	★★★	높음
서초구	반포동	반포리체	2011	1,119	243	★★★	★★★	★★★	★★★	★★★	높음
서초구	신원동	서초포레스타5단지	2014	547	140	★★★	★★★	★★★	★★★	★★★	높음
서초구	반포동	반포자이	2009	4,310	270	★★★	★★★	★★★	★★★	★★★	높음
성동구	금호동2가	신금호파크자이	2016	1,156	217	★★★	★★★	★★★	★★★	★★★	높음
성동구	옥수동	e편한세상 옥수파크힐스	2016	1,976	208	★★★	★★★	★★★	★★★	★★★	높음
송파구	장지동	위례24단지(꿈에그린)	2013	1,810	194	★★★	★★★	★★★	★★★	★★★	높음

자료: 한국자산관리연구원 "살집팔집"

서울시_구축 아파트

구	동	아파트명	입주년도	총세대수	용적률	내재가치				미래가치	투자가치판단
						종합	입지	수익	희소		
강남구	개포동	대치2단지	1992	1,758	174	★★★	★★★	★★★	★★★	★★★	높음
강남구	수서동	까치마을	1993	1,404	208	★★★	★★★	★★★	★★★	★★★	높음
강남구	일원동	상록수	1993	740	109	★★★	★★★	★★★	★★★	★★★	높음
강남구	일원동	가람	1993	496	109	★★★	★★★	★★★	★★★	★★★	높음
도봉구	창동	주공(3단지)	1990	2,856	175	★★★	★★★	★★★	★★★	★★★	높음
동작구	사당동	대림	1990	1,152	208	★★★	★★★	★★★	★★★	★★★	높음
마포구	공덕동	래미안공덕4차	2005	597	199	★★★	★★★	★★★	★★★	★★★	높음
서초구	반포동	반포미도2차	1989	435	200	★★★	★★★	★★★	★★★	★★★	높음
송파구	잠실동	리센츠	2008	5,563	275	★★★	★★★	★★★	★★★	★★★	높음
영등포구	문래동3가	문래자이	2001	1,302	249	★★★	★★★	★★★	★★★	★★★	높음

자료: 한국자산관리연구원 "살집팔집"

서울시_재건축

구	동	아파트명	입주년도	총세대수	용적률	내재가치				미래가치	투자가치판단
						종합	입지	수익	희소		
강남구	개포동	주공고층6단지	1983	1,060	146	★★★	★★★	★★★	★★★	★★★	높음
강남구	대치동	쌍용대치(1차)	1983	630	169	★★★	★★★	★★★	★★★	★★★	높음
강남구	청담동	청담삼익	1980	888	185	★★★	★★★	★★★	★★★	★★★	높음
강남구	압구정동	현대(사원)13차	1987	622	150	★★★	★★★	★★★	★★★	★★★	높음
마포구	성산동	성산시영(대우. 선경)	1986	3,710	148	★★★	★★★	★★★	★★★	★★★	높음
서초구	반포동	주공1단지	1973	3,590	127	★★★	★★★	★★★	★★★	★★★	높음
송파구	잠실동	잠실주공(5단지)	1978	3,930	152	★★★	★★★	★★★	★★★	★★★	높음
양천구	목동	목동신시가지(7단지고층)	1988	2,550	125	★★★	★★★	★★★	★★★	★★★	높음
양천구	신정동	목동신시가지(13단지)	1987	2,280	159	★★★	★★★	★★★	★★★	★★★	높음
영등포구	여의도동	시범	1971	1,578	169	★★★	★★★	★★★	★★★	★★★	높음

자료: 한국자산관리연구원 "살집팔집"

경기도

시	동읍면동	아파트명	구분	입주년도	총세대수	용적률	내재가치				미래가치	투자가치판단
							평균	입지	수익	희소		
고양시	도내동	원흥동일스위트(고양원흥A-7블록)	신축	2018	1,257	204	★★★	★★★	★★★	★★	★★★	높음
과천시	부림동	과천주공(8단지)	재건축	1983	1,400	129	★★★	★★★	★★★	★★	★★★	높음
남양주시	다산동	반도유보라메이플타운2.0	신축	2019	1,261	199	★★★	★★★	★★★	★★	★★★	높음
부천시	옥길동	옥길호반베르디움	신축	2107	1,420	199	★★★	★★★	★★★	★★	★★★	높음
성남시	백현동	판교푸르지오그랑블	신축	2011	948	199	★★★	★★★	★★★	★★	★★★	높음
수원시	이의동	자연앤힐스테이트	신축	2012	1,764	209	★★★	★★★	★★★	★★	★★★	높음
수원시	매탄동	매탄주공5단지	재건축	1985	1,240	127	★★★	★★★	★★★	★★	★★★	높음
하남시	망월동	미사강변도시18단지	신축	2016	1,455	208	★★★	★★★	★★★	★★	★★★	높음
하남시	학암동	위례그린파크푸르지오	신축	2016	972	179	★★★	★★★	★★★	★★	★★★	높음
화성시	청계동	시범우남퍼스트빌	신축	2015	1,442	171	★★★	★★★	★★★	★★	★★★	높음

자료: 한국자산관리연구원 "살집팔집"

이주현(월천대사)

(주)월천재테크 대표. '월천대사'라는 필명으로 활동하고 있는 대한민국 최고의 학군 부동산 전문가. 각종 방송과 언론사 자문단 및 경제 세미나에서 부동산 정보를 전하고 있으며, 직방TV 〈내 집 마련의 신〉, 〈직터뷰〉, 〈언박싱〉 등을 진행했다. 블로그 〈월천 재테크 학군과 부동산〉을 운영하고 있으며 저서로 《나는 부동산으로 아이 학비 번다》가 있다.

정지영(아임해피)

(주)아이원 대표. 대한민국 부동산계를 이끌어가는 여성 리더이자 부동산 투자 전문가로 많은 사람의 내 집 마련 멘토로 활동하고 있다. 블로그 〈아임해피의 똑똑한 부동산 투자〉를 운영하고 있으며 아임 해피TV, 직방TV 〈청약의 신〉 코너를 진행하고 있다. 저서로 《똑똑한 부동산 투자》, 《대한민국 청약지도》가 있다.

패닉바잉에도 솟아날 구멍은 있다 : 3기 신도시 청약 비법

이주현(월천대사), (주)월천재테크 대표
정지영(아임해피), (주)아이원 대표

월천대사 2021년 청약시장 이슈는 분양가 상한제 지역 거주 조건 강화, 소득 요건 완화, 서울 분양 물량 급감, 3기 신도시, 사전 청약 그리고 2021년 유망 청약 단지입니다. 먼저 '2021년 2월 중 분양가 상한제 지역 거주 조건 강화' 키워드부터 시작하겠습니다. 아임해피 님, 민간택지 분양가 상한제 지역 거주 조건이 좀 다르다고 들었는데 설명해주시겠습니까?

아임해피 현재 공공택지의 공공분양에는 의무 거주 기간이 있습니다. 가령 최근 분양한 위례 공공분양에는 전매제한과 의무 거주 기간이 있죠. 하지만 지금 수도권의 민간택지 분양가 상한제 지역에는 전매제한만 있습니다. 즉, 의무 거주 기간이 없는데 2021년 2월 19일부터 그 이후 입주자 모집 공고가 나온 단지는 거주를 해야 합니다.

월천대사　실수요자는 괜찮지만 시세 차익을 목적으로 청약하는 사람들은 좀 고민이 될 듯합니다. 또 무엇을 주의해야 할까요?

아임해피　가령 이혼이나 상속 문제로 전매 기간 내에 매도할 수도 있습니다. 이처럼 부득이한 사유가 발생했을 때 기존에는 일반인에게 매각이 가능했지만 이제는 LH가 매수한다고 합니다. 이때 싸게 매수할까요, 비싸게 매수할까요?

월천대사　싸게 할 것 같은데 만약 시세가 오르면 어떨지 모르겠네요.

아임해피　네, 분양가에서 이자율 정도로 봅니다. 이제 LH가 매각하기 때문에 실제로 우리가 말하는 프리미엄 차익은 사실상 전매제한이 풀리고 의무 거주 기간까지 충족해야 맛볼 수 있을 겁니다.

월천대사   강화한 거주 조건을 꼼꼼히 챙겨봐야겠네요. 두 번째로는 소득 요건을 완화한다는 기쁜 소식입니다. 2021년 1월부터 적용할 텐데 어떤가요?

아임해피   두 경우에 한 해 소득 요건을 완화합니다. 특별 공급, 즉 특공에는 신혼부부와 생애 최초자가 해당하니까 결혼한 2030세대는 거의 다 해당할 겁니다. 지금까지 가장 큰 탈락 이유는 소득 요건을 충족하지 못해서입니다. 이제 최대 160퍼센트, 그러니까 전년도 도시근로자 평균 소득의 160퍼센트이므로 실제 계산했을 때 대기업 맞벌이 신혼부부도 가능합니다. 고액연봉자 외에는 신혼부부 중 거의 90퍼센트가 가능할 것입니다.

월천대사   그런데 특별 공급과 생애 최초라는 말이 나오므로 반드시 청약을 꼼꼼하게 살펴 내가 어떤 특별 공급 요건을 충족해야 하는지 조건을 잘 따져봐야겠네요. 신혼부부 특공은 어떤 부분에 중점을 둬야 할까요?

아임해피   신혼부부 특별 공급은 자녀수로 당락이 정해집니다. 자녀가 많을수록 당첨 가능성이 높죠. 생애 최초 특별 공급은 추첨제입니다. 특별 공급에 해당하면 거의 뽑기 수준으로 추첨에 성공해야 합니다. 최근 20대가 생애 최초 특별 공급으로 당첨된 사례가 있

민영주택, 공공주택 특별법 미적용 국민주택 소득 요건

(단위: 만 원)

공급 유형		구분	3인 이하	4인	5인	6인	7인	8인
신혼 특공	우선 공급 (70%)	외벌이 100% 이하	555	622	693	759	824	890
		맞벌이 120% 이하	666	747	832	911	989	1,068
	일반 공급 (30%)	외벌이 140% 이하	777	871	971	1,063	1,154	1,234
		맞벌이 160% 이하	888	996	1,110	1,215	1,319	1,424
생애 최초 특공	우선 공급(70%)	130% 이하	722	809	901	987	1,072	1,157
	일반 공급(30%)	160% 이하	888	996	1,110	1,215	1,319	1,424

공공주택 특별법 적용 국민주택 소득 요건

(단위: 만 원)

공급 유형		구분	3인 이하	4인	5인	6인	7인	8인
신혼 특공	우선 공급 (70%)	외벌이 100% 이하	555	622	693	759	824	890
		맞벌이 120% 이하	666	747	832	911	989	1,068
	일반 공급 (30%)	외벌이 130% 이하	722	809	901	987	1,072	1,157
		맞벌이 140% 이하	777	871	971	1,063	1,154	1,246
생애 최초 특공	우선 공급(70%)	100% 이하	555	622	693	759	824	890
	일반 공급(30%)	130% 이하	722	809	901	987	1,072	1,157

*2020년도 도시근로자 가구원수별 월평균 소득에 따라 변동 가능

습니다. 사실 이런 것은 결국 정보 싸움입니다. 2021년 3월쯤이면 2020년 소득 기준이 나올 텐데 조금 상향될 겁니다. 이러한 소득 기준 정보를 살펴보면서 자신의 조건을 따져보고 청약해야 합니다.

월천대사 신혼부부 특별 공급인데 자녀수가 많아야 한다고요? 신혼부부에게 자녀가 그렇게 많을 수 있나요? 몇 년까지 신혼부부로 쳐주나요?

아임해피 혼인신고를 하고 7년 이내는 신혼이고 7년에서 하루라도 지나면 구혼입니다. 좀 다른 이야기지만 생애 최초는 평생 주택이 없었으면 가능합니다. 실제로 생애 최초와 신혼부부 중 청약을 더 많이 하는 쪽은 생애 최초입니다.

월천대사 소득 요건 완화는 누구에게는 기회고 또 누구에게는 경쟁자가 늘어난 셈입니다. 따라서 예전에 특공에 자주 지원했다면 이제 더 많은 경쟁자가 청약에 뛰어든다고 생각하는 게 좋을 듯합니다.

아임해피 정말 핵심을 찌르네요. 실제로 소득 요건 완화로 많은 사람이 특별 공급에 들어오고 있습니다.

월천대사 그런데 요즘 청약이 너무 없어요.

아임해피 2021년에는 사전 청약이 있으니 기대해도 좋을 것 같습니다.

2021년 서울에서 주목할 분양

월천대사　　세 번째 키워드는 '서울 분양 물량 급감'입니다. 이건 가장 문제가 되는 부분인데 다음 도표는 서울 분양 물량이 얼마나 줄었는지 잘 보여줍니다. 보다시피 2020년 물량이 5만 가구도 안 됩니다.

아임해피　　2018년부터 2020년 초까지 4만 7,205가구가 입주했네요. 그때까지는 주변에 입주 단지가 많다 보니 아파트 전세를 구하는 일이 어렵지 않았어요. 반면 2020년 후반 들어 입주가 끝나자 전

서울 아파트 입주 및 예정 물량 추이

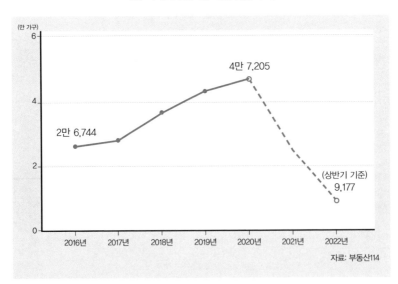

자료: 부동산114

세가 부족해서 그야말로 아우성 수준입니다.

월천대사   문제는 도표에서 2021년과 2022년을 보면 숨이 턱 막힌다는 겁니다. 뚝 떨어지거든요. 2021년 입주 물량이 2만 가구도 안 된다는데, 걱정입니다.

아임해피   입주 물량은 분양했기 때문에 입주 물량이라고 부릅니다. 제가 5년 정도 서울 물량을 계속 정리했는데 반, 반, 반으로 뚝뚝 떨어지는 게 느껴져요. 더구나 정비사업이 연기되어 분양 단지는 1~2년 안에 입주하겠지만 2021년 분양 물량은 너무 없다는 생각이 듭니다. 그중 서울의 급감 원인은 정비사업 해제와 지연에 있어요.

월천대사   2019년 57개 단지가 분양을 완료했고 2020년에는 32개 단지가 분양을 완료했죠. 그런데 예정했던 물량이 절반도 채 분양되지 않고 해를 마감하는 일이 3년 연속 이어지고 있어요. 정비사업 해제와 지연에 따른 결과죠. 혹시 2020년 11월에 나온 대책 봤나요? 그중 가장 회자된 것은 '우리더러 호텔에 살라는 이야기냐'는 것이었지만 저는 그보다 전세를 우려해 정비사업 이주 속도를 조절하겠다는 표현을 보고 가슴이 덜컥했어요.

아임해피   네, 맞아요. 분양 순서를 보면 정비사업이 가장 중요하고 그다음이 이주입니다. 이주를 해도 늦는데 이주까지 지연되면 더 지연될 가능성이 크고 그 지연 중에 서울 분양이 정말 많습니다. 2020년 32단지를 분양 완료했는데 이 정도도 많이 한 겁니다. 대부분 2020년 가장 큰 이슈였던 민간택지 분양가 상한제에 속해 7월 29일 이후 입주자 모집 공고가 나온 단지입니다. 2021년에는 분양가 상한제 때문에 더 없어질 것 같고요. 그 이후에는 후분양으로 전환될 가능성이 커서 분양이 점점 더 미뤄지고 있습니다.

월천대사　　현재 분양 물량 급감은 2~3년 뒤 영향을 미치는 원인입니다. 많은 알토란 같은 단지들이 후분양을 결정하면서 안타까운 일을 많이 목격했어요. 허구와 줄다리기를 계속하면서 마냥 기다리고 있거든요. 많은 사람이 집 사는 걸 미루고 있는데 청약 점수가 70점대 이상인 사람도 많아요. 69점 이상인 사람은 둔촌 주공을 많이 기다릴 것 같습니다. 강남은 재정비 물량이 거의 소진됐고 이제 남아 있는 것은 대부분 강북이에요. 서울에는 강북 물량에 청약하고 싶어 하지 않는 사람들도 있어요.

아임해피　　의무 거주 기간이 있어서 더 그렇습니다.

월천대사　　그것이 청약에 많은 영향을 미치는 듯합니다. 당첨만으로 끝나지 않고 의무 거주 기간이 있으니까 알토란 같은 곳을 원하거든요. 그런 단지가 뉴스에 나오면 가슴이 설레다가 지연된다고 하면 가슴이 아팠다가 하는 일을 반복하고 있지요.

아임해피　그래도 2021년에는 정말 관심이 뜨거운 물량이 있어요. 서초구에 있는 원베일리 아파트가 2021년 분양에 들어갑니다. 계속 미뤄진 곳이라 많은 사람이 기다리고 있지요. 최근에는 69~70점대 당첨자도 나오는데 70점대는 그야말로 자녀수도 많고 부양가족도 많아야 가능한 점수입니다. 그만큼 많은 사람이 기다리고 있다는 방증입니다.

월천대사　이제 비싸지 않은 단지도 살펴보죠. 3기 신도시 이야기로 넘어가기 전에 9억 원을 왔다 갔다 하는 강북 청약지를 알아봅시다. 2020년에는 청약을 많이 할 줄 알았는데 분양가 상한제로 정비사업장들이 스톱하면서 하반기 청약이 저조했습니다. 이를 달리 말하면 2021년 상반기에는 나올 가능성이 있거든요. 주로 어디를 찍을 수 있을까요?

아임해피　분양가 9억 원 이하는 분양권 대출이 가능한 단지입니다. 만약 분양가 상한제 지역 중에서 의무 거주 기간까지 충족한다면 제가 꼽는 곳은 이문1구역, 장위4구역입니다. 장위 뉴타운의 경우 중반을 달리고 있는데 초반 분양 성적은 좋지 않았지만 최근 최고가를 찍으면서 살 만한 곳으로 변모하고 있습니다.

3기 신도시 전망

월전대사 이제 네 번째로 3기 신도시 이야기를 해봅시다. 3기 신도시는 위치가 나쁘지 않아요. 고양 창릉, 인천 계양, 부천 대장, 안산 장상, 남양주 왕숙, 하남 교산, 과천을 보면 모두 위치가 괜찮아서 실수요자들이 고민이 많을 듯합니다. 더구나 집값이 상당히 올랐잖아요.

아임해피 실제로 많은 무주택자가 3기 신도시에 관심이 많습니다. 3기 신도시는 특히 서울에서 20킬로미터 반경 내에 들어오고 교통망 건설도 많이 할 예정이라 무주택자는 꼭 3기 신도시를 노려보라고 권하고 싶어요.

월천대사 노린다고 되는 게 아니라 뭔가 전략을 알려줘야 하지 않을까요?

아임해피 청약에도 정시와 수시가 있습니다. 바로 특별 공급과 일반 공급이죠. 특별 공급은 앞서 이야기했고 일반 공급에는 여러 가지가 있는데 두 가지를 구별해야 합니다. 바로 공공분양과 민간분양입니다. 공공분양은 납입 인정금을 매달 10만 원씩 납입해 그 순위를 나누므로 납입 인정 금액을 높일 방법을 마련해야 합니다. 민간분양은 가점제로 하므로 가점을 높일 방법을 찾아야 합니다.

월천대사 어떻게 찾나요?

아임해피 지금 만약 싱글이라면 결혼해서 신혼부부나 생애 최초 특별 공급을 노립니다. 그다음으로 사람들이 많이 찾는 것이 중소기업 특별 공급입니다. 지금 중소기업에 다니고 있다면 중소기업 특별 공급을 알아보는 것이 좋습니다. 또 노부모 부양 특별 공급, 다자녀 특별 공급도 있습니다.

월천대사 첫 주택을 마련하는 사람은 대개 눈높이가 높은데 가능하면 빨리 집을 마련해서 징검다리처럼 점차 넓혀가는 방식이 좋습니다. 그러니까 책이나 블로그 등을 활용해 공부하면서 청약 정보를 습득했으면 합니다. 아무튼 3기 신도시는 위치도 좋고 가격도 좋은데 그중 어디를 가장 눈여겨보세요?

아임해피 이번에 설문조사를 했더니 사람들은 하남 교산을 최고로 치고 있더군요. 강남권 일자리로 가장 빨리 도달할 수 있는 위치라서 그렇습니다. 3기 신도시로 지정되지는 않았지만 신안산선을 타고 여의도까지 출퇴근이 가능한 안산 장상지구도 눈여겨볼 필요가 있습니다.

월천대사 2020년에는 시흥, 장현, 안산까지 신안산선 효과가 굉장히 뜨거웠어요. 그럼 각 3기 신도시를 간략하게 짚어봤으면 하는데 먼저 고양 창릉의 특징은 어떤가요?

아임해피 고양 창릉은 덕양구 근처에 있는 택지지구와 맞물립니다. 창릉 신도시는 경계선이 원흥지구입니다. 그런 만큼 고양시 덕양구에 있는 택지지구와 어울리면서 3기 신도시가 형성됩니다. 창릉 신도시는 고양선(일산선)이라고 6호선 새절역에서 출발해 관통하는 지하철이 뚫립니다. 사실 3기 신도시는 교통망이 새로 생기거나 기존 교통망을 이용하도록 교통 대책을 잘 세워놓은 편입니다(2020년 12월 29일 GTX A 고양 창릉역 신설 발표).

월천대사 그럼 인천 계양 신도시에는 어떠한 장점이 있을까요?

아임해피 인천 계양시와 부천 대장지구를 가봤는데 아직까지는 논밭입니다. 김포공항에서 출발했는데 정말 가깝더군요. 바로 직선 코스는 없지만 도로망이 뚫릴 예정입니다. 지하철을 이용하기 쉽지 않아도 도로 사정이 좋고 김포공항과의 연결성이 있습니다. 지금 인천 계양과 부천 대장은 사실 지역은 다르지만 거의 붙어 있기 때문에 총 3만 7,000호의 엄청난 주거벨트가 생길 겁니다.

월천대사 안산 장상은 이미 이야기했으니 넘어가고 논란이 뜨거웠던 남양주 왕숙 이야기를 해봅시다. 남양주는 위치가 굉장히 넓고 신도시와 신도시 사이에 있어서 그 신도시와 맞물리면 엄청난 규모가 될 듯합니다.

별내 신도시와 다산 신도시가 규모가 작아 8호선이 연장된다고 해도 오랜 기간 눌림목(수급 등의 요인으로 인해 일시적으로 하락세를 보이는 것)이 있었는데 단기간은 힘들겠지만 장기간으로 보면 직주근접에 영향을 주겠다는 생각이 듭니다. 특히 동북권 노후화로 재건축과 많은 사업을 진행해야 하는데 이주 수요도 자연스럽게 받을 수 있지 않을까 싶습니다. 그 주변인 구리시나 서울시 중랑구, 노원구에 사는 사람도 왕숙 신도시에 도전할 수 있나요?

아임해피 가능합니다. 물론 그 지역에 살면 거주 우선순위가 있지만 대규모 택지지구 같은 경우 인근 지역에서도 청약할 수 있습니다. 남양주 왕숙은 남양주 거주자 30퍼센트, 경기도 20퍼센트, 서울과 인천이 50퍼센트를 배정받습니다. 이걸 3:2:5라고 부르죠. 물론 그 지역에 살아야 당첨 확률이 높지만 인근에 살면 청약은 가능합니다. 남양주 왕숙은 물량이 많으니 다다익선으로 한번 노려보면 기회가 더 많지 않을까 싶습니다.

월천대사 　물량이 무려 6만 6,000호입니다.

아임해피 　그렇죠. 남양주 왕숙은 두 개로 분리되어 있어요. 교통망이 4개 플러스 1개인데 경춘선, 경의중앙선, 진접선(4호선), GTX B노선이 지나갑니다. 또 8호선 별내선을 간접적으로 이용하는 것이 가능하니까 4+1이 되는 거죠. 사실상 강남을 관통하는 지하철은 아니지만 이렇게 많은 노선을 품으면 서울에 빨리 접근할 수 있습니다(2020년 12월 29일 강동-하남-남양주 도시철도 신설 발표).

월천대사 　하남 교산은 많은 사람이 관심을 기울이는 인기 있는 신도시인데 원래 인기가 많은 곳은 안티가 많아요. 문화재 걱정도 좀 되고요. 파면 나온다고 하는데 이곳은 우리나라 최초의 신도시였다지요. 구석기와 신석기 시대 때요. 사람이 살기 좋은 곳이라서 그럴 겁니다. 그래서 문화재 박물관 건립 이야기도 나온 것 같고요. 그런데 저는 여기서 가장 마음에 드는 것이 3호선입니다. 발표하는 날 깜짝 놀랐어요.

아임해피　그 선을 보고 저도 많이 놀랐습니다. 아직 확정된 것은 아니지만 송파-하남 간 도시철도든 3호선이든 일단 들어오면 강남에 최고로 빨리 도달할 수 있을 겁니다.

월천대사　하남 교산 신도시가 완성되면 인근 송파구 대비 가격이 더 오를 것 같습니다. 지지부진했던 거여와 마천, 이제 조금 준비가 된 감일·감북이 함께 시너지를 내면 대단할 거예요. 여기에 미사도 있잖아요. 이들은 주거 연결고리로 연결된 것 같아요.

아임해피　제가 그걸 '신강남 주거벨트'라고 부릅니다. 미사, 하남 교산, 감일, 거여, 마천, 위례는 물론 그 밑에 성남 구도심 재개발을 보면 그야말로 신강남 주거벨트입니다. 정말 강남권 배후 수요로는 최적의 입지로 보입니다.

월천대사　그 중간에 복정도 있어요. 복정도 개발 예정이거든요. 하남 사람들은 청약이나 신도시에 호의적이라고 하는데 왜 그런가요?

아임해피　택지지구에 살면 자연스럽게 택지지구 물을 먹는다고 생각해요. 허허벌판에 아파트가 들어서고 수익이 생기고 역이 들어서는 것을 한눈에 봤잖아요. 그래서 택지지구에 거주하는 사람들은 청약도 전략적으로 잘합니다. 한마디로 학습 효과죠. 지금 청약 대기 수요가 굉장하다고 들었습니다.

월천대사　이제 과천이 남았는데 여기는 7,000호라는 물량이 좀 아쉽긴 합니다. 이미 공급한 과천지식정보타운이 뜨거운 인기를 끌면서 온 경기도가 들썩일 정도로 일대 아파트 매수세가 살아났죠. 3기 과천 신도시와 지식정보타운은 위치가 어떻습니까?

아임해피　거기에 지식정보타운역(갈현역)이 있고 한 정거장 다음에는 과천정부청사역이 있습니다. 또 GTX C 노선도 지나가게 되죠. 과천 3기 신도시는 지식정보타운 위쪽에 있지만 신도시가 들어서면 주거벨트가 형성됩니다. 또 과천 신도시는 문을 열면 서울대공원이 보이고 내리면 선바위역입니다.

사전 청약 주요 추천지

월천대사　다섯 번째는 2021년 7월부터 시작되는 사전 청약입니다. 사전 청약은 본청약 1년 전에 일부 물량을 미리 청약하는 제도입니다. 과거 사례를 보면 사전 청약에 당첨된 뒤 거의 10년이 지나야 입주하기 때문에 망설여지기도 하는데 시범단지는 좀 빨리 입주할 수 있지 않을까 싶습니다. 그래서 신청 자격과 거주 요건, 중복 신청,

재당첨 제한 등을 샅샅이 따져봐야 합니다.

다음 도표는 주요 입지와 사전 청약 물량을 나타낸 것입니다. 특히 노량진역 인근 군부지와 위례, 남태령 군부지를 눈여겨보기 바랍니다. 이것을 자료 삼아 가까운 곳에 살고 있다면 살펴보길 권합니다. 혹시 도표에 나오지 않은 곳 중 짚어줄 만한 곳이 있나요?

사전 청약 및 본청약 일정

(단위: 천 호)

주요 입지 및 사전 청약 물량		본청약
2021년 7~8월 인천 계양(1.1), 노량진역 인근 군부지(0.2), 남양주 진접(2.4), 성남 복정 1 · 2(1.0), 의왕 청계2(0.3), 위례(0.3) 등 9~10월 남양주 왕숙2(1.5), 남태령 군부지(0.3), 성남 신촌(0.2), 성남 낙생(0.8), 시흥 하중(1.0), 의정부 우정(1.0), 부천 역곡(0.8) 등 11~12월 남양주 왕숙(2.4), 부천 대장(2.0), 고양 창릉(1.6), 하남 교산(1.1), 과천 과천(1.8/2018년 발표 지구), 군포 대야미(1.0), 시흥 거모(2.7), 안산 장상(1.0), 안산 신길2(1.4), 남양주 양정역세권(1.3) 등	**2022년** 남양주 왕숙(4.0), 인천 계양(1.5), 고양 창릉(2.5), 부천 대장(1.0), 남양주 왕숙2(1.0), 하남 교산(2.5), 용산 정비창(3.0), 고덕 강일(0.5), 강서(0.3), 마곡(0.2), 은평(0.1), 고양 탄현(0.6), 남양주 진접2(0.9), 남영주 양정역세권(1.5), 광명 학온(1.1), 안양 인덕원(0.3), 안양 관양(0.4), 안산 장상(1.2), 안양 매곡(0.2), 검암역세권(1.0), 용인 플랫폼시티(3.3)	**2020년** 위례지구(2.3), 고양 장항(1.4), 성남 판교 대장(0.7), 과천지식정보타운(0.6) 등 **2021년** 과천 주암(1.5), 과천지식정보타운(0.5), 구리 갈매역세권(1.2), 위례지구(0.4), 고양 지축(0.6) 등 **2022년** 과천 과천(0.9), 남양주 양정역세권(0.9), 성남 금토(0.4), 인천 루원시티(0.4), 수원 당수(0.5) 등

아임해피 제가 최근에 다녀왔는데 성남에서 다섯 군데나 사전 청약을 합니다. 복정1·2지구, 금토1·2지구, 낙생지구, 신촌지구 등입니다. 이번 사전 청약은 본청약과 입주 예정일까지 지정하기 때문에 너무 오래 기다리지 않고 내 집 마련을 할 수 있을 거라고 봅니다.

월천대사 사전 청약에 당첨되면 집을 완성할 때까지 꼼짝없이 10년을 기다려야 하나요?

아임해피 사전 청약에 당첨되면 사전 청약에는 청약할 수 없지만 다른 청약은 할 수 있습니다. 일반적인 본청약은 가능합니다. 청약통장을 또 쓸 수 있는 거지요. 일명 양다리 전법입니다. 만약 사전 청약에 당첨되고 둔촌 주공이 2021년 8월 본청약을 한다면 또 청약이 가능합니다. 그러니 사전 청약은 자격만 된다면 노려볼 필요가 있습니다. 더구나 특별 공급도 똑같이 사전 청약을 적용합니다. 사전 청약 날짜가 정해져 있고 그 날짜에 맞춰 입주자 모집 공고가 나므로 꼼꼼히 확인해서 도전해보십시오.

월천대사 그럼 사전 청약 추천지를 꼽아보겠습니다. 서울 노량진, 남태령, 용산 정비창, 하남 교산, 성남 복정 1·2지구와 신촌·낙생·금토 지구 그리고 안양 인덕원은 2021년 적극 노려봐도 좋은 지역입니다. 이제 여섯 번째는 2021년 유망 청약 단지입니다. 저는 강남,

강북, 경기를 중심으로 꼽아보았습니다.

　래미안 원베일리는 계속 밀리고 있었는데 한다고 기사가 났어요. 그다음에 래미안 원펜타스, 디에이치 방배, 아크로파크 브릿지, 둔촌주공 등 많은 강남권 청약지가 있어요. 강북권에는 이문 1·3구역, 아현 2구역, 장위 4구역 등이 있습니다. 경기도는 어떤가요?

아임해피　　경기도는 대규모 택지지구냐 아니냐로 나눠봐야 합니다. 동탄2신도시에서 신주거문화타운 청약이 나옵니다. 그다음으로 광명 2구역, 권선 6구역, 하남 C구역 등이 분양을 앞두고 있습니다.

　청약 당첨은 운이 아니라 전략입니다. 철저히 준비하고 공부하면 당첨 확률이 높아지므로 궁금한 것이 있으면 적극 찾아보기 바랍니다. 당첨자 후기도 살펴보는 것이 좋습니다.

월천대사　　간혹 부적격이 나오기도 하는데 가장 많이 나오는 유형은 어디서 실수했기 때문인가요?

아임해피　　특별 공급에서는 소득에서 많이 실수하고 민간분양에서는 가점과 세대원이 무주택자여야 하는데 세대원 중에 주택이 있는 경우가 있습니다. 최근 청약홈 개설로 이런 부분을 많이 거르긴 해도 부적격이 간혹 나옵니다. 특히 소득에서 많이 나오는데 이번에 대폭 완화했으니 꼼꼼히 따져보기 바랍니다.

노창희

리맥스코리아 부사장. 단일 브랜드로 세계 최대의 부동산 에이전트를 보유한 리맥스 한국 오피스에서 대한민국 부동산 중개 시장을 보다 발전적이고 윤리적으로 바꿔 나가려는 마음으로 일하고 있다. 세종대학교 대학원 석박사 과정에서 부동산정책과 주거복지를 전공했고 국내 최대 자산관리 회사인 메이트플러스와 포스코그룹의 오피스빌딩 임대 담당 팀장을 거쳤다.

성수, 연남, 압구정
3대 골목상권 빌딩 분석

노창희, 리맥스코리아 부사장

꼬마 빌딩에 법적인 정의가 있는 것은 아닙니다. '연면적이 몇 평이하면 꼬마 빌딩이다' 하는 기준이 있는 게 아니라 보통 3~7층 규모에 가격이 20~50억 원에 형성된 것을 꼬마 빌딩이라고 부릅니다. 실제로 꼬마 빌딩을 찾는 실수요자는 20~50억 원으로 매입을 고려합니다. 특히 강남권은 부동산 가격이 다른 지역에 비해 높다 보니 '꼬꼬마 빌딩'이라는 신조어까지 생겼고 투자 열기도 높은 편입니다.

여기서는 사람들이 꼬마 빌딩에 주목하는 이유, 꼬마 빌딩의 거래

트렌드와 각 지역의 특색 그리고 꼬마 빌딩을 매입할 때 주의할 점과 구입한 이후 어떻게 가치를 올려야 하는지 설명하겠습니다.

왜 사람들은 꼬마 빌딩에 주목할까요? 최근 아파트 가격이 단시일 내에 폭등하면서 그 가격이 꼬마 빌딩을 살 수 있는 데까지 근접했습니다. 이처럼 집값으로 꼬마 빌딩을 살 정도가 되자 투자자들이 빌딩주가 되겠다는 생각으로 2019년부터 2020년까지 많은 관심을 보이고 있습니다.

2018년부터 2020년까지 거래 현황을 보면 서울에서 매년 200억 원 이하 빌딩이 평균 1,500건 정도 거래가 이뤄졌습니다. 2020년에

최근 3년 서울 일반 업무 상업 시설 거래 현황

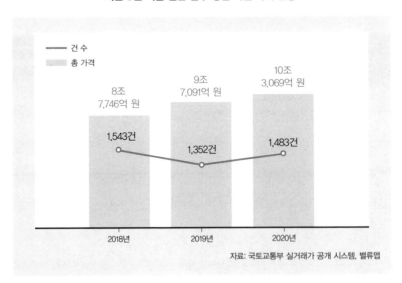

자료: 국토교통부 실거래가 공개 시스템, 밸류맵

는 매매가격이 좀 오른 탓도 있지만 10조 원 넘는 거래액을 보였지요.

꼬마 빌딩 시장에는 실제 매도자보다 매수자가 절대적으로 많습니다. 많은 사람이 가장 선호하는 지역은 물론 강남입니다. 그러나 1년 치 거래 사례 데이터를 놓고 분석해보면 서울 전역에서 골고루 매매가 이뤄지고 있음을 알 수 있습니다. 아무튼 상대적으로 강남 선호가 뚜렷하다 보니 이곳은 좋은 매물이 희소성을 띠고 있습니다. 여기서 희소성이란 수익률이 높고 향후 자산 가치가 커져 매매차익을 남길 수 있는 매물을 말합니다. 이 모든 것을 충족해야 좋은 매물이라고 할 수 있는데 실제로 강남의 빌딩 수익률이 떨어지다 보니 상대적으로 좋은 매물이 별로 없습니다.

그럼에도 불구하고 왜 매수자들은 강남 지역을 선호할까요? 어찌 보면 절대적인 안전성을 추구하는 성격 때문일 수도 있습니다.

사실 강남은 고가 주택이 많아서 이를 매각하면 강남 이외의 지역에 제법 규모가 큰 빌딩을 살 수 있습니다. 그래서 퇴직을 했거나 자녀교육에 신경 쓸 필요가 없어서 굳이 강남에 살지 않아도 되는 사람은 다른 지역 꼬마 빌딩을 검토하는 경우가 많습니다.

아파트는 공시지가가 매매가의 80~90퍼센트에 육박하기 때문에 세금 부담이 큽니다. 반면 꼬마 빌딩은 공시지가를 아파트만큼 실거래가에 육박할 정도로 반영하고 있지 않습니다. 50~60퍼센트만 반영한 지역도 많습니다. 그러다 보니 꼬마 빌딩은 세금 이슈에서도 장점이 있습니다.

여기에다 부동산중개업소 중개사나 부동산 컨설팅 회사 에이전트의 능력을 넘어서는 개인들이 막강한 정보력을 바탕으로 직접 매물을 찾아다니는 경우가 늘어났습니다. 더구나 부동산도 IT와 결합해 최첨단을 걷는 하이테크 산업에 진입한 상태라 IT를 활용한 프롭테크(Prop Tech, 부동산 자산(property)과 기술(technology)을 결합한 신조어) 정보를 어떻게 활용하는 것이 좋은지 알아둘 필요가 있습니다.

상권, 교통 환경, 숲세권, 랜드마크가 선택의 기준

다음 도표는 부동산을 거래금액별로 크게 4구간으로 나눠 분석한 것입니다.

2019년까지는 50억 원 이하 부동산을 많이 거래했지만 2020년 들어서는 50억 원 이상 부동산 거래가 활발했습니다. 지수로는 큰 차이가 없어도 실제 거래금액으로 보면 상당한 차이가 있습니다. 특히 200억 원 이상 부동산에 투자하는 개인도 꽤 늘고 있는 상황입니다.

반면 10억 원대 매물은 급감했는데 이는 상대적으로 부동산가격이 많이 올랐고 또 거래가 2018년과 2019년에 많이 이뤄졌기 때문입니다. 강남 지역 평균 아파트 매매 시세가 10억 원이 넘는 걸 고려하면 강남에 사는 사람들은 선택에 따라 언제든 꼬마 빌딩 주인이

부동산 거래금액별 구분

구분	2019년	2020년
10억 원	25.2%	18.9%
10～50억 원	47.9%	49.6%
50～200억 원	22.6%	26.9%
200억 원 이상	4.2%	4.7%

될 수도 있습니다.

그러면 투자는 어떤 관점에서 해야 할까요? 부동산에 투자할 때는 4가지 포인트가 부합해야 합니다.

첫 번째는 상권입니다. 상권이란 단순히 어디어디 상권이 좋다는 개념이 아니고 해당 상권에서 입지가 얼마나 좋은가를 의미합니다. 가령 내가 사람들이 선호하는 상권에 부동산이 있는데 그 부동산이 해당 지역에서 입지가 좋아 좋은 임차인을 모집할 수 있고 자산가치가 높아질 가능성이 크다면 투자 포인트에 부합한다고 볼 수 있습니다.

두 번째는 교통 환경입니다. 인구 유입이나 유동인구 증감을 비롯해 철도와 도로망이 연장되는지, 새로운 교통 시스템이 예정되어 있는지 등을 살펴봐야 합니다.

세 번째는 숲세권입니다. 꼬마 빌딩에 투자하면서 자연환경을 고려하는 것은 좀 생경할 수 있는데 이는 두 가지 측면으로 볼 수 있습니다. 하나는 한강이나 서울숲, 공원이 가까워서 건물의 자산 가치가 높고 나중에 되팔 때 비싸게 팔 수 있는가 하는 점입니다. 다른 하나는 조경이 가능한 옥상, 주차장, 로비 등의 공간이 존재해 임차인의 만족감이 높아서 오래 유지할 수 있는가 하는 것입니다.

네 번째는 랜드마크입니다. 주변에 있는 랜드마크는 부동산 가치 상승을 이끕니다. 예를 들어 용산구 한강로2가는 아모레 효과로 굉장한 지가 상승을 보이고 있고 지역이 좋아졌다는 말을 듣습니다. 역으로 내가 보유한 꼬마 빌딩 자체가 랜드마크가 되는 경우도 있습니다. 규모가 크다고 랜드마크가 되는 것은 아닙니다. 트렌드에 맞는 콘텐츠나 업종을 임차인으로 유치해 널리 알려지면 내 건물 자체가 그 지역에서 랜드마크 효과를 낼 수 있습니다.

그럼 이 네 가지에 부합하는 최적의 부동산은 어디서 구입할 수 있을까요? 과거에는 발품을 팔아 지역 부동산중개업소를 방문하거나 많은 매물을 답사하면서 물건을 찾았습니다. 지금도 큰 틀은 달라지지 않았지만 무작정 많이 다니는 것이 아니라 IT 기술을 충분히 활용할 필요가 있습니다. 현대는 정보전이고 정보는 어디에서든 구할 수 있거든요.

가령 부동산 매매가격이나 거래 사례는 이제 비밀이 아닙니다. 대한민국의 부동산 공공데이터는 상당수 공개되어 있고 부동산중개업소는 그 정보로 중개를 활성화하기 위한 애플리케이션이나 프로그램을 만들고 있습니다. 감정평가사와 건축사도 자신을 마케팅하는 데 활용하기 위해 그 정보를 커스터마이징, 즉 맞춤 제작해서 고객에게 제공합니다.

대부분의 부동산중개업소는 지도를 기반으로 한 IT 앱을 활용합니다. 어떤 업체는 지도상에서 거래가 이뤄진 실데이터를 바탕으로 미래 가격을 예측하기도 하고 매물 홍보도 합니다.

이처럼 넘쳐나는 정보 속에서 개인 혹은 투자자로서 우리가 갖춰야 할 능력은 무엇일까요? 바로 변별력입니다. 변별력을 갖추면 여러 임장활동(부동산 이용 실태를 알아보기 위해 부동산이 있는 현장에 직접 가 보는 활동)을 하기 전에 사전 활동으로 어떤 것이 진실인지, 정말 가치가 있는지 확인할 수 있습니다.

꼬마 빌딩 거래의 트렌드

그러면 제목에 걸맞게 성수동, 연남동, 압구정동에 집중해서 설명을 하겠습니다. 이들 지역은 모두 주거와 상업이 균형 있게 분포해 있다는 공통점이 있습니다. 제 경험상 빌딩 매수를 위해 찾아오는 사람들에게 어느 지역을 선호하느냐고 물으면 대체로 압구정동, 청담동, 성수동, 연남동, 연희동을 꼽습니다.

이들 지역은 실제로 많은 투자자가 희망하는 곳입니다. 왜 그럴까요? 여전히 상승 여력이 충분히 있는 지역이기 때문입니다. 더구나 지금은 유동성 때문에 아파트나 주거에 투자하기 힘든 상황이라 이들 지역의 꼬마 빌딩에 투자하려는 사람들의 문의가 많습니다. 심지어 일부 부동산 업체는 광고를 일부 중단했다고 합니다. 매도자보다 매수자가 더 많아서 그렇습니다.

특히 성수동, 연남동, 압구정동은 소액 투자와 고액 투자가 모두 가능한 지역입니다. 그런데 특이하게도 절댓값과 총액이 높은 꼬마 빌딩의 평당 단가가 더 높은 편입니다.

예를 들어 성수동에서 가장 거래가 활발한 성수역 이면의 연무장길을 보면 2020년 현재 평당 9,000만 원대에서 1억 원을 호가하는 매매가격으로 거래가 이뤄지고 있습니다. 반면 40~50평짜리가 아닌 400~500평짜리 부동산은 평당 가격이 그보다 상당히 낮습니다. 다시 말해 고액 투자가 가능한 사람은 이 지역에서 좀 더 낮은 단가로 유리하게 구입할 수 있습니다. 그러다 보니 기업들이 성수동과 연남동, 압구정동 지역에 들어가는 추세를 보이고 있습니다.

이제 성수동, 연남동, 압구정동 정보를 제공하는 업체들의 각 지역별 데이터를 정리해보겠습니다.

성수동 사례는 앱 '밸류맵'으로 확인했습니다. 이 지역은 뚝섬부터 성수까지 길게 형성되어 있는데 각 이면의 주택, 공장, 빌딩 가격은 검색으로 알 수 있습니다. 특히 밸류맵은 거래 사례 외에 현재 나와 있는 매매 물건도 알려줍니다.

연남동 사례는 사이트 '리맥스코리아'를 활용했습니다. 이 사이트는 각 업체에서 전속으로 받은 매물을 전부 표시해놓았습니다. 2020년 8월 중개업법이 개정되면서 이제 허위매물은 단속 대상입니다. 리맥스코리아에서 제공하는 매물 정보는 전속이거나 건물주가 의뢰했음을 확인한 매물만 올리므로 투자자는 보다 안정적인 물건 답사가 가능합니다. 실제로 이런 사이트에 올라온 물건은 실거래가 가능한 물건으로 봐도 좋습니다.

압구정동 사례는 앱 '디스코(DISCO)'에서 확인했습니다. 부동산을 거래할 때는 보통 답사나 거래하기 전에 등기부등본, 건축물대장, 토지이용계획확인원 같은 서류를 발급받아 확인합니다. 그런데 이 앱은 서류를 따로 발급받지 않아도 다 볼 수 있게 해놨습니다. 또한 내가 검색하는 빌딩 주변에서 있었던 다른 거래 사례까지 함께 보여줍니다. 덕분에 해당 부동산 가치를 확실히 알고 거래에 임할 수 있습니다.

참고로 앱 중에 건축사가 건축설계 기술을 기반으로 만든 '랜드북'이 있습니다. 사실 꼬마 빌딩을 구입하면서 일일이 수백만 원을 들여 가설계를 해보는 것은 쉽지 않습니다. 이 앱을 활용하면 해당 지번의 부동산을 신축했을 때 어느 정도 건축비로 얼마나 수익을 낼 수 있는지 시뮬레이션해볼 수 있습니다.

그러므로 여러분이 부동산 투어를 하면서 중개업소의 말만 믿을

게 아니라 스마트폰으로 다양한 앱을 활용해 검증하는 것이 좋습니다.

성수동, 연남동, 압구정동의 특징

그럼 본격적으로 성수동, 연남동, 압구정동의 지역별 특징을 살펴봅시다.

성수동은 크게 4개 지역으로 구분할 수 있습니다. 바로 뚝섬역과 성수역, 화양사거리, 한강변입니다. 뚝섬역은 카페 골목 쪽의 소매점이 가장 먼저 들어왔고 성수역은 구두를 만드는 가내수공업과 자동차공업, 일부 중공업이 섞여 있는데 그 사이사이에 핫플레이스가 생겼습니다. 즉, 실제로 일하는 사람과 놀러온 사람들이 섞여 있는 흥미로운 지역입니다.

화양사거리에는 그곳에 있던 엠코테크놀로지(구 아남반도체)가 송도로 이전하면서 대규모 지식산업센터가 생겼습니다. 한강변에 있는 가장 넓은 지역은 성수개발촉진지구입니다. 이곳은 크게 4개 블록으로 나뉘어 있고 아파트로 다변화할 지역입니다. 현재 강남 아파트의 노후화가 심하고 공급이 부족한 상황에서 향후 10년이면 성수대교에서 영동대교 사이에 대규모 아파트 단지가 밀집해서 들어설 전망입니다.

연남동은 경의선이 사라지고 그 양쪽에 있던 노후 주택이 근린생
활시설로 바뀌면서 용도가 전환되고 있는 지역입니다. 벌써 거의 완
성 단계에 이르러 주택으로 사용하는 집이 거의 없다시피 합니다.
여기에다 연남동을 둘러싼 연희동, 서교동, 합정동, 망원동, 상수동
등이 이미 핫플레이스라 사람들이 중간에 가교 역할을 하는 연남동
에 많이 놀러오고 있습니다.

각 지역의 특징

성수동	연남동
· 압구정~청담동의 정북향 · 성수개발촉진지역 4개 블록: 아파트 신축 · 시간의 흐름이 남은 지역 · 2호선 순환선의 중심 · 압구정에서 논현동보다 가까움 · 기업들의 이전	· 경의선 철길 부지를 따라 형성 · 연희, 홍대, 합정, 망원, 상수의 중심 · 주택 개조를 통한 높은 수익률 실현 · 공간 기획자 및 청년 창업자의 실험장 · 코로나19 시대에도 유지되는 상권
압구정	그 외 주목할 지역
· 전통적 부촌 · 진입하려는 수요보다 매물이 귀함 · 신사~청담까지 광범위한 투자 선호 지역 · 가로수, 로데오길 등 상권 근접 · 성형외과, 디자인, 패션 계통의 업종 집중	1. 한강로2, 3가: 대규모 주택 개발 2. 천호동: 노후 주택 재개발 3. 구의동: 우체국 부지, 동부지검 부지 4. 불광·연신내: 안정적 부도심, 안정 상권

더구나 구조상 철길이던 곳이라 길게 라인이 형성되어 있어서 광장 형태로 밀집하기보다 산책하며 즐기기 때문에 코로나19 시대에도 상권 매출이 유지되고 있습니다. 연남동은 본래 연희동의 남쪽이라는 뜻으로 지명이 붙여졌는데 과거에는 연희동보다 낙후되었으나 지금은 반대로 더 선호하는 핫플레이스 지역이 되었습니다.

압구정동은 전통 부촌으로 국내 최초의 아파트 단지인 압구정 현대아파트가 있는 지역입니다. 다른 지역에 비해 좀 색다른 부분은 꼬마 빌딩 수요자들이 압구정동을 매우 선호한다는 점입니다. 그러나 그 지역에 빌딩을 소유한 사람은 어지간해서는 매물로 내놓지 않기 때문에 매물이 절대적으로 귀합니다. 이런 이유로 압구정동의 매물은 가격이 아주 비쌉니다.

압구정동은 크게 신구초등학교가 있는 가로수길과 도산공원에 인접한 로데오길로 나뉩니다. 과거에는 로데오길 상권 움직임이 꽤 활발했는데 젠트리피케이션 현상으로 그 지역 임대가격이 상승하면서 공실률이 높아졌습니다. 최근 임대 활성화를 위한 건물주 모임이 생기고 인테리어 공사를 한 가게도 많아 다시 한번 활성화를 기대하는 중입니다.

가로수길은 대로변이 오랫동안 공실을 유지했는데 배후에 있는 세로수길 활성화로 대로변의 비싼 임대료에도 불구하고 기업들이 팝업 매장을 계속 열고 있습니다.

이들 3개 지역 외에 또 어떤 곳에 주목하는 것이 좋을까요?

투자 관점에서 2020년 말 현재 각광받는 지역은 아모레 효과가 있는 한강로2가와 용산역 바로 옆에 있는 한강로3가입니다. 2020년 5월 정부는 용산역 뒤에 있는 철도차량기지를 8,000세대가 넘는 아파트 단지로 개발하겠다고 발표했습니다. 그 아파트가 들어서면 배후에서 상업시설을 소화할 수 있는 블록은 한강로3가밖에 없습니다.

구상권으로 과거에 명성이 높던 천호동도 노후주택을 아파트로 재개발하고 있어서 눈여겨볼 만합니다. 구의동의 우체국 부지도 마찬가지입니다. 또 의외로 안정적인 임대수익을 내고 있는 불광동과 연신내도 각광받고 있습니다.

실제로 부동산에 투자하려는 사람들은 이들 지역을 함께 검토하고 있습니다.

꼬마 빌딩 매입시 주의할 사항

여러 가지 정보를 탐색해 부동산을 매입하고 임차인을 구하면 모든 일이 끝날까요? 그렇지 않습니다. 일단 부동산을 매입하고 나면 그 순간부터 우리는 많은 고민에 빠집니다. 어떻게 하면 가치를 높일 수 있을 것인가? 무작정 오래 보유한다고 자산 가치가 높아지는 것은 아닙니다.

그렇다면 부동산 구입 전후로 무엇을 체크해야 할까요? 무엇보다 다음 다섯 가지 항목을 확인해야 합니다.

첫 번째, 물리적인 하자를 확인합니다. 꼬마 빌딩은 대형 건물과 달리 하자가 많지 않지만 오래된 건물을 선호하는 사람이 많기 때문에 물리적인 하자가 없는지 체크해야 합니다. 중개업소의 도움을 받아 부동산을 매입할 경우 법적으로 작성해야 하는 중개대상물 확인 설명서에 사인을 합니다. 선진국에서는 중개업소가 아니라 인스펙터라는 물리적 실사 전문가가 하자 리스트를 만듭니다. 비록 꼬마 빌딩이지만 금액이 50억 원에서 100억 원을 호가하므로 약간 비용이 들더라도 전문 업체에 의뢰해 물리적 하자가 없는지 확인하는 것이 좋습니다. 더구나 전문 업체가 하자를 발견할 경우 그 처리비용을 요구하는 데 상당히 설득력이 있습니다. 대형 건물은 실제로 이 과정을 거쳐 가격을 협상합니다.

두 번째, 절세 방안을 고려합니다. 가령 주택을 근린생활시설로 개조할 수 있는지 확인하는 것은 일종의 절세 방안입니다.

세 번째, 리모델링 계획을 확인합니다.

네 번째, 임차인 리뉴얼, 즉 교체 상황을 체크합니다. 임차인을 교체해야 한다면 얼마나 우량한 임차인인지, 그 지역에서 내 건물을 빛내줄 임차인인지 따져봐야 합니다.

다섯 번째, 임차인의 관점으로 생각해서 리모델링을 계획합니다. 과거에는 그저 임대수익만 나오면 그만이었으나 이제는 건물

자산관리의 주요 항목

대분류	중분류	소분류
자산 운영	운영관리	빌딩 운영 지침 수립
		연간 운영예산 수립
	임대 관리	시장전략 및 임대 전략 수립
		임대 기준 수립 및 확정
	수입 관리	임대료·관리비 청구 및 징수
		주차·기타 수입 청구 및 징수, 미수금 및 연체 관리
	비용관리	제세공과 과세 내역 확인 및 검토
		비용 타당성 및 검토
		비용 집행 지원
임대 관리	계약 관리	임대관리 마케팅
		임대차 계약서 작성
		임대차 계약 체결 지원, 변경 계약, 계약 해지 업무 지원
		보증금 반환 지원
	입주 관리	입주 공사 확인
		원상복구 확인
	입주사 관리	입주사 면담 및 관계 유지
		불편 접수 및 해결
		입주사 공문 접수 및 공문 발송

주도 많은 고민을 해야 합니다. 소유하는 것으로 끝나는 것이 아니라 소유하는 순간부터 건물주에게는 많은 연구와 고민이 필요합니다.

이때 무엇보다 중요한 것은 자산관리 관점으로 접근하는 일입니다. 어떻게 하면 내 건물의 가치를 높일 수 있는가? 어떤 소프트웨어를 집어넣어야 하는가? 건물의 안전과 관련된 하자는 없는가? 임차인의 눈높이에 맞춘 입주 서비스를 어떻게 마련할 것인가?

이러한 문제를 고민하고 해결하는 것이 바로 자산관리 개념입니다. 수익성만 생각하는 것이 아니라 안전성과 고객 서비스를 두루 갖춰야 합니다. 임대업은 단순히 부동산을 소유하는 일이 아니라 이 삼박자를 갖춘 전문업입니다. 나아가 임대업도 소프트웨어 시대이므로 내 건물의 서비스 품질을 높이고 우량 입주자의 콘텐츠를 활용함으로써 내 부동산을 그 지역의 랜드마크로 포지셔닝해야 합니다.

만약 리모델링을 한다면 비록 목적은 자산 가치 증대에 있지만 어디까지나 입주자 관점에서 리모델링을 계획하고 실행해야 합니다. 예를 들어 노후화한 건물의 용적률을 그대로 유지하면서 개조를 진행할 경우, 시장조사로 그 지역에 어떤 입주자의 선호가 있는지 알아봅니다. 그 결과를 분석해 1층과 그 이상 층에 어떤 입주자를 들이는 것이 좋은지 확인하고 개조해야 합니다.

신축 역시 사용할 사람들이 그 건물에서 어떤 이익과 혜택을 볼 수 있는지에 초점을 맞춰야 합니다. 그래야 준공한 이후 공실 없이 바로 임대수익을 거둘 수 있습니다.

활성화 부분도 고민이 필요한데 건물주는 대체로 은행보다 항상 불이 켜져 있는 카페를 선호합니다. 활성화를 위해서는 트렌드를 잘 읽어야 하며 그 아이디어는 뜨는 지역을 벤치마킹해 내가 구입하려는 빌딩에 적용하면 됩니다.

인기가 높은 정보는 SNS로도 확보할 수 있습니다. 단, 건물을 볼 때는 리모델링한 미래 모습을 예측해서 보는 것이 좋습니다. 그리고 '저 건물은 왜 저렇게 됐을까' 하는 호기심을 잃지 말고 부동산을 사랑하는 마음으로 관심을 기울이며 매매 욕심을 내길 권합니다.

주식

02

배재규

삼성자산운용 부사장. 삼성자산운용의 CIO를 담당하고 있으며, ETF를 비롯한 모든 펀드의 운용 및 투자 전략, 자산 배분 등 운용 업무 전반을 총괄하고 있다. 2002년 국내 최초 ETF인 KODEX 200을 한국거래소에 상장했으며 이어 국내 최초로 ELS 펀드도 도입해 오늘날 자본시장의 발전에 크게 기여했다. 지금은 자산운용업의 영역을 단순히 펀드 운용 차원을 넘어 자산관리 영역으로 확장하는 데 주력하고 있다. 특히 시장 예측과 전망이 아니라 고객의 위험-수익 포트폴리오(Risk & Return Profile)에 기반해 이론적이고 실증적으로 입증된 방법으로 자산을 배분하는 자산관리 사업에 집중하고 있다.

6장

한국 ETF, ELS 오리진(origin)이 전하는 성공 투자

배재규, 삼성자산운용 부사장

2020년 주식시장은 활황세를 보이면서 전고점(前高點)을 돌파하고 지속적인 상승세를 보이고 있습니다. 이런 상황에서 투자자들은 좋은 종목을 골라 단기에 큰 수익을 실현하겠다는 투자 목적을 설정합니다. 하지만 아무리 증시가 활황세를 지속하더라도 모두가 이러한 투자 목적을 달성하는 것은 아닙니다. 실제로 2020년에 상당한 수익을 실현한 투자자도 있고 그렇지 못한 투자자도 있을 것입니다.

투자자들은 보통 과거와 현재 데이터를 기반으로 현재 상황을 분석하거나, 전문가의 도움을 받아 시장을 전망하고 예측해 투자 의사를 결정합니다. 뒤에서 예시를 통해 말씀드리겠지만, 이러한 전망과 예측에 기반한 투자 전략은 투자 성과를 높이는 데 별로 도움을 주지 못합니다.

결론적으로 말해 투자할 때는 장기투자, 분산투자, 목표 기반 투자를 하되 투자 비용을 최소화해야 합니다. 장기투자, 분산투자, 저비용 투자, 이 세 가지는 익숙한 개념이나 목표 기반 투자는 그리 익숙하지 않을지도 모릅니다. 목표 기반 투자란 투자 목적에 맞는 포트폴리오를 별도로 구축하는 것을 말합니다. 예를 들면 자녀 학자금이나 결혼 비용, 주택 마련 비용 등이 있습니다.

투자자들은 증시가 활황일 때 개별종목을 잘 골라 단기에 빨리 높은 수익을 내려고 하지만, 오히려 저는 개별종목보다 시장에 장기투자하는 것을 권합니다. 시장에 투자한다는 것은 코스피나 코스닥 같은 지수(인덱스)에 투자하는 것을 말합니다. 우리는 개별종목을 잘 고르는 것이 얼마나 어렵고 예측 불가능한 영역인지 잘 알고 있으면서도 단기에 달콤한 열매(높은 수익률)를 얻기 위해 그 사실을 부정하고 개별종목 투자에 뛰어 듭니다. 하지만 그 결과는 많은 경우 아쉬움이 가득합니다. 물론 부침이 있겠지만, 시장에 대한 장기투자는 개별종목에 대한 단기투자보다 변동성을 낮추면서 장기적으로 좋은 성과를 낼 수 있습니다.

예를 들어 봅시다. 골프를 치는 사람은 대부분 멋진 티샷을 떠올리며 티박스에 올라갑니다. 그리고 멋진 샷이 나오기를 기대하며 골프채를 힘껏 휘두릅니다. 가끔은 기대하던 멋진 샷이 나오지만, 주말에만 골프를 치는 대부분의 주말 골퍼들은 미스샷(공을 실수로 잘못 치는 일)이나 오비(OB, 공이 경계선 밖으로 나가는 것)가 나기도 합니다. 만약 경기에서 이기기 위한 골프를 하고 싶다면 멋진 샷을 위해 있는 힘껏 스윙을 하기 보다는 매 샷마다 골프공을 페어웨이(티와 그린 사이의 잘 닦인 잔디 지역)로 보내는데 집중해 타수를 줄이는 것이 좋습니다.

투자도 마찬가지입니다. 투자는 2020년과 같은 활황장에서만 짧게 한 번 하고 마는 것이 아니라, 부를 증진하기 위해 평생 해야 하는 재테크 방법입니다. 그러므로 단기간의 멋진 투자를 기대하기보다 장기간에 걸쳐 부를 증대하는 방법을 선택하길 권합니다.

투자 환경이 변하고 있다

다음 도표는 우리가 투자할 수 있는 투자 대상이 다양해지고, 상품 종류가 복잡해지고 있음을 나타낸 것입니다. 전통적 투자 대상인 주식과 채권, 그리고 새로운 투자 대안으로 관심이 높아진 대체투자(통화, 실물자산, 부동산 등)는 우리가 투자하는 기초자산이 되며, 이 기초자산을 ETF와 펀드 그리고 ELS 같은 다양한 상품을 통해서도 투

투자 상품의 다변화

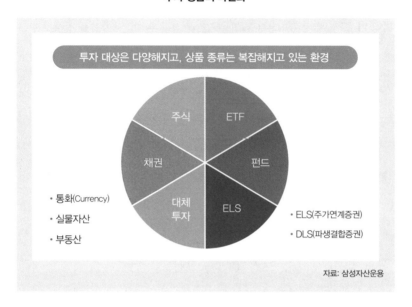

투자 대상은 다양해지고, 상품 종류는 복잡해지고 있는 환경

주식 / ETF / 펀드 / ELS / 대체투자 / 채권

• 통화(Currency)
• 실물자산
• 부동산

• ELS(주가연계증권)
• DLS(파생결합증권)

자료: 삼성자산운용

자할 수 있습니다. 다시 말해 ETF와 펀드는 기초자산을 담는 '투자 그릇'과 같으며, ELS는 기초자산의 특별한 성격을 조건화한 상품이라고 보면 이해하기가 쉽습니다.

그렇다면 전문가들이 운용하는 자산운용 시장은 어떻게 바뀌고 있을까요? 이해를 돕기 위해 미국을 예로 들어보겠습니다.

미국은 지난 10년간 액티브(active) 펀드에서 1조 7,000억 달러가 유출된 반면, 패시브(passive) 펀드로 1조 8,000억 달러, 원화로 계산하면 약 2,000조 원이 유입되었습니다. 특히 패시브 펀드 중에서도 ETF로 대부분의 투자 자금이 유입되었습니다. 액티브 펀드란 대부분의 개인투자자처럼 펀드매니저가 시장 전망과 예측을 기반으로 종목을 선정해서 높은 수익을 올리고자 적극적으로 운용하는 상품을 말합니다. 반면 패시브 펀드는 이론적인 방법으로 시장에서 이미 실증적으로 입증된 것만 활용하는 투자 방식을 뜻합니다. 이렇듯 전 세계에서 가장 큰 금융 시장인 미국 주식시장은 전문가들이 운용하는 액티브 펀드에서 패시브 펀드로 투자 환경이 변화하고 있습니다.

과연 한국 자산운용 시장에는 어떤 변화가 일어나고 있을까요? 한국도 앞서 살펴본 미국과 같은 모습을 보이고 있습니다. 지난 10년간 액티브 펀드에서 91조 원이 유출된 반면, 패시브 펀드로 약 17조 원이 유입되었습니다. 기타 액티브 펀드에서 유출된 자금들은 사모펀드나 ELS로 들어간 것으로 추정되고 있습니다. 물론 ELS도 기초자산의 어떤 특정 조건을 구조화한 상품이기 때문에 패시브 투자의 한 유형입니다.

ELS는 훌륭한 상품이지만 그 조건에 따라 투자 성과가 달라집니다. 예를 들어 판매자가 조건으로 특정 국가의 금리나 환율 등을 제시할 때 투자자가 그 타당성을 질문하면 대개 '몇 년간 그런 일은 발생하지 않았다'는 식의 대답을 합니다. 여기서 지난 몇 년간 그런 일이 발생하지 않았다는 것은 달리 말하면 발생할 수도 있다는 의미입니다. 결국 ELS는 조건을 자세히 살펴봐야 합니다.

한국 자산운용 시장의 변화를 보다 자세히 살펴보겠습니다. 2020년 10월 말 기준, 한국에 상장된 국내 주식형 ETF 규모는 24조 원으로 전체 공모 국내 주식형 펀드(일반 주식형 펀드(액티브 펀드)와 ETF, 그리고 인덱스 펀드를 뜻함) 43조 원의 절반이 넘는 56퍼센트를 차지하고 있습니다. 하지만 10년 전인 2010년 국내 주식형 ETF 규모는 4조 원으로 공모 국내 주식형 펀드 54조 원의 7퍼센트에 불과했습니다. 특히 주목할 점은, 지난 10년 동안 공모 국내 주식형 액티브 펀드 규모가 49조 원에서 18조 원으로 3분의 1로 감소한 반면, 국내 주식형 ETF는 4조 원에서 24조 원으로 6배 증가했습니다. 다시 말해, 한국의 투자 환경도 액티브 펀드에서 패시브 펀드로 변화하고 있으며, ETF가 그 변화를 주도하고 있습니다.

이번에는 시가총액과 거래대금 측면에서 ETF가 차지하는 비중을 알아보겠습니다. 2020년 10월말 기준, 국내 상장 ETF 시가총액은 47조 원으로 코스피 시가총액(1,600조 원)의 약 3퍼센트, 코스피와 코스닥을 합친 시가총액(1,900조 원)의 2.5퍼센트를 차지하고 있습니다. 한편 ETF의 거래대금은 하루 5조 원으로 코스피 거래대금(11조 원)의 44퍼센트에 달합니다. 2020년 3월, 코로나19로 인한 팬데믹 상황이 심해진 이후 시장 변동성이 커지면서 ETF 거래대금은 전체 코스피 거래대금의 50퍼센트를 넘어서기도 했습니다. 이렇듯 한국 투자자들도 투자 수단으로 ETF를 적극적으로 활용하고 있습니다.

예측과 전망에 의존한 투자는 잘 맞지 않는다

다음으로 개인투자자의 투자 성향을 살펴보겠습니다. 먼저 개인투자자에게 영향을 미치는 시장 환경에는 어떤 변화가 있었을까요? 과거에는 자산운용사가 투자 상품을 제공하고 판매사인 은행 및 증권사가 고객에게 상품을 판매하는 공급자 중심의 시장이었습니다. 하지만 지금은 개인투자자가 직접 투자 의사결정을 내리는 자기주도형 투자가 주를 이루고 있습니다. 2020년 주식시장 거래세를 보면 자기주도형 투자가 얼마나 많이 늘어났는지 잘 알 수 있습니다. 2020년 말까지 예상되는 거래세는 약 8조 7,000억 원으로, 2019년 4조 5,000억 원 대비 2배 가까이 증가할 것으로 전망하고 있습니다.

시장 환경이 이렇게 바뀌자 과거에 판매 보수와 수수료를 수취하던 은행과 증권사들의 역할은 단순 판매에서 조언 및 자문으로 변화하고 있습니다. 또한 자산운용사도 시장 전망이나 예측을 바탕으로 종목을 선정하고 투자하는 액티브 투자 중심에서 실증적으로 입증된 방법을 이용한 솔루션을 제공하는 패시브 투자로 바뀌고 있습니다.

그렇다면 개인투자자는 투자 정보를 주로 어디에서 얻을까요? 과거에는 은행, 증권사 같은 금융 기관이나 언론사 및 주변 지인들에게 투자 정보를 받았다면 지금은 유튜브를 통해 기관과의 정보 비대칭 없이 거의 동시에 투자 정보를 습득하고 있습니다.

사실 많은 개인투자자가 여전히 전망이나 예측에 기반한 투자를 하고 있지만, 앞서 말씀 드렸듯이 전문가가 운용하는 자산운용 시장에서도 시장 환경은 액티브 투자에서 패시브 투자로 바뀌고 있습니다. 이 말은 투자 전문가조차 전망이나 예측에 의존해 투자하지 않고 이론적인 방법으로 투자한다는 의미입니다. 여기에서 말하는 '이론적인 방법'이란 마켓 타이밍을 지양하고 시장 전체에 투자한다는 것을 뜻합니다.

개인투자자들이 적극 활용하고 있는 전망과 예측에 의한 투자에는 어떤 한계가 있을까요? 사례를 들어 그 내용을 살펴보겠습니다.

첫 번째 사례는 원달러 환율 전망입니다. 2019년 말과 2020년 초 원달러 환율에 대한 시장 예측은 대체로 달러 약세였습니다. 하지만 2020년 3월까지 원달러 환율은 시장 예측과는 반대로 흘러갔습니다. 이후 팬데믹으로 세계 경제가 위기에 빠지면서 시장 전문가들은 글로벌 기축통화인 달러 강세로 빠르게 전망을 수정했습니다. 그 결과는 어땠을까요? 다음 도표에서 보시다시피 실제로 2020년 3월 이후 달러는 계속해서 약세를 보였습니다. 이처럼 예측과 전망에 의존한 투자는 잘 맞지 않습니다.

또 다른 예로 미국 대통령이 누가 되는가에 따라 시장 수혜 업종을 전망한 내용과 그 실제 결과가 어땠는지 살펴보겠습니다. 2008년 11월 오바마가 대통령으로 당선되었을 때 그의 친환경 정책에 따라 사람들은 신재생 에너지가 뜰 것이라고 예측했습니다. 대부분의 투자자가 여기에 공감했지요. 한편 2016년 11월 대통령이 된 트럼프

시장 예측의 한계

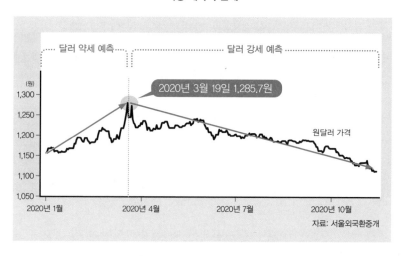

자료: 서울외국환중개

는 파리기후협정에서 탈퇴할 것이라고 선언했고 실제로 탈퇴했습니다. 시장은 이제 석유나 가스와 같은 전통 에너지가 뜰 것이라 기대했고 투자자들도 여기에 공감했습니다. 그 결과는 어땠을까요?

오바마 행정부 때 미국은 시장 예측과 정반대로 신재생 에너지에 속하는 태양광 에너지 지수는 하락했고 전통 에너지 지수는 상승했습니다. 이 기간 중 전통 에너지 지수의 대표 격인 엑슨 모빌(Exxon Mobil)은 미국 주식시장 시가총액 1위를 달성하기도 했습니다. 한편 트럼프가 대통령이 되자 시장은 전통 에너지가 상승할 것이라고 예측했지만 오히려 하락했으며 반대로 신재생 에너지가 상승했습니다. 시가총액 1위를 달성했던 엑슨 모빌은 2020년 8월 다우존스지

수에서 제외되는 수모를 겪어야 했습니다.

그럼 전문가들의 시장 전망과 반대로 투자하면 되느냐고 반문할 수 있습니다. 물론 그런 말이 아닙니다. 다만 시장 전망과 예측에 의존해 투자할 때는 결과가 기대만큼 좋지 않을 수 있으므로 시장이나 지수에 투자하는 패시브 투자를 권하는 것입니다. 어떤 종목이 높은 수익률을 가져다줄 수 있을지 찾기보다 시장 전체에 꾸준히 장기간 투자한다면 자본주의의 성장 과실을 얻을 수 있을 것입니다.

그것은 1926년 이후 계속 변해온 미국 주식시장이 잘 보여주고 있습니다. 예를 들어, 1926년 미국 대표 지수인 S&P500에 1달러를 투자했다면 그로부터 90년 후인 2019년 그 1달러는 8,000달러가 되어 8,000배의 상승을 경험할 수 있었을 것입니다. 미국 대통령은 지난 90년 동안 공화당과 민주당 후보가 번갈아 가며 당선되었습니다. 그 사이 주식시장은 누가 집권하든 부침은 있었지만 계속 상승해왔습니다.

어떻게 해야 이기는 투자를 할 수 있는가

투자자들에게 포트폴리오 투자 성과를 결정하는 첫 번째 요인이 무엇이냐고 질문하면 대체로 종목 선정과 마켓 타이밍이라고 말합니다. 하지만 과거 사례를 분석해보면 투자 성과를 결정하는 가장 중요한 요인은 바로 자산 배분입니다.

저희가 운용하고 있는 자산 배분 포트폴리오를 예로 들어보겠습니다. 이 포트폴리오는 국내 및 해외 주식 46퍼센트, 채권 46퍼센트 그리고 대체투자 8퍼센트로 구성되어 있습니다. 2000년부터 2019년까지의 수익률 흐름을 살펴보면, 다른 10가지 자산군(국내주식, 선진국 주식, 신흥국 주식, 미국 국채, 선진국 국채, 회사채, MBS, 신흥국채권, 원자재, 리츠)과 비교했을 때 평균 이상의 수익률을 기록했습니다. 어떻게 평균 이상의 수익으로 만족할 수 있겠느냐고요? 지난 10년 동안 계속해서 높은 수익률을 달성한 자산군이 없는 것을 보면, 장기간 평균 이상의 수익률을 달성하는 것이 얼마나 어려운 일인지 잘 알 수 있습니다.

또한 목표 기반 투자와 관련해 자산 배분을 할 때는 연령에 따라 차별화된 포트폴리오를 구축하기 바랍니다. 가령 은퇴 시기가 많이 남은 20~30대는 채권 30퍼센트, 주식 70퍼센트로 위험자산인 주식 비중을 높이고 나이 들수록 안정을 택해 주식 비중을 줄여가야 합니다. 여기서도 주식과 채권은 국내뿐 아니라 해외를 포함해 분산투자하고 개별종목을 찾기보다 시장 전체에 투자하는 지수를 활용하는 것이 효과적입니다.

왜 분산투자를 하는 것이 좋을까요? 한국과 미국의 지난 30년간 투자 성과를 보면, 코스피는 약 4배 상승했고 S&P500은 미국 달러 기준 17.7배 상승했습니다. 즉, 미국 주식이 한국 주식보다 4.5배 더 상승했죠. 이것을 원화로 환산하면 원화가 해당 기간에 66퍼센트 정도 절하(달러 강세) 되었으므로 미국 시장의 성과가 약 8배 더 좋았던 셈입니다. 그래서 저는 한국 주식과 미국 주식에 분산투자하는 것을 권합니다.

그러면 한국 주식과 미국 주식 그리고 선진국 주식과 전 세계 주식(선진국+신흥국)에 분산투자하면 어떤 결과가 나오는지 살펴보겠습니다.

다음 도표에서 확인할 수 있듯이, 한국 주식과 미국 주식, 선진국 주식 그리고 전 세계 주식에 심플하게 분산투자를 하면 변동성을 낮추고 양호한 연평균 수익률을 달성할 수 있습니다. 따라서 반드시 미국 주식에만 분산투자를 권하는 것이 아니라 다양한 자산에 분산

국내외 주식 분산 포트폴리오 10년 위험-수익(지역)

	한국 주식 50% + 미국 주식 50%	한국 주식 50% + 글로벌 선진국 주식 50%	한국 주식 50% + 글로벌 주식 50%
연평균 수익률	8.8%	6.6%	6.3%
연평균 변동성	13.8%	13.7%	13.7%

간단한 지역 분산 투자만으로도
위험 대비 양호한 성과 추구 가능

자료: 삼성자산운용

해 투자하면 상대적으로 안정적이고 우위에 있는 포트폴리오를 구축할 수 있습니다.

변동성이 작은 투자에 집중하라

주식뿐 아니라 채권을 섞었을 경우에는 어떤 효과가 나올까요? 다음 도표에서 첫 번째는 한국 주식 30퍼센트, 미국 주식 30퍼센트 그리고 나머지 40퍼센트는 한국 채권에 자산 배분한 포트폴리오입니다. 두 번째는 미국 주식에만 100퍼센트 투자한 것이고, 세 번째는 한국 주식에만 100퍼센트 투자한 경우입니다.

미국 주식과 한국 주식에 각각 100퍼센트를 투자한 포트폴리오는 지난 10년 연평균 변동성이 각각 17퍼센트 수준으로 비슷하지만, 수익률은 미국 주식 100퍼센트 투자 포트폴리오가 훨씬 높습

분산 포트폴리오 시뮬레이션

기간 최근 10년	한국 주식 30% + 미국 주식 30% + 한국 채권 40%	미국 주식 100%	한국 주식 100%
연평균 수익률	6.7%	13.5%	4.2%
연평균 변동성	8.4%	17.6%	17.4%

자료: 삼성자산운용

니다. 반면 한국 주식과 미국 주식을 30퍼센트씩 섞고 한국 채권을 40퍼센트 섞었을 경우에는 연평균 변동성이 8.4퍼센트로 거의 절반 수준으로 떨어집니다. 물론 미국 주식 100퍼센트 포트폴리오 대비 연평균 수익률도 떨어졌지만, 한국 주식 100퍼센트 포트폴리오보다 양호한 성과를 보여주었습니다.

그렇다면 미국 주식에 10년간 투자하는 것이 가장 좋을까요? 제가 강조하고 싶은 것은 자산 배분 포트폴리오가 보여주고 있는 변동성입니다. 상대적으로 변동성이 작다는 것은 무슨 의미일까요?

다음 도표는 2020년 초 이후 10월말까지 각 포트폴리오의 변동성과 수익률, 최대 손실폭을 나타낸 것입니다. EMP 포트폴리오는 현재 삼성자산운용에서 운용하고 있는 ETF 자산 배분 포트폴리오로 전 세계 다양한 자산에 투자하고 있습니다.

코로나19 확산에 따라 변동성이 크게 확대된 2020년 미국 주식과

분산 포트폴리오 시뮬레이션

2020년 초 이후	EMP 포트폴리오	미국 주식 100%	한국 주식 100%
수익률	2.6%	3.1%	3.4%
변동성	10.4%	37.6%	30.6%
최대 손실폭	-13.0%	-34.9%	-34.8%

자료: 삼성자산운용

한국 주식은 미국 37퍼센트, 한국 30퍼센트 수준의 변동성을 기록했습니다. 반면 EMP 포트폴리오는 10퍼센트라는 상대적으로 낮은 수준의 변동성을 보였습니다. 이를 최대 손실폭(고점 대비 최대로 하락한 비율)의 관점에서 살펴보면, 2020년 미국과 한국 주식의 최대 손실폭은 모두 마이너스 35퍼센트 수준으로 EMP 포트폴리오의 마이너스 13퍼센트 대비 매우 높습니다. 다시 말하면, 미국 주식과 한국 주식은 이 기간 중 어딘가에 투자하면 자칫 잘못할 경우 최대 35퍼센트의 손실이 난다는 뜻입니다.

손실이 났을 때 투자자가 그것을 참고 견뎌내는 여력은 투자자마다 다릅니다. 하지만 실제로 손실폭이 30퍼센트를 초과한다면 이를 견디는 일은 쉽지 않을 것입니다. 결국 제가 하고 싶은 말은 상대적으로 작은 최대 손실폭을 갖는 분산 포트폴리오 투자자는 시장이 급락하더라도 감내하고 기다릴 수 있다는 것입니다. 2020년 초 코로나19로 인해 증시가 급락하고 패닉에 빠지는 경험을 한 투자자라면 그 의미를 잘 이해할 것이라 생각합니다.

투자 세계에서는 투자 이후 예상과 달리 큰 폭의 손실이 날 수도 있으므로 변동성이 작은 투자를 하는 것이 매우 중요합니다. 다만 변동성을 이겨내고 나온 최종 결과만 보고 '아, 이게. 더 좋구나' 하고 판단해서는 안 됩니다. 앞으로 투자를 고려할 때 변동성 이야기가 나오면, '투자한 포트폴리오가 하락할 경우 참아낼 수 있는 최대 손실폭 수준'을 판단 기준으로 삼으십시오.

지금까지 제가 말한 내용을 요약하면 이렇습니다.

첫째, 시장 전망과 예측으로 투자하지 말고 기본적으로는 시장 전체에 투자하십시오.

둘째, 분산투자를 하되 비용이 낮은 투자를 하십시오.

만약 제가 드린 투자 조언이 단조롭게 느껴지신다면 이 방식을 포트폴리오에 50~70퍼센트만큼 반영하고 나머지는 투자의 재미나 트레이딩을 위해 개별종목이나 섹터형/테마형 ETF, 그리고 비트코인 같은 상품에 투자하는 것도 좋습니다. 그러면 시간이 지난 후 제가 얼마나 타당한 이야기를 했는지 공감할 것입니다. 다만 재미나 트레이딩을 위한 투자도 자신만의 원칙을 세워두고 그 전략에 따라 하기 바랍니다.

강원경

하나은행 압구정PB센터 지점장. 18년 넘게 고액 자산가들의 자산을 관리해온 전문가로 〈한국경제신문〉 자문위원, 한국FP협회 자문위원을 역임했고, 〈매일경제〉, 〈조선일보〉, 〈중앙일보〉 등에 칼럼을 기고했다. CFP(국제공인재무설계사), 한국 최초 차세대 영뱅커(Promising Young Banker) 수상(싱가폴 아시안뱅커지), 우수 파이낸셜플래너(한국 FPSB), 한국대표컨설턴트 50인(매경이코노미) 등 다양한 수상 경력이 있다.

 김영웅

신한은행 PWM강남PIB센터 팀장. 신한은행 내에서 고액 자산가를 담당하는 채널 중 가장 최상위 부유층 기업가 고객의 자산관리를 전담하는 조직인 신한PIB센터의 전담 팀장으로 지난 2006년부터 고액 자산관리를 전담하고 있다. 특히 자산관리 분야의 금융연수원 강의와 집필을 겸임하는 등 이론과 실무 경험을 충분히 갖춘 전문가로 손꼽힌다.

 김현섭

국민은행 도곡스타PB센터 팀장. 24년 은행 경력 중 14년을 PB로 일하며 초고액 자산가들의 자산관리를 담당하고 있다. 공저로 〈금융지식이 이렇게 쓸모 있을 줄이야〉가 있으며 〈조선일보〉, 〈한국경제〉, 〈서울신문〉 등에 칼럼을 기고했다.

 이은경

우리은행 TCE강남센터 팀장. HSBC은행의 PB, PM(Portfolio Manager) 등을 거치며 국내외 금융권에서 다양한 자산관리 노하우를 쌓았다. 현재 우리은행에서 PCIB모델을 최초 도입한 TCE강남센터에서 개인 자산관리와 법인 고객의 자산관리 및 자금조달까지 지원하는 토탈 금융 솔루션을 제공하고 있다.

 정세호

한국투자증권 강남센터 V Privilege 팀장. 2007년 한국투자증권 PB로 입사해 최우수 PB로 7회 선정되었다. 각종 실전, 모의투자 대회에서 수상했으며 고액 자산관리 전문 PB로 그 능력을 인정받고 있다.

7장

금융사 스타 PB들의 조언 "위기를 넘는 투자법"

사회 이준우, 조선일보 경제부 기자

패널 강원경, 하나은행 압구정PB센터지점 지점장

      김영웅, 신한은행 PWM강남PIB센터 팀장

      김현섭, 국민은행 도곡스타PB센터 팀장

      이은경, 우리은행 TCE강남센터 팀장

      정세호, 한국투자증권 강남센터 V Privilege 팀장

사회자   2020년은 재테크에 관심이 있는 사람들에게 특히 기억에 남을 만한 한 해였습니다. 예상치 못한 코로나19 사태로 코스피지수가 1,000포인트 가까이 급락하더니 연말에는 하락분을 회복하는 것을 넘어 사상 최고치 기록을 세웠습니다. 전 세계 경제에 가장 막강한 영향을 미치는 미국에서는 4년 만에 정권 교체가 이뤄졌지요. 2021년에는 어떤 투자 환경이 펼쳐질까요?

    첫 번째 질문은 2021년 투자 기상도입니다. 전반적으로 새로운 투자 환경이 어떻게 전개될지, 투자에 유망한 업종은 무엇인지, 눈여

겨봐야 할 시장은 어디인지 차례로 답변해주시기 바랍니다. 먼저 강원경 지점장님께서 말씀해주세요.

바이든 당선으로 아시아 시장에 긍정적인 영향

강원경   2020년에는 코로나19 확산으로 글로벌 정치와 경제의 불확실성이 아주 높았습니다. 또 유동성이 풍부해 미국 위주의 4차산업 주가가 상승하고 달러 자산 수요도 높은 편이었죠. 2020년 4분기에 이어 2021년에도 코로나19는 계속 이어지겠지만 그 확산세를 제어하고 미국 대선에 따른 각국의 경제성장과 주가 상승 압력이 있으리라고 봅니다.

물론 미중 갈등 양상에 따라 달라지겠지만 세계 교역량 증대로 달러 약세, 신흥국 통화와 주가 강세를 기대합니다. 다만 기후 변화 관련 규제 강화는 한국에 부정적입니다. 그리고 선진국과 신흥국의 차별화로 2021년 말까지 코로나19 이전 수준으로 회복하기는 어려울 전망입니다.

2021년 유망한 투자 종목으로 한국은 글로벌 교역과 수요 증가를 고려해 반도체 업종인 삼성전자와 SK하이닉스를 적극 추천합니다. 주요국의 친환경 분위기에 따라 신재생에너지 업종과 관련된 태양광 쪽의 신세계, LG전자, SK텔레콤도 기대해볼 만합니다. 또 수소차를 진행하는 현대차도 유망합니다. 마지막으로 향후 금리 상승 압력을 받을 은행 업종에도 주목하십시오.

2021년 유망 투자 종목은 반도체 업종인 삼성전자와 SK하이닉스

해외 투자처로는 신흥국 아시아의 친디아(중국과 인도)와 나머지 아시아권 투자를 추천합니다. 수출 경기가 좋아지고 있는 중국은 아시아에서 부품을 수입해 완제품을 만든 뒤 미국에 판매하는 구조입니다. 따라서 중국 최종재가 수출이 잘되는 것은 아시아 전체에 플러스 요인입니다.

여기에다 바이든이 대통령으로 당선된 것 자체가 아시아에 긍정적 영향을 미칠 가능성이 큽니다. 무엇보다 자유무역을 선호하는 바이든 덕분에 글로벌 교역량이 증가할 전망입니다. 지속적인 달러 약세 예측도 아시아 증시에는 긍정적입니다. 달러 약세로 신흥국에 미국달러 유입이 늘어나면 밸류에이션 매력이 있는 아시아가 주목받을 것이기 때문입니다.

물론 주의해야 할 점도 있습니다. 선진국에서 개발한 백신 접종에 성공하면 신흥국이나 아시아에 나와 있던 선진국 자금이 다시 본국으로 돌아갈 수 있습니다. 이 경우 신흥국의 성장과 주가에 변동이 생길 가능성이 있고 선진국은 훨씬 더 좋은 경기회복을 병행할 것입니다.

매력이 떨어진 2021년 채권투자

김영웅 2021년 자산시장 혹은 금융시장을 전망하려면 글로벌 경제성장률을 보고, 한국 주식에 관심이 있다면 한국 경제성장률에 관심을 기울여야 합니다. 2020년에는 코로나19 사태로 각국이 재정·통화정책과 양적완화 정책을 펼쳤고 사실상 마이너스 경제성장률을 보인 국가들도 있습니다. 많은 분석가가 그 기저 효과로 2021년에는 글로벌 경제성장률 5퍼센트 내외, 국내 경제성장률 마이너스 1퍼센트에서 3퍼센트 사이로 예측합니다. 그렇다면 2021년에도 투자해볼 만하다는 이야기인데 그 전제 아래 2021년 글로벌 자산시장에서 주목해야 할 세 가지 이슈를 살펴봅시다.

그것은 바로 통화정책, 주가 상승 그리고 미국의 새 대통령 조 바이든입니다.

첫 번째는 '2021년에도 통화 확장 정책을 그대로 유지할 것인가'입니다.

코로나19 이후 파월 연방준비제도(이하 연준) 의장은 2020년 3월 두 차례나 금리를 총 150bp(1.5퍼센트포인트) 인하하는 한편 3조 달러라는 막대한 자금을 시장에 풀어 경기를 살렸습니다. 3조 달러는 2008년 금융위기 때 버냉키 전 의장이 5년에 걸쳐 금리를 5퍼센트 내리면서 퍼부은 액수에 육박합니다. 여기에다 향후 2년간, 그러니까 2022년까지 통화 확장 정책을 계속 유지하겠다고 말했습니다.

이처럼 시장이 흔들리거나 경기가 좋지 않으면 연준에서 계속 돈을 풀겠다는 메시지를 주는 상황이라 투자자 입장에서는 2021년 증시나 자산시장을 전망할 때 '생각보다 괜찮겠구나' 혹은 '지금의 괜찮은 기조가 좀 더 이어지겠구나' 하는 판단을 내릴 겁니다.

두 번째는 '주가 상승에 따라 기업 이익이 과연 증가했는가'입니다.

2020년 말 현재 코로나19 사태가 터지고 3개월 동안 고점에서 하락하던 기업 이익이 60퍼센트를 회복했습니다. 이후 기간 동안 남아 있는 전고점 대비 기업 이익을 21퍼센트 정도 회복하지 못하고 있는 상황입니다. 통상 기업 이익이 저점을 찍고 다시 전고점까지 회복하는 데는 약 12개월이 걸립니다.

그러면 2021년 상반기에 기업 이익이 21퍼센트를 회복하거나 그 이상 상승하리라고 기대해볼 만합니다. 그 이유는 코로나19 사태가 터지고 3개월 동안 소위 FAANG(페이스북, 아마존, 애플, 넷플릭스, 구글) 주식 외에 여러 혁신 관련 기업이 경영 효율화를 추진해 기업 이익을 빠른 속도로 회복했기 때문입니다. 2021년 통화·재정정책과 양적 완화 정책 지속에 경영 효율화까지

2021년은 기업 이익이 상승할 가능성 높아

더해지면 기업 이익은 생각보다 더 상승할 수 있습니다.

세 번째는 조 바이든 대통령 당선과 관련된 내용입니다. 미국에서 정권이 바뀌는 1차 연도의 과거 평균 주가 상승률을 보면 약 14.4퍼센트입니다. 물론 부시 1기 때는 마이너스 성장률을 보였습니다. 이

관점에서 정권 이양 허니문 기간인 2021년 주식시장과 자산시장은 상대적으로 좋을 거라고 봅니다. 단, 양적완화나 통화·재정정책으로 계속 돈을 공급하는가를 살펴봐야 합니다. 이런 정책을 펼 수 있는 기축통화 국가는 다르게 볼 필요가 있습니다.

신흥국도 달러 약세를 기반으로 통화 가치가 올라가면서 투자 매력도가 높아지고 있지만 기축통화국과 그 나머지 국가는 구분해서 투자해야 합니다. 중앙정부가 국채를 발행하고 중앙은행이 그 국채를 사주는 여력에 따라 시장에 풀리는 돈의 양은 다릅니다. 미국은 통상 국채 발행의 50퍼센트 이상을 중앙은행이 매입해줍니다. 유럽도 마찬가지고요.

반면 신흥국은 중앙은행에서 10~20퍼센트 이상 매입하지 못합니다. 신흥국에서 국채를 많이 매입해 통화가 대량 풀릴 경우 통화 가치가 떨어져 갑작스런 금리 인상 등 여러 가지 부작용이 발생할 수 있습니다. 다시 말해 재정·통화, 양적완화 정책 관점에서 신흥국에 투자하는 것은 조금 버겁습니다. 결국 2021년에는 재정과 양적완화 효과가 나타날 미국, 유럽, 중국 위주로 투자하는 것이 좋습니다.

2021년은 신흥국보다 미국, 유럽, 중국 위주로 투자

한국은 기축통화국의 경기 상승과 더불어 수출의 회복탄력성이 높아져 투자가 유효할 것입니다. 다만 2020년 말 현재 최저점 수준에 있는 글로벌 채권 금리 수준에 주목해야 합니다. 2021년 미국은 명목 GDP 상승률을 6퍼센트 정도로 예측합니다. 여기에다 연말과 연초 소비가 살아나 물가상승 기미가 보이면 시중 금리가 오를 수 있습니다. 금리가 오르면 채권 투자자는 채권 가격이 하락하는 마이너스 효과를 보기 때문에 2021년 채권투자는 매력도가 떨어집니다. 특히 신흥국과 에너지, 운송, 항공 기업 회사채는 신용등급이 하락할 위험도 있으므로 면밀히 지켜봐야 합니다.

메가트렌드의 주인공, 친환경 업종

김현섭　2021년에도 경기부양책과 저금리 효과로 경기회복세가 이어질 전망입니다. 다만 코로나19 대응을 위해 국채 발행이 증가한 까닭에 소폭이라도 금리 인상이 예상돼 채권투자 매력은 낮아질 것입니다. 지금까지는 경기회복 전망으로 미국과 빅테크 중심의 성장주 쏠림이 있었지만 이제 비교적 가격 부담은 낮으면서 이익 개선을 내다볼 수 있는 민간 업종으로 포트폴리오를 다변화할 필요가 있습니다.

무엇보다 친환경 관련 업종이 메가트렌드가 되어 빅테크의 성장을 넘겨받을 거라는 전망이 설득력이 있습니다. 신흥국 중에서는 재정 여력이 있고 글로벌 교역 증가에 따른 수혜를 볼 한국과 중국을 추천합니다. 유가는 경기회복에 따른 수요 개선으로 상승하리라고 봅니다. 금 가격은 달러 약세 전망과 실질금리 상승이 어려울 전망이라 강보합 내지 상승을 예상합니다.

2021년 주식시장은 2020년만큼 수익률을 기대하는 것은 무리

2020년 말 현재 주식시장은 경기 부양책 지속과 코로나19 백신 개발에 따른 경기회복세 기대감을 선반영하고 있습니다. 이에 따라 2021년 주식시장에서 2020년만큼 수익률을 기대하는 것은 무리입니다.

그럼 경기 전망과 관련된 최근의 예를 봅시다. 2017년 주식시장이 매우 좋았고 이걸 근거로 대부분의 금융기관은 2018년 초 주가 전망을 좋게 보았습니다. 그러나 미중 무역분쟁으로 하락으로 끝났지요. 2019년 초에는 미중 무역분쟁 지속으로 좋지 않을 것으로 전망했으나 큰 폭으로 상승했습니다. 2020년 초에는 장밋빛 전망을 했지만 상반기 때 코로나19로 급락했죠.

결국 전망에 근거한 투자보다 자산과 타이밍을 분산하는 분산투자가 중요합니다.

중국은 2021년 강한 상승세 유지

이은경   2021년 재테크 기상도를 예측해보면 대체로 맑음입니다. 리스크 요소가 해소되어 전반적으로 경기가 추가 상승할 것으로 예측합니다. 다만 코로나19와 미중 패권 갈등의 강도에 따른 리스크 요소는 일부 남아 있습니다.

IMF는 2021년 세계 경제성장률을 5.2퍼센트(2020년 10월 13일 발표 기준)로 발표하며 2020년 마이너스 4.4퍼센트 대비 상당히 높은 수치로 전망했습니다. 2021년은 코로나19 변이 바이러스와 재확산에 따른 경제봉쇄 등의 우려감이 여전히 존재합니다. 하지만 화이자, 모더나, 아스트라제네카 등이 코로나19 백신이 최대 90퍼센트 이상의 효과를 보였다고 발표했습니다. 이런 상황은 코로나19가 2021년 하반기에는 안정될 것을 기대하게 해 IMF 전망치에 힘을 실어주고 있습니다.

2020년 하반기에 치러진 미국 대선은 바이든 당선으로 확정되며 불확실성이 해소되었습니다. 바이든의 공약 중 가장 큰 부분이 재정지출 확대인데, 미국이 재정지출을 본격 확대하고 연준이 안정적인 통화정책을 지속하면 유동성 거품에 따른 우려가 있더라도 2021년에는 상승 탄력을 유지할 것입니다.

다만 바이든 정부의 재정지출로 달러 약세가 장기화되면, 신흥국 통화는 강세로 이어질 것입니다. 그러면 글로벌 자금은 자연스럽게 신흥국으로 유입될 것입니다. 특히 중국 위안화, 한국 원화가 대표적인 강세 통화로 부상할 전망입 **원화 강세로 2021년 상반기 달러는 1,050원까지 하락 가능성** 니다. 원달러 환율은 2020년 12월 초 1,100원 아래로 하락했는데, 2021년 상반기에는 1,050원선 까지 하락할 가능성도 있습니다.

현재 중국은 위안화 강세로 글로벌 자금이 계속 유입되고 있습니다. 특히 중국 정부는 내수 중심의 '국내 대순환'과 국제 무역 확대에 따른 '국제 대순환'을 뜻하는 쌍순환 전략을 발표했습니다. 결국 수출, 제조업의 기업 실적이 개선되고, 코로나19 이후 보복 소비에 따른 내수 소비 증대가 맞물리면 중국은 2021년 상승세를 유지할 것입니다. 따라서 중국 비중은 2021년에도 유지, 확대를 추천합니다.

미국의 재정지출 확대가 세계 교역량 증가로 이어지고, 미중 무역 갈등이 완화되면 국내 투자와 소비 심리 개선에 긍정적인 영향을 미칠 것입니다. 또한 코로나19가 완화되면 투자 비중은 올해 강세를 보인 언택트주보다 가치주를 추천합니다. 또한 반도체 재고 소진에 따른 경기 개선 기대감으로 삼성전자 목표 주가가 상향되고 있어 코스피 상승에 힘을 더할 것입니다.

투자 유망 업종으로는 올해 주목받은 언택트, IT, 5G와 함께 친환경, 신재생에너지, 전기배터리 등을 추천합니다. 또한 2020년 국제결제은행 BIS가 '그린스완'을 경고하면서 ESG투자가 주목을 받았는데 이것은 2021년에도 유효할 것입니다. ESG는 환경(environmental), 사회(social), 지배구조(governance)의 약자로 기업이 환경, 직원, 주주에 얼마나 기여했는지, 지배구조는 투명한지 등을 평가합니다. 코로나19 이후 환경파괴 위험성이 대두되고 ESG 요소가 투자자의 장기 수익과 연결되다 보니 글로벌 주요 운용사와 연기금 등이 ESG투자에 주목하고 있습니다. 특히 국민연금도 2022년까지 투자 운용에 있어 ESG 비중을 50퍼센트까지 높이겠다고 발표했습니다. 따라서 2021년 투자 포트폴리오에 ESG를 기준으로 종목을 편입, 운용하는 금융상품을 추천합니다.

다만 2020년은 풍부한 글로벌 유동성으로 무얼 사도 오른다는 분위기가 팽배해 '동학 개미', '서학 개미' 등의 신조어가 생겼는데, 2021년에는 국가별, 산업별로 경기 상황에 편차가 예상되는 만큼 투자에 있어 전문가의 의견을 참고해 신중한 투자 포트폴리오를 계획하시기 바랍니다.

2021년 주식시장은 대세 상승 어려워

정세호   2021년 자산시장을 한마디로 정리하면 '경기회복 대 금리 상승 압박' 구도일 것이라고 봅니다. 백신을 빠르게 보급하면 2021년 2분기 이후 경기가 급반등할 가능성이 큽니다. 하지만 이와 함께 필연적으로 찾아올 시중금리 상승으로 2021년 주식시장은 2020년 같은 대세 상승 흐름은 어려울 겁니다.

또 전 세계 주요국은 코로나19발 경기침체에 대응하고자 통화·재정정책으로 채권을 적극 발행했는데 2021년 이들 물량이 채권시장에서 큰 부담으로 작용할 전망입니다. 이때 찾아올 인플레이션을 감안하면 과한 유동성을 어느 정도 거둬들여야 하므로 그 우려감이 시장에 작용할 겁니다. 그동안 시장 유동성에 기반해 상승했기 때문에 증시도 마찰적 조정이 불가피하다고 봅니다.

그러면 2021년 재테크 상황을 국내 주식시장, 해외 주식시장, 국내 채권시장, 해외 채권시장으로 나눠 간단히 전망해보겠습니다.

첫째, 국내 주식시장입니다. 저는 2021년 코스피 밴드를 하단 2,300, 상단 2,900으로 봅니다. 상반기와 하반기를 구분하면 상고하저 가능성이 높습니다. 2021년에는 지수 플레이나 특정 섹터에 집중 투자하기보다 종목 분산이 중요합니다.

2021년 코스피지수는 2,300~2,900 사이 예상

2020년에는 BBIG, 즉 배터리(Battery), 바이오(Bio), 인터넷(Internet), 게임(Game) 같은 성장주 위주의 흐름이 유독 좋았습니다. 2021년에는 기존 성장주뿐 아니라 경기민감주, 가치주, 배당주를 고루 갖춰 시점에 따라 포트폴리오 비중을 조정하는 것이 중요한 전략입니다.

업종별로는 반도체를 비롯해 자동차, 철강, 화학, 은행 같은 대형 경기 민감 업종의 이익 개선 가능성이 꽤 높으므로 지금보다 비중을 확대하길 권합니다.

2021년 상반기까지는 환율 요건이 우호적일 전망입니다. 한국과 중국처럼 주요 거시경제지표가 양호한 이머징 시장으로 외국인 수급이 계속 유입될 가능성이 높아 국내 주식시장은 전반적으로 긍정적입니다.

둘째, 해외 주식시장입니다. 2021년에는 의심의 여지없이 전반적인 경기 반등을 예상합니다. 기업 실적도 좋아질 테고 금융 환경 자체가 회복 가능한 상황이라 완만한 우상향 흐름을 기대합니다. 2021년 S&P500 기업들의 예상 기업 이익 (EPS)이 2020년 대비 20퍼센트 이상 상승할 것으로 추정하고 부양책 **2021년 S&P500 기업들의 예상 기업 이익 상승 기대** 통과와 바이든 정부의 추가 부양 정책에 다른 기대감으로 시장 분위기는 나쁘지 않을 것입니다. 제조업을 기반으로 한 경제구조라 경기 순환 업종 비중이 상대적으로 높은 유럽과 일본도 해당 기업 실적이 개선되면 다소 부침은 있어도 전반적으로 증시가 양호한 흐름을 보일 전망입니다.

셋째, 국내 채권시장입니다. 최근 한국은행 이주열 총재가 이야기한 내용을 종합해보면 국내 경기 흐름은 전체적으로 회복세지만 불확실성이 매우 높다고 판단하기 때문에 앞으로도 지금과 같은 완화적 기조 정책을 상당 기간 유지할 것으로 보입니다. 백신 개발에 따른 기대는 국채금리 상승을 유발하는 요인이지만 코로나19 재확산과 가계부채나 구조적인 경기둔화 우려감 같은 하방 요인이 상충하면서 시중 금리의 제한적인 상승세를 예상합니다.

그러므로 단기물 외에는 중립적 의견을 내고 싶습니다. 금리 상승 구간에서 채권형 펀드나 채권 상품으로 수익을 내긴 어렵다고 판단하기 때문입니다.

넷째, 해외 채권시장입니다. 우선 바이든 행정부가 재무장관으로 지명한 옐런은 과거에 고압경제(수요가 공급을 항상 앞서는 상태)로 미국 증시 상승을 이끈 인물입니다. 여기에다 적극적인 재정정책과 백신에 보이는 기대감이 작용하면서 미 국채금리는 완만한 상승 추세를 이어갈 가능성이 큽니다. 정치 리스크 완화와 백신 기대감으로 전반적인 크레디트 스프레드(회사채 금리와 국고채 3년 금리 격차)는 더 축소될 여지가 있으나 2020년 말 현 시점에서 투자하기에는 다소 부담스럽습니다. 글로벌 채권투자는 전반적으로 긍정적이지 않은 환경이 이어질 가능성이 높으므로 다소 보수적이길 권합니다.

스타 PB 추천 1억 원 투자 포트폴리오

사회자 두 번째 질문은 '1억 원 투자 포트폴리오'입니다. 모두 각 회사를 대표하는 베테랑인 여러분에게 지금 투자자금 1억 원이 있다면 어디에 얼마만큼 투자할지 답변을 부탁드리겠습니다. 먼저 강 지점장님부터 말씀해주세요.

강원경 1억 원 투자 포트폴리오는 금액도 중요하지만 배분 기준도 신경 써야 합니다. 저는 1억 원 포트폴리오 자산군을 주식, 채권, 기타 대안 상품으로 분류했습니다. 일단 2021년은 2020년과 마찬가지로 위험자산에도 상당 비중을 유지할 계획입니다. 결론을 말하면 주식 50퍼센트, 채권 30퍼센트, 기타 대안 상품에 20퍼센트 투자하는 것을 추천합니다.

주식은 국내 주식, 선진국 주식, 기타 이머징 주식으로 나눌 수 있습니다. 그중 선진국 주식에 20퍼센트, 국내와 이머징에 각각 15퍼센트를 배분했는데 그 근거는 이렇습니다. 국내는 반도체 경기 상승과 외국인 수급 개선으로 대형 IT기업 중심의 지수 상승이 이어져 코스피가 신고점을 달성할 거라고 전망하기 때문입니다. 그중 한 상품으로 하나UBS IT코리아 펀드를 추천합니다.

선진국과 이머징 시장의 배경은 이렇습니다. 바이든 정부의 경기부양에다 백신 개발로 경제활동이 재개되면서 증시는 계속 상승할 것입니다. 또한 달러 약세가 선진국은 물론 아시아와 이머징 국가에도 영향을 미칠 것이므로 선진국은 한투웰링턴글로벌퀄리티 펀드, NH-Amundi글로벌혁신기업 펀드를 추천합니다. 이머징 국가는

미 경기부양과 백신 개발로 증시는 계속 상승할 것

친디아와 아시아 쪽의 미래에셋친디아컨슈머 펀드, 마이다스아시아리더스성장주 펀드 두 가지를 추천합니다.

채권투자를 30퍼센트로 정한 배경은 다음과 같습니다. 국내는 경기 개선 기대감으로 상반기 채권 금리가 상승할 전망이므로 장기 채권이 아닌 단기 채권에 투자하는 게 좋다고 봅니다. 해외는 캐리 트

하나은행 압구정PB센터지점 강원경 지점장 추천 2021년 투자 포트폴리오

자산군	자산	비중	상품
주식	국내 선진 이머징	50%	하나UBSIT코리아 펀드 한투웰링턴글로벌퀄리티 펀드 NH-Amundi글로벌혁신기업 펀드 미래에셋친디아컨슈머 펀드 마이다스아시아리더스성장주 펀드
채권	국내 해외	30%	한화단기국공채 펀드 하나UBSPIMCO글로벌인컴 혼합형 펀드
대안	자산배분 리츠 원자재 MMF(단기성)	20%	신한BNPP삼성전자알파 펀드 하나UBS글로벌리츠온리원부동산 펀드 삼성글로벌클린에너지 펀드 하나UBS클래스원신종MMF 펀드
합계		100%	

레이드(carry trade, 빌린 돈으로 금융자산을 보유하다 이를 팔아 차액으로 수익을 얻는 방식) 매력도가 높은 우량 등급 채권을 선호할 가능성이 큽니다. 그래서 국내는 한화단기국공채 펀드, 해외 쪽은 하나UBS PIMCO글로벌인컴 혼합형 펀드를 추천합니다.

마지막으로 대안 상품에 20퍼센트를 배분했는데 자산 종류는 네 가지를 추천합니다. 바로 자산 배분, 리츠, 원자재, MMF를 포함한 단기성 자금입니다. 여기에 각각 5퍼센트를 배분했는데 그 이유는 파리기후협약 발효와 바이든 정부 출범을 앞두고 친환경 에너지 관런 투자 비중을 확대할 필요가 있기 때문입니다. 코로나19 영향으로 언택트에 특화한 리츠도 긍정적으로 봅니다. 그래서 대안 상품 중 자산 배분 쪽은 신한BNPP삼성전자알파 펀드, 리츠 쪽은 하나UBS 글로벌리츠온리원부동산 펀드, 원자재 쪽은 삼성글로벌클린에너지 펀드를 추천합니다. 그리고 단기 MMF 자금은 하나UBS클래스원신 종MMF를 권합니다.

김영웅　　제 계획은 2021년 내내 유효한 것이 아니라 2021년 초를 목표로 한 투자 포트폴리오입니다. 일단 자산 배분은 주식 60퍼센트, 채권 40퍼센트 비중을 권합니다. 그중 주식 비중은 국내 주식 절반, 해외 주식 혹은 글로벌 주식 비중을 절반으로 합니다. 채권형 안에서는 통화 분산 효과를 위해 원화 절반, 달러 절반으로 나눌 것을 추천합니다.

이 경우 주식 60퍼센트는 과하지 않느냐는 질문이 나올 수 있습니다. 따라서 잠깐 주식시장의 본질을 다뤄보겠습니다. 주식시장의 본질을 말할 때 제가 많이 쓰는 비유는 코스톨라니의 강아지 산책 이론입니다. 강아지를 데리고 산책을 갈 때 주인인 저는 가치입니다. 주식의 본질 가치죠. 이때 강아지는 본질 가치인 저와 상관없이 줄의 길이에 따라 한두 걸음 혹은 열 걸음 앞서가거나 거꾸로 제 뒤에 있을 수 있습니다. 마찬가지로 주식 시세는 본질 가치보다 월등히 앞서가거나 뒤로 가거나 같이 갈 수 있습니다. 저보다 앞에 있을 때는 그것이 한 걸음 앞인지, 열 걸음 앞인지 줄의 길이로 알 수 있죠. 다만 그 길이를 가늠할 수 없는 지금 시장에서는 일단 앞서 말한 여러 가지 요인을 기반으로 주식 비중을 늘리는 것이 좋다고 봅니다.

반면 지금 주식이 고점이라 2021년에는 2020년처럼 개별종목으로 투자해 성공하기는 힘들 듯합니다. 어떤 특정 섹터 몇 개 종목에 투자하면 더욱더 변동성과 위험이 커질 수 있습니다. 그래서 직접투자보다는 간접투자를, 그중에서도 펀드보다는 ETF 투자 위주로 선택하는 것이 낫습니다. 우선 ETF 투자는 펀드보다 거래비용과 유지비용이 저렴합니다. 또 해외펀드는 설정하고 환매할 때까지 기간이 길어 환매 타이밍을 놓치는 경우가 있지만 ETF는 실시간으로 매매 타임을 잡을 수 있습니다.

직접투자보다는 간접투자를, 펀드보다는 ETF 투자를 선택하라

구체적으로 제가 권하고 싶은 상품은 이렇습니다.

첫째, ESG나 SRI(Socially Responsible Investment, 사회 책임 투자)와 관련된 펀드 하나를 선택해 전체 자산 비중의 15퍼센트를 투자합니다. 국내에서 출시한 ESG, SRI 펀드는 관련 종목을 발굴하는 지표가 아직 초창기이므로 성과를 봐가며 비중을 늘리십시오. ESG가 중요한 이유는 앞서 말한 '바이든 효과'를 참고하기 바랍니다. 또한 앞으로는 상품에 탄소가 얼마나 들어갔는지, 그 상품을 만드는 데 물을 얼마나 썼는지 표시해야 합니다. 이 탄소 배출 이슈가 우리 생활 전반에 영향을 미치므로 ESG와 SRI를 늘 염두에 두어야 합니다. 이미 글로벌 ESG 관련 투자는 30조 달러가 넘는다는 통계가 나왔습니다. 2020년 미국에서 투자한 ESG 펀드는 2019년보다 두 배 늘어났다고 합니다.

둘째, 국내 주식으로는 TIGER KRX BBIG K-뉴딜 ETF에 전체 자산의 15퍼센트 정도 가입을 추천합니다. 이것은 코로나19 팬데믹

신한은행 PWM강남PIB센터 김영웅 팀장 추천 2021년 투자 포트폴리오

투자상품	비중	추천 이유
(SRI) ESG 관련 펀드	15%	투자자들의 관심과 국민연금을 비롯한 각종 연기금의 투자도 이뤄질 것으로 기대되는 등 관련 시장의 투자가 필요한 시점
KINDEX 미국S&P500 ETF	15%	기술주뿐만 아니라 경기 민감주, 가치주 등 다양한 종목과 섹터로 고르게 분산된 미국 대표 지수에 투자
TIGER 글로벌4차산업혁신기술(합성H) ETF	15%	미국 기술주 가격이 부담스러운 투자자에게 적합하며 미국 60%+기타 40%(선진 유럽 19%, 아시아 10%, 일본 6%)로 구성되어 있음
TIGER KRX BBIG K-뉴딜 ETF	15%	한국판 뉴딜 정책 수혜가 기대되는 BBIG 섹터의 대형 성장주 상승 가능성에 투자
전단채 3개월	20%	A2- 이상의 전단채 연1.7%내외 채권 투자로 단기 유동자금 확보
달러형 신종자본증권	20%	2년 내외 잔존 만기 보험사의 달러 표시 채권 매입으로 연3%내외 수익률을 추구하면서 원화 위주의 자산에 달러화를 포함하는 목적

이후 급상승하면서 기업 이익 회복에 가장 큰 영향을 미친 배터리, 바이오, 인터넷, 게임입니다. 이들 기업은 경영효율화로 성과를 최대화했기 때문에 상대적으로 마음 편하게 들어갈 수 있습니다. 2021년 한국 정부의 뉴딜정책과도 부합하지요.

해외 주식은 먼저 KINDEX 미국 S&P500 ETF에 15퍼센트 비중을 권합니다. 백신 공급 이후 기술주와 경기민감주, 가치주 섹터를 고민해볼 필요가 있지만 어차피 S&P500 안에 신구경제를 아우르는 모든 종목이 들어가 있으므로 미국 재정정책에 초점을 둔다면 미국 S&P500 투자를 빼놓을 수 없습니다.

미국 재정정책에 초점을 두면 S&P500 투자가 필수

글로벌 주식은 TIGER 글로벌4차산업혁신기술(합성H) ETF에 15퍼센트 비중을 추천합니다. 제가 이것을 추천하는 이유는 고점 논란 때문입니다. 다른 4차 산업혁명 ETF나 펀드는 몇몇 이슈화된 종목 위주로 들어가지만 이 ETF는 전 세계 글로벌 4차 산업혁명 종목 200개를 골라 동일 가중 평균 비율, 즉 각 종목당 0.5퍼센트 비율만 들어갑니다. 이는 산업이나 섹터에만 투자하는 것이라 특정 종목이 노출돼 고점 논란에서 조금 벗어날 수 있습니다.

셋째, 채권은 전체 자산의 40퍼센트 비중을 권합니다. 먼저 전단채(전자단기사채)로 3개월짜리를 20퍼센트 비중으로 추천합니다. A2- 이상 전단채는 시중에서 연이율이 1.5～1.7퍼센트입니다. 따라서 유동성 자산을 대체하는 자산으로 효과적입니다.

넷째, 달러형 자산은 달러형 신종자본증권 20퍼센트를 권합니다. 2020년 말 현재 원화와 달러의 상관관계는 역외시장에서 마이너스 0.77입니다. 위안화는 플러스 관계로 0.88 정도죠. 당분간 위안화와 원화 가치는 상승하고 달러 가치는 하락할 것이 분명하지만 중장기적으로 보면 달러 비중을 늘려야 합니다. 이 관점에서 1년 반에서 2년 정도 만기가 남은 손해보험사나 한국 보험사가 발행한 달러 발행 신종자본증권을 추천합니다. 그럼 만기 2년 이내에 약 3~3.5퍼센트 수익을 누릴 수 있습니다. 2020년 말 현재 1,100원이나 그 아래에 있는 환율이 3~4퍼센트 더 하락해도 2021년 평균 예측 환율이 연 기준으로 1,050~1,080원입니다. 결국 신종자본증권을 발행하는 회사가 부도나지 않는 이상 환율 추가 하락분 정도는 막아줄 수 있고 유지해도 연 3퍼센트가 넘는 수익률을 누릴 수 있습니다.

김현섭　저는 1억 원을 4,000만 원은 목돈으로 한꺼번에 투자하는 거치식 투자로, 5,000만 원은 매월 투자하는 적립식 투자로, 1,000만 원은 언제든 해지 가능한 정기예금으로 포트폴리오를 짰습니다.

첫 번째, KBSTAR 고배당 ETF에 2,000만 원을 거치식으로 투자하길 권합니다. 투자 이유는 빅테크나 언택트 업종은 상승분에 비해 많이 오르지 않았고 경기 부양책과 백신 개발 기대 효과로 그 차이가 좁혀지면서 상승이 예상되기 때문입니다. 주가 등락과 상관없이 연 3퍼센트 정도 배당을 기대할 수 있는 것도 큰 매력입니다. 삼성전자나 현대자동차 외에 지금까지 상승폭에 비해 높지 않던 금융주와 경기민감주 비중이 높은 것이 특징입니다.

두 번째, KB코리아뉴딜 펀드에 2,000만 원을 거치식으로 투자하길 권합니다. 친환경 관련 업종은 짧게 보면 단기적으로 급등함에도 불구하고 메가트렌드가 될 가능성이 매우 높습니다. IT, 친환경, 헬스케어, 엔터테인먼트까지 고성장을 예상하는 업종을 골고루 포함하고 있습니다.

세 번째, TIGER 헬스케어 ETF에 1,000만 원을 적립식으로 투자하길 권합니다. 인구 고령화라는 장기적 추세와 코로나 영향으로 헬스케어 업종의 장기적인 성장이 예상되기 때문입니다.

네 번째, KBSTAR 코리아 5G ETF를 1년 적립식으로 권합니다. 4차 산업혁명의 핵심 인프라인 5세대 이동통신 산업에 투자하는데 단기 급등에도 불구하고 장기 성장성이 높습니다.

다섯 번째, KBSTAR 수소경제 ETF에 1,000만 원 적립식을 권합니다. 차세대 친환경 에너지원인 수소경제 밸류체인에 투자하는 상품이죠. 이것 역시 단기 급등에도 불구하고 장기 성장성이 높습니다.

여섯 번째, 중국 본토 펀드에 1,000만 원 적립식을 권합니다. 중국 쌍순환 정책이 구체화하면서 중국의 성장이 지속될 거라고 예상합니다. 모든 업종을 골고루 포함하는 중국 본토 펀드가 상대적으로 유리합니다.

국민은행 도곡스타PB센터 김현섭 팀장 추천 2021년 투자 포트폴리오

투자상품	금액	방법	투자 이유
고배당 ETF	2,000만 원	거치식	빅테크, 언텍트 업종이 상승분에 비해 많이 오르지 않았고, 경기부양책과 백신 효과로 그 차이가 좁혀지며 상승이 예상됨
뉴딜 펀드	2,000만 원	거치식	단기적인 급등에도 불구 친환경 관련 업종은 메가트렌드가 될 가능성이 높음
헬스케어 ETF	2,000만 원	1년 적립식	인구 고령화라는 장기적 추세와 코로나 영향으로 헬스케어 업종의 성장이 지속 될것으로 예상됨
5G ETF	2,000만 원	1년 적립식	4차 산업혁명의 핵심 인프라인 5세대 이동통신 산업에 투자, 장기 성장성 기대
수소경제 ETF	2,000만 원	1년 적립식	차세대 친환경 에너지원이 되는 수소 경제 밸류체인에 투자, 장기 성장성 기대
중국 본토 펀드	1,000만 원	1년 적립식	중국 쌍순환 정책이 구체화되면서 모든 업종이 골고루 있음
금(KRX 현물)	1,000만 원	1년 적립식	확장적 재정정책에 따른 화폐가치 하락에 대처할 수 있는 실물에 비과세로 투자, 분산 투자 효과 기대
3개월 연동 정기예금	1,000만 원	거치식	언제든 해지할 수 있는 정기예금으로 보유하면서 급락장 또는 투자 기회가 생길 경우 대비 투자 자금 준비

일곱 번째, 금 KRX 현물투자로 1년 동안 적립식 투자를 권합니다. 재정정책 확장에 따라 화폐가치 하락에 대처할 수 있는 실물인 골드

에 비과세로 투자할 수 있습니다. 달러 약세 전망을 앞두고 달러를 사는 대신 골드에 투자하면 포트폴리오 변동성을 줄이는 분산투자 효과를 낼 수 있습니다. 많은 금 투자 방법 중 유일하게 비과세로 투자가 가능한 것은 KRX 금 현물투자뿐입니다.

마지막으로 3개월 정기예금입니다. 언제든 해지할 수 있는 정기예금을 보유하고 혹시 올지 모르는 급락장이나 투자 기회가 생겼을 때 투자에 대비하기 위해서입니다.

세계적인 투자 대가 하워드 막스가 이런 말을 했습니다.

"내가 아는 한 가지는 내가 모른다는 것이다."

좋아 보이는 곳에 몰빵 투자하고 싶을 수도 있지만 투자 자산 분산과 투자 타이밍 분산으로 꼭 분산투자하길 권합니다.

이은경   2021년 경제 상황을 반영해 안전자산보다는 위험자산을, 주식 내에서는 한국, 미국, 중국에 무게를 둔 투자를 추천합니다. 추천 투자상품 비중을 이야기하기 앞서 먼저 투자 방법을 설명 드리고 싶습니다.

예를 들어 1억 원을 투자한다면 한 번에 전부 투자를 시작하기 보다는 단기 채권형 펀드 같은 유동성 상품에 담아두고 시기를 분산해 주식형 투자상품으로 비중을 옮겨 가는 것입니다. 이를테면 처음에는 유동성 상품을 50퍼센트, 국내 및 글로벌 주식, 채권 상품에 50퍼센트로 해서 5:5 비중으로 투자를 시작합니다. 이후 최종적인 포트

우리은행 TCE강남센터 이은경 팀장 추천 2021년 투자 포트폴리오

투자 부문	비중	상품명
국내 채권	20%	우리단기채권 펀드
국내 인덱스주식	30%	우리KOSPI200인덱스 펀드
중국 주식	20%	미래에셋차이나본토 펀드
글로벌 주식과 채권	20%	미래에셋글로벌혁신기업ESG 펀드
달러	10%	

폴리오 비중은 유동성 상품 10퍼센트, 국내 및 글로벌 주식, 채권, 달러 등 90퍼센트로 주식형 비중을 서서히 늘려갑니다. 이러한 투자 방식을 통해서 글로벌 증시 조정기를 대비하고, 주식형 투자상품의 매수 시기를 분산해 투자 포트폴리오의 리스크를 낮출 수 있습니다.

상품별로 설명하면 2021년에는 채권보다 주식 위주의 시장 흐름이 이어질 전망입니다.

먼저, 우리단기채권 펀드를 추천합니다. 이 상품으로 수익을 노리기보다 유동성 자산으로 활용해 주식형에 투자할 예비 자산으로 활용하길 권합니다.

국내 주식은 코로나19 재확산 이슈가 있으면 언택트 비중이 각광받고, 백신 보급 등의 코로나19 안정화 뉴스가 나오면 가치주 비중이 더 상승하는 만큼, 가치주와 성장주의 중립적 포트폴리오를 추천합니다. 우리 KOSPI200인덱스 펀드를 통해 가치주와 성장주에 동시 투자하는 바벨전략을 충족시킬 수 있습니다.

중국은 외국인 자금 유입이 계속 늘어나고, 중국 정부가 내수 소비 진작 정책을 유지할 경우 2021년 가장 유망합니다. 미래에셋차이나본토 펀드를 추천하며 해당 펀드로 투자하면 소비재, 금융, IT 등으로 분산해 투자할 수 있습니다.

2021년 ESG투자를 추천했는데 ESG의 비재무적 지표를 기준으로 종목을 선정해 혁신적인 기업을 찾아 투자하는 미래에셋글로벌혁신기업ESG 펀드를 추천합니다. 해당 펀드는 편입 종목에 미국 관련 비중이 70퍼센트를 차지해 우회적인 미국 주식형 접근도 가능합니다. 만약 G1 국가인 미국에 직접 투자하고 싶다면, 미국 S&P500 인덱스 펀드나 ETF로도 접근이 가능합니다.

2021년은 미국 주식이 유망하므로 글로벌 주식형 펀드로 우회 접근하는 것도 필요

달러 약세가 장기화할 전망이므로 포트폴리오 내에 통화 분산 차원에서 달러를 분할 매수하길 권합니다. 물론 단기적으로 환차익을 기대할 수 없기 때문에 달러 강세로 전환될 때까지 보유한 달러를 글로벌 ETF 상품 등으로 투자하십시오. 예를 들면 Lyxor Global Robotics & AI ETF, Lyxor MSCI EM Asia ETF 같은 상품으로 접근할 수 있습니다. 4차 산업혁명 관련 종목은 여전히 유망하므로 로봇과 인공지능 섹터로 접근하는 방법으로 Robotics & AI ETF를 추천하고, 코로나19의 선제적인 극복과 내수 회복세가 기대되는 신흥국에 접근하는 방법으로 EM Asia ETF를 추천합니다.

다만 추천하는 투자 비중을 일률적으로 따르기보다, 담당 PB들의 조언을 참고해 개인별 자금운용 계획에 맞는 포트폴리오를 추천받고, 분할 매수 등 위험을 분산할 수 있는 방법을 적극 활용하시길 권합니다.

정세호　저는 위험자산이나 안전자산 중 2021년을 내다보고 투자하기에 큰 부담이 없는 자산을 중심으로 1억 원짜리 포트폴리오를 짜고자 합니다.

우선 위험자산 비중은 60퍼센트, 현금성 자산을 포함한 안전자산은 40퍼센트로 제안합니다.

위험자산 비중의 절반에 해당하는 3,000만 원은 인컴 자산에 투자하길 권합니다. 금융상품에서 인컴 자산이란 자본 차익이 아닌 채권의 이자나 주식 배당으로 수익을

3,000만 원은 인컴 자산에 투자하라

취하는 자산을 말합니다. 저는 2020년 성장주 대비 상대적으로 크게 저평가된 배당주와 가치주를 편입하면 연평균 5~6퍼센트는 인컴 수익을 낼 수 있다고 봅니다.

펀드로는 피델리티글로벌배당인컴 같은 해외 펀드가 있고 국내 주식으로는 은행주나 보험주, 고배당주 투자가 유효합니다. 채권은

한국투자증권 강남센터 V Privilege 정세호 팀장 추천 2021년 투자 포트폴리오

구분	비율	투자 부문	비율
위험자산	60%	인컴 자산	50%
		국내외 리츠 투자	50%
안전자산	40%	금	50%
		현금	50%

우량등급 회사채나 듀레이션, 즉 만기가 짧은 회사채 투자가 적합합니다. 또 장기물 포트폴리오는 국내 주요 금융기관이 발행한 신종자본증권, 코코본드(유사시 투자 원금을 강제로 주식으로 변환하거나 상각하는 회사채), 해외 KP물(국내 기업이 해외에서 발행한 달러 표시 채권)을 적절히 병행하는 것이 바람직합니다.

나머지 위험자산 절반인 30퍼센트는 국내외 리츠 투자를 권합니다. 리츠는 투자자에게 자금을 모아 부동산이나 부동산 관련 자본 혹은 지분에 투자해 발생한 수익, 즉 임대료를 투자자에게 배당하는 회사입니다. 2020년에는 코로나19 여파로 리츠 시장이 부진했습니다. 리츠의 본격적인 업황 개선은 2021년 백신 보급 이후 이뤄지겠지만 최근 SPG, 즉 Simon Property Group, Inc 같은 리테일 리츠는 어느 정도 바닥을 통과했습니다. 온라인 판매를 병행하는 필수소비재 중심의 리테일몰이 매출을 회복해 임대료 수치 상승을 기대할 수 있는 필수 소비시장 리츠는 2021년 반등을 예상하므로 위험자산으로 리츠에 투자하는 것도 유효합니다.

안전자산 40퍼센트 중 20퍼센트는 금 투자를 제안합니다. 최근 달러 약세 기조에도 불구하고 금 대체재로 떠오른 비트코인이 많이 오르면서 금 가격이 하락했고 또 개별 주식 같은 위험자산 선호가 극대화하면서 금 가격이 조정되었습니다. 그러나 초유의 유동성에 따라 2021년 인플레이션 우려는 필연적입니다. 여기에다 완만한 경기회복으로 명목금리를 올리기 어려운 상황에서 실질금리 하락 현상이 지속될 가능성이 높아 인플레이션 위험을 없애려는 수단이자 실질금리 하락의 수혜를 입는 금 투자는 필요해 보입니다.

금 투자에는 KRX 금 현물 투자도 있고 국내 ETF나 골드 관련 펀드 투자도 있습니다. 중장기적 관점에서 가장 유용한 금 투자 방법은 달러로 환전해 해외 ETF에 투자하는 것입니다. 대표적으로 IAU나 GLD 같은 ETF가 있는데 달러 투자와 병행할 수 있어서 저는 해외 ETF로 금에 투자하길 권합니다.

마지막으로 나머지 20퍼센트는 현금성 자산을 추천합니다. 2020년 유행한 재테크 용어 중 숏 캐시(short cash)가 있는데 이것은 모든 자산 가치가 오르는 상황에서 현금을 갖고 있으면 오히려 손해를 보므로 현금 비중을 최소화하고 어디에라도 투자해야 한다는 뜻입니다.

2021년은 전반적으로 시장 전망이 긍정적이지만 미중 패권 다툼과 보호주의가 이어질 테고 양국 마찰 가능성도 있어서 한국이 크게 곤란할 수 있습니다. 따라서 현금을 쥐고 조정 시 기회를 노리는 것이 좋습니다. 또 금리 인상 압박으로 계속 시장 조정 가능성이 있을 전망이라 유동성 장세에서 실적 장세로 넘어가는 구간에 마찰적 조정을 이용해 현금 비중을 활용했으면 합니다.

2020년에 부동산도 많이 오르고 경기 부진 와중에도 주식이 폭등해 우물쭈물 투자를 망설인 사람은 소외감이 들 것입니다. 이럴 때일수록 2021년 시장을 냉정하게 전망해 차분히 대처하기 바랍니다.

김동환

대안금융경제연구소 소장. 한성대학교 경영학과 특임교수. 구독자 91만 명을 보유한 경제 유튜브 〈삼프로 TV〉를 진행하고 있다. 1992년부터 증권업계에서 일하며 하나IB증권 이사, 리딩투자증권 전무 등을 거친 증권 전문가로 대통령 직속 국민경제자문회의 위원을 지냈으며 MBC라디오 〈김동환의 세계는 우리는〉, 경제 팟캐스트 〈경제의 신과 함께〉를 진행했다. 공저로 《빅히트》, 《경제트렌드 2019》 등이 있다.

8장

자산 인플레이션 시대, 동학 개미의 역전은 가능한가?

김동환, 유튜브 채널 '삼프로TV' 진행

2020년 주식투자에서 재미 좀 보셨나요? 2020년 12월 초 한국 주식시장은 최고가를 경신했습니다. 코로나19 와중에도 미국 역시 거의 사상 최고가를 달렸습니다. 일본도 크게 올랐고요. 중국은 조금 부진하지만 전문가들은 이제 막 큰 소용돌이를 치려 한다고 말합니다.

여러분의 주식계좌는 어떻습니까? 만약 여러분의 계좌에 연초 대비 연말 주가지수만큼 시원한 결과를 얻지 못했다면 뭔가 문제가 있는 것 아닐까요? 어쩌면 리모델링이 필요할지도 모릅니다.

제목 그대로 자산 인플레이션 시대에 동학 개미의 역전은 가능할까요? 여기에는 '자산 인플레이션'과 '동학 개미의 역전'이라는 두 가지 키워드가 있습니다.

2008~2009년 이후 마이크로소프트, 애플, 구글, 아마존 주식이 그야말로 거침없이 올랐습니다. 테슬라도 마찬가지입니다. 이들은 대표적인 성장주에다 급등주로 전 세계의 표준을 만들고 있는 플랫폼 기업입니다.

과연 이들 기업이 굉장히 혁신적이고 글로벌 표준을 만드는 기업이라 엄청나게 오른 걸까요? 물론 그 영향도 있지만 2009년 이후 막대하게 불어난 유동성이 가장 성장력이 강한 이들 주식에 집중된 영향도 있습니다. 이 콘셉트를 이해한 사람과 여기에 무관심한 사람의 자산 관리나 재산 형성에는 어마어마한 격차가 났습니다.

최근 개인투자자, 그중에서도 20~30대가 주식시장에 급속하게 유입되고 있습니다. 많은 기성세대가 영끌이나 빚투를 하는 이들을 걱정스럽게 바라보고 있지요. 모이면 일은 뒷전이고 온통 주식과 부동산 이야기뿐이라고 혀를 차기도 합니다. 저 역시 기성세대로 다소 걱정스러운 것도 사실이지만 이것을 젊은 투자자들이 건강하게 자산시장에 들어오는 현상으로 봅니다. 오히려 저는 이런 생각을 합니다.

'이런 유동성 팽창기에 주식 이야기를 해야지 금리가 5퍼센트, 10퍼센트 올랐을 때 주식 이야기를 하면 어쩌겠는가.'

서학 개미를 촉발한 코로나19

그럼 앞서 말한 두 가지 키워드에 집중하면서 제가 생각하는 2021년 전망을 살펴보겠습니다.

코로나19가 개개인에게 끼친 영향은 각자 다르겠지만 이것은 많은 감염과 사망을 불러온 문제임과 동시에 부와 가난의 갈림길에서 우리의 선택을 강요하는 문제이기도 합니다.

2009년 이후 미국 연준은 금융위기를 해결하기 위해 양적완화라는 처방전을 내렸습니다. 양적완화란 경기를 살리기 위해 금리를 0퍼센트까지 낮추는 것으로 모자라 유동성을 풀어서, 즉 화폐를 발행해서 경기를 살리려는 비전통적 통화정책을 말합니다. 쉽게 말해 시중에 유동성을 막대하게 공급하는 정책입니다.

그런데 2020년 3월부터 서너 달 동안 미국이 그렇게 푼 유동성이 얼마인지 아십니까? 연준이 2009년부터 6~7년 동안 푼 규모와 거의 비슷한 돈인데 3조 달러입니다. 이는 금융위기 이후보다 훨씬 더 많은 돈을 푼 겁니다.

더구나 금융위기 이후에는 미국 위주로 유동성 공급이 이뤄졌지만 2020년에는 전 세계가 한꺼번에 글로벌 팬데믹을 겪으면서 선진국과 신흥국 모두 같은 스탠스로 유동성을 풀었습니다. 그래서 2020년에는 단기간에 몇 배의 유동성 효과를 보았죠.

최근 왜 젊은 사람들이 주식시장에 많이 유입된 걸까요? 혹시 현실을 자각했기 때문이 아닐까요? 예를 들어 2009년 이후의 막대한 유동성 과잉 시대에 꼬박꼬박 성실하게 저축한 자기 아버지와 강남 부동산에 투자하고 아마존, 애플, 마이크로소프트, 테슬라 주식에 자산을 배분한 친구 아버지와의 엄청난 자산 격차를 보았을 수도 있습니다. 그 격차를 보면서 이러한 자각을 했을지도 모릅니다.

'앞으로 10년 후 내가 낳은 아이들은 아버지(혹은 어머니)인 나를 어떻게 평가할까?'

젊은 층이 주식시장에 급격히 쏠리는 현상이 제 귀에는 절체절명의 위기를 느낀 일종의 비명소리로 들립니다. 여러분은 그렇지 않습니까? 절박하게 부의 열차에 올라타는 마지막 티켓을 사는 심정으로 유동성이라는 녀석이 만들어낸 부의 경로에 동참하려는 몸부림일 수도 있습니다. 그 촉발점은 바로 코로나19입니다.

2020년 말 현재 각국 중앙은행과 정부의 유례없는 유동성 공급은 여전히 진행 중입니다. 이미 말했듯 내 아버지와 친구 아버지와의 엄청난 자산 격차는 직전 10년 동안 풀린 유동성이 만들어낸 결과입니다. 여기에 더해 이제는 각국 중앙정부가 재정정책을 펼치고 있습니다.

재정정책은 통화정책보다 효과가 훨씬 더 직접적으로 나타납니다. 따라서 2009년 이후 진행된 급격한 자산 상승세, 그로 인한 부의 양극화와 편재가 앞으로 5~10년 동안 급격히 진행될 가능성이 큽니다. 이것은 직전 10년의 교훈이 우리에게 충분히 가르쳐주고 있습니다.

바이든 당선은 '세계화로의 복귀' 신호탄

2020년 말에 치러진 미국의 제46대 대통령 선거도 자산시장에 커다란 자극제 역할을 하고 있습니다.

알다시피 2016년 11월 도널드 트럼프가 미국의 제45대 대통령에 당선되었습니다. 당시 저는 시사보도 프로그램에 경제 패널로 고정 출연했는데 많은 전문가 중 도널드 트럼프가 대통령이 될 거라고 예측한 사람이 거의 없었습니다. 미국 유권자 운동을 하는 딱 한 명만이 현장에 가보면 트럼프가 되리라는 걸 알 거라고 말했지요.

사실 2020년 유세 현장에 가본 많은 사람이 바이든이 아니라 트럼프가 연임에 성공할 거라고 말했습니다. 그러나 저는 조 바이든이 될 거라고 대놓고 이야기했습니다. 왜 그럴까요? 2016년 트럼프가 대통령에 당선된 이유는 그가 지난 30년 이상 세계 경제 운행 질서였던 '세계화의 부작용'으로 미국 노동자들이 감내해야 하는 피해를 부각했기 때문입니다.

세계화의 뒤안길에서 근로자가 감내해온 피해를 부각해 러스트벨트 백인 노동자들의 표심을 자극한 덕분이지요. 그 전략으로 트럼프는 백인 노동자들의 마음을 움직여 미시간주, 오하이오주, 펜실베이니아주에서 표를 쓸어 담았습니다. 반면 2020년에는 그쪽에서 모두 패하고 말았죠.

바이든이 대통령에 당선된 것은 '세계화로의 복귀' 신호입니다. 저는 만약 트럼프 대통령이 연임에 성공하려면 그가 지난 4년 동안 추구한 미국 우선주의와 고립주의, 반세계화를 미국 유권자가 추인해야 하는데 경제적 의미에서 반세계화가 가능할까 싶었습니다. 이런 생각 아래 바이든의 승리를 점친 것입니다.

세계화란 한마디로 '효율 극대화'를 의미합니다. 예를 들면 금융 서비스가 강한 미국과 유럽은 중국 등 신흥국에 자신들의 강점을 수출합니다. 반대로 제조업이 강한 신흥국, 즉 중국, 한국, 대만 그리고 선진국 내에서도 글로벌 밸류체인에서 제조업이 강한 일본과 독일은 공업 제품을 생산해 미국이나 유럽 지역에 수출하죠. 이렇듯 세계화는 효율성을 추구하면서 세계가 조화를 이루며 살아가는 것을 의미합니다.

그런데 그 조화로운 세계에서 30년 가까이 살아보니 러스트벨트 지역에 실업자가 엄청나게 생겼다는 걸 미국이 들여다보기 시작한 겁니다. 왜냐고요? 제조업이 몰락했으니까요.

여기에다 2008년과 2009년 미국이 믿었던 금융이 대형 사고를 쳤습니다. 곧이어 미국 사람들은 세계 패권이 중국에 집중되고 있음을 자각하기 시작했고 이것을 정치적으로 엄청나게 자극해 대통령에 당선된 사람이 트럼프입니다.

또 다음 상황을 한번 생각해봅시다. 아무리 기술혁신이 있더라도 같은 라인에서 자동차를 생산한다면 국민소득이 1인당 6만 달러인 미국 공장에서 생산한 자동차가 1인당 1만 달러인 중국 공장에서 나온 자동차보다 6배 더 효율적이겠습니까?

미국과 유럽 같은 선진 경제와 중국이나 한국 같은 제조업 신흥국은 어쩔 수 없이 서로의 강점을 교환하며 살아가야 하는 숙명입니다. 그 안에서 밸류체인에 조금씩 변화만 있을 뿐 어느 순간 세계화와 반세계화로 크게 구분하는 세상은 감당하기 어렵습니다. 이것 또한 제가 바이든 당선을 예측한 이유입니다.

제조업이 강한 한국 경쟁력은 나아질 것

2020년 1월 바이든 대통령 당선인이 백악관 집무실에 들어가면 어떤 일이 벌어질까요? 많은 사람이 경제정책 중에서도 대중국 정책은 바이든이 특별히 트럼프 대통령의 미국 우선주의를 일정 부분 승계할 수밖에 없을 거라고 말합니다. 왜냐고요? 사실 바이든은 후보 때 이미 '바이 아메리칸(Buy American)' 등 중국을 계속 압박할 거라는 구호를 외쳤습니다.

저는 그렇게 생각하지 않습니다. 적어도 2021년이나 2022년 상반기까지는 바이든의 경제정책이 철저히 반트럼프 쪽으로 진행될 것이라고 예측합니다. 그 이전을 생각해봅시다. 버락 오바마 대통령의 후임인 트럼프 대통령은 모든 정책에서 오바마 대통령의 정책을 싹 지웠습니다. 대표적으로 TPP(환태평양경제동반자협정)

탈퇴, 파리기후협약 탈퇴 등이 있지요. 분명 바이든은 더 지우려고 할 겁니다. 트럼프 대통령은 정치 주류가 아닌 아웃사이더였고 대통령 선거 이후의 여러 가지 정치적인 모습으로 보아 바이든은 아마 정치사에서 트럼프 대통령을 지우려는 노력만으로도 자신이 정당성을 부여받으리라고 볼 것입니다.

또 하나 제가 미국의 대중국 정책에 커다란 변화가 있으리라고 보는 이유는 이것입니다. 트럼프 대통령은 관세를 인상해 중국을 비롯한 수출 신흥국의 물품이 미국으로 들어오는 것을 억제하면서 자국 산업을 보호하려 했습니다. 저는 그 4년이 '보호'는 본질적으로 미국 소비자의 후생에 도움을 주지 않고 산업구조를 바꾸기도 어렵다는 것을 증명했다고 봅니다.

그렇다면 무언가 정책에 변화가 있어야 하지 않을까요?

저는 '공정한 경제' 관점에서 중국 시장의 완벽한 개방, 그러니까 자국에 무역장벽을 세우는 대신 중국에 무역장벽을 완벽하게 해체하라고 요구하는 것이 바이든 행정부의 대중국 정책에서 근간이 될 가능성이 크다고 판단합니다.

이 경우 제조업이 강한 한국의 경쟁력은 나아질 확률이 높습니다. 2020년 말 현재 미국 경제는 팬데믹에 휩쓸려 굉장히 어려운 상태입니다. 그러니 바이든 입장에서는 미국으로 들어오는 중국산, 한국산에 관세를 높여봐야 단기적으로 미국 경제 회복에 크게 도움을 주지 않는다고 생각할 것입니다.

오히려 월스트리트의 막대한 자본을 중국에 수출하고 또 글로벌 표준에서 전 세계를 압도하는 미국 플랫폼 기업에 제도적, 법적 장벽을 쌓아둔 중국에 인터넷 시장 개방을 요구하면서 한판 승부를 보려고 할 가능성이 큽니다. 그리고 그 반대쪽에서 다자간 무역을 병행하고 국제 교역을 늘려가는 완화 정책을 선보여야 4년 동안의 트럼프 정책을 지우는 효과가 있을 것입니다.

한편 한국 경제는 결코 나쁘지 않으리라고 봅니다. 2020년 말 현재 코스피와 코스닥 모두 사상 최고치를 경신했는데 그 과정을 어떤 주식이 선도했는지 한번 봅시다. 우선 삼성전자와 SK하이닉스, 현대차가 많이 올랐습니다. 그리고 전기차에 들어가는 배터리를 만드는 LG화학, 삼성SDI, SK이노베이션 주식이 덩달아 떴죠. 이와 함께 물론 이전에 많이 하락해서 그런 면도 있지만 경기가 좋지 않으면 도저히 뜰 수 없는 석유화학이나 철강이 따라서 올랐습니다. 심지어 해운주와 조선주도 변화 조짐을 보였지요.

그러니까 IT 빅테크류와 언택트 관련주가 일방적으로 강세였다가 경기 관련 주식도 상승하는 큰 변화가 일어난 겁니다. 물론 저렴하기 때문일 수도 있습니다. 하지만 이는 바이든 행정부가 만들어갈 새로운 국제 경제 질서와 무역 확장에 보이는 기대감이 시장에 반영된 것입니다. 이런 것이 반영되어 주가지수가 최고치를 기록하고 있습니다.

사실 우리 경제는 상당히 어려운 환경입니다. 2020년 잘해야 마이너스 1.1퍼센트 성장을 예측한 경제임에도 불구하고 예상과 달리 사상 최고치를 달성하면서 많은 사람을 당황하게 만들었지요. 저는 이 모든 미래 예측이 종합주가지수 신고가 행진에 큰 영향을 주었다고 생각합니다.

파란만장했던 2020년

2016년 말부터 저는 비교적 재미있는 사자성어로 그다음 해의 경제와 자산시장을 전망해왔습니다. 2016년 말, 제가 2017년 경제와 자산시장을 예측하면서 낸 사자성어는 '어리둥절'이었습니다. 어리둥절한 경제 회복과 어리둥절할 만큼의 자산 가격 상승을 예측한다는 의미였죠.

한번 회고해보십시오. 2016년 말 한국은 2년 넘게 수출이 하락세를 보였고 광화문에는 주말마다 100만 인파가 모여 현직 대통령 탄핵을 외치면서 헌정 사상 초유의 일이 벌어지고 있었습니다. 정치적으로 굉장히 불안정한 정국이었죠.

또한 갤럭시7 발화 사건으로 삼성전자가 창사 이래 처음 휴대전화를 전량 수거하는 상황에 놓였습니다. 최근의 HMM(옛 현대상선)보다 더 컸던 한진해운은 그 무렵 역사의 뒤안길로 사라졌습니다. 여기에다 조선과 자동차 부품 회사들이 줄도산을 예고하며 뒤숭숭

하던 시절이었습니다.

그뿐 아니라 2016년 11월 초 미국 제45대 대통령으로 트럼프가 당선되었죠. 그때 많은 언론이 큰일이 났다고 이야기했습니다. 트럼프가 보호무역주의를 하겠다고 했으니까요. 그는 실제로 보호무역을 했습니다. 당시 저는 트럼프가 펼칠 보호무역주의의 그 썰렁한 삭풍이 태평양을 건너 한국 경제에 도착하는 시간보다 트럼프의 경기부양에 따른 미국 호황이 만들어낸 훈풍이 태평양을 건너 우리 경제에 더 빨리 도착할 거라고 봤지요. 그래서 어리둥절한 경제 회복과 어리둥절할 만큼의 자산 가격 상승을 예측한 것입니다.

또 하나 지금도 조심스럽게 전망하지만 그 무렵 반도체의 빅 사이클을 내다보는 전망이 조금씩 등장했습니다. 결국 어땠나요? 한국 경제는 주가가 2016년 말 시동을 걸어 2017년 3퍼센트 이상 성장했고 2018년 초 2,600포인트를 찍었습니다. 이른 바 '대세 상승' 기간이었죠. 그리고 다시 박스권으로 돌아간 주가가 2020년 3월 19일 1,400포인트까지 빠졌다가 2020년 말 2,700포인트로 올라선 겁니다.

2017년 사자성어는 원래대로 돌아간다는 의미의 '백 투 노멀(Back To Normal)'이었고, 2018년은 '내우외완'이었습니다. 내우외환이 아닙니다. 안으로의 걱정은 계속 크고 있지만 밖으로의 걱정, 즉 미중 무역 갈등과 패권 전쟁 걱정은 완화될 거라는 말이지요.

2019년 사자성어는 '파란만장'입니다. 파란만장이란 파도의 높낮

이가 만장에 이른다는 뜻이죠. 이것이 아래쪽으로 만장이 아니라 아래위 양쪽으로 파도 높이가 만장이라는 것인데 그 정도로 극심한 변동성에 시달리는 장이 될 거라고 내다본 것입니다. 그렇다고 제가 코로나19를 예측한 것은 아닙니다. 다만 일부 자산과 미국 주식 쏠림이 보이면서 일시적으로나마 유동성 조절이 나와 자산 가격에 커다란 부침이 있을 것이라고 판단했을 뿐입니다. 결과적으로 우리는 2020년을 굉장히 파란만장하게 보냈습니다. 그것도 위아래로 말이지요.

2021년 투자, 빈자리를 찾아라

최근 10여 년 동안 우리는 가장 큰 글로벌 증시의 변동성을 경험했습니다. 2021년은 어떨까요? 계속 오를까요? 집중해서 관심을 받는 테슬라, 애플, 아마존, 넷플릭스, 구글은 계속 올라갈까요? 우리는 서학 개미를 계속해야 할까요? 한국 코스피는 어떻게 될까요? 또 아파트 가격은 어떻게 될까요?

2020년 저는 2021년을 전망하며 사자성어로 '성동격서(聲東擊西)'를 내놓았습니다. 2021년 경제와 자산시장에 성동격서 전략으로 대응하자는 뜻입니다. 성동격서란 동쪽에 가서 꽹과리를 쳐가며 시끄럽게 해서 주목을 끈 다음 빈자리인 서쪽을 공격해 승리한다는 의미죠. 이걸 자산시장에 대입해보십시오.

여러분을 포함한 모든 투자자의 주목을 끄는 나라, 자산, 이슈는 무엇입니까? 일단 가장 주목을 받는 나라는 미국으로 최근 1년 동안 미국 소식이 뉴스 국제면과 외신 매체를 거의 다 장악했습니다. 그만큼 미국 경제는 역동적이었죠. 그다음에 주목을 받는 자산은 무엇입니까? 주식인가요? 바로 부동산입니다. 실제로 부동산과 관련해 갑론을박이 아주 치열합니다. 누구는 하락한다 하고 또 누구는 상승한다고 하면서 거의 전투 수준의 공방을 벌입니다.

부동산은 가장 크게 주목받는 자산이자 이슈입니다. 서울, 부산, 울산, 파주 등 그야말로 전국이 벌집을 쑤셔놓은 것처럼 시끌시끌하지요. 주식 쪽에서는 테슬라나 BBIG(배터리, 바이오, 인터넷, 게임) 주식이 주목받고 있습니다.

그 와중에 우리는 빈자리를 봐야 합니다. 저는 경제는 순환하고 자산 가격은 평균에 회귀한다는 대원칙이자 큰 질서 범주 안에서 자산을 이해합니다. 따라서 저는 자산 클래스는 물론 국가 간 그리고 주식 포트폴리오 사이에 가격으로 표시하는 굉장히 커다란 가격 격차가 벌어지고 있다고 생각합니다.

이미 2020년 말에 그런 움직임이 두드러졌습니다. 가령 가치주 권역에 있는 경기 관련 주식이 활발하게 움직이는 반면 테슬라를 제외한 미국의 빅테크 회사는 조정 국면에 들어갔습니다.

부동산 역시 2020년 말 현재 굉장한 상승세를 보이고 있지만 저는 2021년 6월 말까지 다주택자들이 부동산을 처분해 세금을 줄이고 좀 더 저평가된 에셋 클레스(Asset Class) 자산 쪽 배분을 늘릴 것이라고 전망합니다. 또 미국에만 집중하지 말고 서쪽에 있는 중국 쪽으로 관심 영역을 바꿔보는 것도 괜찮다고 봅니다. 그렇다고 미국 주식을 다 버리고 중국에 올인하라는 말이 아닙니다. 자산 배분에 더 신경 써야 한다는 의미지요.

투자에서 최종 수익률의 70~80퍼센트 이상은 시기에 맞는 주식, 부동산, 채권, 기타 대체자산으로 잘 분배하는 사람에게 돌아갑니다. 즉, 그들이 최종 승자가 됩니다. 여기에다 글로벌 시대라 자산 국제화도 필요한데 글로벌 자산 배분을 정말로 균형 있게 하고 있는지 살펴봐야 합니다.

세상의 많은 뉴스 중에는 함의가 담긴 정보도 있고 또 의도를 품은 소음도 있습니다. 이것을 잘 구분하는 것이 부자가 되는 길인데 그 방법을 간단하게 세 가지만 정리하겠습니다.

첫 번째, 일부러라도 여러분 취향에 맞고, 신뢰가 가고, 믿고 싶고, 의존하고 싶은 매체의 반대쪽 이야기도 들으려고 노력해야 합니다. 극단적인 결정은 굉장히 힘든 결과를 낳을 수 있고 이를 피하려면 균형 잡힌 시각이 필요하기 때문입니다.

두 번째, 해외 소식에 민감하게 반응해야 합니다. 적어도 신뢰하는 외신 매체 한두 군데를 정기적으로 보고 듣길 바랍니다.

세 번째, 현장과 접촉해야 합니다. 네트워크나 SNS, 인간관계를 활용해 궁금한 사항을 바로바로 확인하는 것이 좋습니다.

이런 노력을 기울이면서 의도가 있는 소음과 함의를 담은 정보를 잘 구분해야 부자가 되는 지름길에 들어설 수 있습니다.

글로벌 투자

03

박천웅

영국 프루덴셜보험그룹 소속 프루덴셜아시아의 자산운용회사 이스트스프링자산운용코리아 CEO. 한
국 및 다국적 기업에서 근무한 경험을 바탕으로 고객의 자금을 운용하고 투자 결정을 내리는 일뿐 아
니라 기관 사업과 주요 마케팅 캠페인을 진행하는 업무까지 다양한 역할을 수행해왔다. 뉴욕, 런던,
홍콩, 싱가포르를 오가며 현대증권, 메릴린치, 모건스탠리, 우리투자증권 등 다국적 기업과 세계 최고
금융기관에서 일했다. 미래에셋자산운용 홍콩법인 CEO, 미래에셋자산운용 최고마케팅책임자를 역임
했으며 한국 국부펀드를 담당하는 한국투자공사 운영위원회 위원으로도 활동했다.

9장

바이 글로벌(Buy Global): 해외 주식으로 뚫는 코로나 위기

박천웅, 이스트스프링자산운용코리아 대표

요즘 '서학 개미'라는 아주 재미있는 용어가 등장했습니다. 개미 하면 흔히 일반투자자를 말하는데 여기에 붙은 '서학'은 해외, 즉 글로벌을 의미합니다. 한마디로 지금은 글로벌시장 혹은 해외시장 붐이 일어나고 있습니다. 물론 이런 현상이 처음 일어난 것은 아닙니다.

2000년대 중반 글로벌시장 투자 붐이 일어났는데 당시에는 브릭스(BRICS)라는 테마가 주를 이뤘지요. 다시 말해 그때는 주로 이머징마켓에 투자하던 시기였고 사람들은 대부분 간접투자를 했습니다. 그러니까 펀드를 기반으로 투자를 한 거죠.

이와 달리 2020년 투자의 특징은 직접투자가 많다는 점입니다. 개개인이 주식을 직접 사고파는 것이지요. 이에 따라 저는 글로벌시장에 직접투자할 때 필요한 '기본'을 이야기하려고 합니다. 논점을 크게 두 가지로 나눠 투자의 기본과 금융 지성(financial literacy), 이를테면 금융 계획을 어떻게 세워야 하는지 혹은 금융 교육을 어떻게 하고 받아야 하는지를 다룹니다. 여기서는 가장 핵심적인 것을 중심으로 설명하겠습니다.

흔히 물고기를 주기보다 물고기 잡는 법을 알려주라고 하지요. 저역시 직접 해외투자를 하되 보다 전문적으로 하는 방법에 초점을 두겠습니다. 플루크(fluke), 즉 요행수로 투자하는 게 아니라 전문성 있게 정석으로 투자하는 방법이지요. 특히 "내가 주식을 사면 떨어지고 내가 팔면 오른다"고 한탄하는 사람들이 주목할 필요가 있습니다.

또 솔깃한 '카더라'식 속삭임을 따르는 위스퍼(whisper) 투자도 있죠. 이것은 "야, 이러저러한 게 있어. 내가 그 고급 정보를 알고 있는데 너한테만 줄게" 하는 식의 정보에 의존하는 투자입니다. 이 속삭임은 일단 누가 속삭였는지가 중요합니다. 나한테 속삭인 사람이 정말로 투자에서 어마어마하게 성공한 투자 거물인지 살펴봐야죠. 나아가 그 투자 거물이 나한테 첫 번째로 정보를 줄 만큼 내가 그 사람에게 중요한 사람인지 따져봐야 합니다. 이 두 가지를 살펴보았을 때 둘 다 아니라는 답이 나오면 그 속삭임은 눈물의 씨앗이 될 가능성이 큽니다.

다른 한편으로 자녀를 위한 훌륭한 금융 교육 방법을 원하는 사람들이 참고할 만한 내용도 다루겠습니다.

직접투자에는 이러한 내용 외에 개별 기업 재무 분석도 필요합니다. 이것은 대단히 어려운 작업이라 별도의 수고가 필요하다는 점만 고지하고 여기서는 그 이전에 챙겨봐야 할 것에 집중하겠습니다. 그 내용만 해도 굉장히 많은데 만약 이것이 지루하다는 생각이 들면 직접투자를 재고해볼 필요가 있습니다. 낚시하러 갔다가 빈손으로 돌아올 때 가끔 들르는 생선가게처럼 전문가들이 전문적으로 투자하는 대안도 있으니까요. 가령 펀드를 살 수도 있죠.

해외투자, 분산투자로 위험을 줄여라

왜 사람들은 해외투자를 할까요? 다음 도표를 보면 최근 10년 동안 한국 시장이 글로벌시장에 비해 낮은 수익을 보였습니다. 그러니까 글로벌시장에 다양하게 투자했거나 글로벌시장 인덱스를 산 경우 한국 시장에 투자한 것보다 성과가 더 좋았다는 이야기죠. 그럼 앞으로는 어떻게 될까요? 누구도 알 수 없습니다. 하지만 이런 상황이 지속되면 해외투자가 빛을 발합니다.

세계 각국 지수를 볼 때는 특정 시점에서 그 이전에 10년간 투자

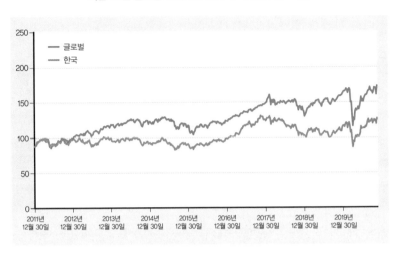

했다면 어떤 수익률이 나왔을까 하는 관점에서 살펴야 합니다. 그래야 시간 경과에 따른 수익률 변화를 확인할 수 있습니다. 일간 수익률이 모이면 기간 수익률이 되고 기간 수익률을 계속 겹치면 롤링 수익률이 되어 수익률을 2차원적으로 판단할 수 있습니다. 가령 '10년 롤링 수익률' 하면 투자 시점부터 10년 전에 투자했을 때 현재 수익률이 어떨까 하는 걸 보는 겁니다.

2019년 한국 시장에 투자했을 경우 10년 롤링 수익률은 마이너스입니다. 또 2016년이나 2017년 중국 시장에 투자했으면 10년 롤링 수익률이 마이너스입니다. 물론 그 이전에는 일본 시장이 마이너스 수익률이 났지요. 2009년과 2010년에는 미국 시장에 투자했어도

10년 롤링 수익률이 마이너스였습니다.

글로벌시장도 마이너스 구간을 피할 수는 없었습니다. 미국 시장이 글로벌시장에서 차지하는 높은 비중 때문에 2009년과 2010년에 약간의 마이너스 수익률을 보였습니다. 그러나 이 짧은 구간을 제외하면 글로벌시장의 분산투자는 10년의 투자 주기로 볼 때 가장 안정적인 플러스 수익을 내주었습니다. 이는 리스크를 줄이면서 안정적으로 수익을 냈다는 의미입니다.

해외투자에도 위험은 있습니다. 그것은 크게 세 가지로 분류할 수 있는데 바로 개별 국가, 개별 기업, 개별 테마 투자 위험입니다. 개별 국가 투자 위험이란 내가 어느 나라에 투자하고 나서 갑자기 그 나라가 장기침체에 들어가는 경우를 말합니다. 심지어 번영 이후 퇴조의 길로 들어설 수도 있습니다. 1990년 이후 일본 경제와 주식시장이 어땠는지 생각해보면 쉽게 이해가 갈 것입니다. 브릭스 붐 이후 브릭스가 어떤 길을 걸었는지 살펴보는 것도 참고가 될 겁니다.

개별 기업 투자 위험에는 기업의 경쟁력 상실이나 쇠락 혹은 도산이 있습니다. 기업 생태계는 늘 변화무쌍하며 그만큼 부침도 심합니다. 개별 테마 투자 위험은 어떤 개별 재료에 투자했을 때의 위험을 말합니다. 가령 2000년에는 TMT(통신, 미디어, 기술) 버블이 터졌고 2008년에는 브릭스 붐이 터졌지요. 이처럼 위험은 언제나 존재합니다. 그래서 해외투자를 할 때는 반드시 분산투자를 염두에 두어야 합니다.

모멘텀과 가치는 모두 장기적으로 수익을 낸다

세상의 움직임은 두 가지 중 하나로 귀결됩니다. 그 나머지는 불규칙한 변화로 우리는 이 불규칙한 변화를 활용하기 어렵습니다. 그래서 불규칙한 변화가 아닌 두 가지 변화를 알아야 하는데 그중 하나가 추세고 다른 하나는 순환, 즉 사이클(cycle)입니다.

다음 도표를 보면 일정하게 올라가거나 내려가는 기울기가 있는데 이걸 추세라고 합니다. 그리고 엎치락뒤치락하는 선들을 순환이라고 하죠. 우리가 상승하는 추세에 타면 굉장한 이득을 얻을 수 있

성장 추세 속 순환

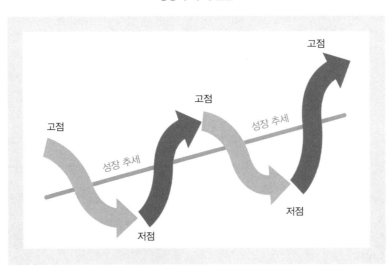

습니다. 또 순환하는 변동의 바닥에 사서 고점에 팔면 엄청난 이득을 얻을 수 있죠. 바닥에 사서 고점에 팔기 위한 모든 노력 또는 추세 자체가 상승인 종목을 찾으려 노력하는 이유가 여기에 있습니다.

이에 따라 우리가 소위 스타일이라고 하는 투자 패턴도 생기고 다양한 투자 기법도 등장합니다. 그 추세와 순환을 활용한 여러 추세 전략이 있는데 핵심만 말하자면 추세 투자란 달리는 말에 올라타는 것을 의미합니다. 지금 마구 달리는 말이 계속 달릴 거라는 믿음 아래 거기에 올라타는 것이지요. 그 대표적인 투자가 바로 모멘텀 투자입니다. 특히 기업 이익이 계속 올라갈 것으로 믿고 투자하는 성향을 '성장(growth) 투자'라고 합니다.

그다음에 순환 투자는 모든 것이 다 평균으로 순환한다고 믿는 것을 말합니다. 모든 것은 평균으로 회귀한다는 이야기죠. 이 경우 평균 이하에 사서 평균 이상으로 올랐을 때 팔면 이득을 냅니다. 흔히 말하는 '가치투자' 원칙은 여기서 근거한 것입니다. 모든 것은 평균으로 갈 테니 평균 이하에서 사면 나중에 큰 수익을 낼 거라는 말이죠.

재밌는 사실은 모멘텀 투자와 가치 투자는 모두 장기적으로 수익을 낸다는 겁니다. 우리는 이것을 '공인받은 두 개의 팩터'라고 부릅니다.

이처럼 투자 스타일에는 가치와 성장이 있는데 그럼 투자의 상대적인 수익은 어떨까요?

다음 도표에서 상대 수익률이 올라가면 이것은 가치주가 성장주

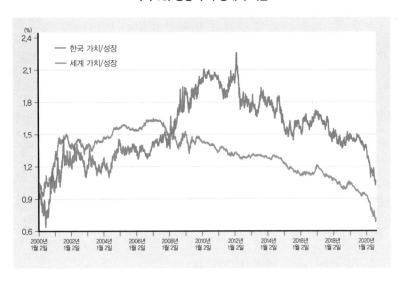

가치 vs. 성장 투자 상대 수익률

보다 평균적으로 좋은 성과를 냈다는 것이고, 수익률이 내려가면 성장주가 가치주보다 좋은 성과를 냈다는 것입니다.

그런데 글로벌시장을 보면 2008년 이후 지속적으로 성장이 가치를 이기고 있습니다. 최근에는 그 현상이 더 심해졌지요. 한국에서도 이와 비슷한 현상이 나타나고 있죠. 가치투자를 하는 많은 자산운용사가 어려운 이유는 가치 스타일이 저성과를 내기 때문입니다. 흥미롭게도 2008년부터 2012년까지 글로벌시장에서는 성장주가 더 좋은 실적을 냈지만 한국에서는 가치주가 월등히 좋은 실적을 냈습니다. 그 기간 동안 한국에서는 가치투자가 뿌리를 내렸고 가치투자

자산운용사들도 생겨났지요.

고려해야 할 다른 요소에는 대표적으로 소형주 프리미엄, 비유동성 프리미엄, 저유동성이 있습니다. 이 중 소형주 프리미엄은 작은 주식에 투자할 경우 더 수익이 난다는 의미입니다. 그 이유는 위험하기 때문이죠. 그다음에 비유동성 자산에 투자해도 수익이 납니다. 예를 들면 부동산, 프라이빗에쿼티(사모투자전문회사)가 있는데 이것은 그만큼 위험한 까닭에 수익이 납니다. 비유동적이라는 건 당장 필요할 때 팔 수 없다는 의미입니다. 그런 위험을 감수하므로 보상을 더 해주는 것이지요. 저유동성은 요즘 유행하는 투자 패턴으로 시장이 유동성을 사랑하다 보니 새로 생긴 요소라고 할 수 있습니다.

추세는 어떻게 읽는가

그럼 추세와 순환을 좀 더 깊이 들어가 봅시다.

먼저 추세입니다. 올라가는 기울기에 타면 확실히 돈을 벌 텐데 그 추세를 어떻게 읽어야 할까요? 추세를 결정하는 가장 큰 요인은 기술입니다. 지금 우리는 4차 산업혁명 시대에 살고 있는데 바로 가장 중요한 '기술'에 딱 걸려 있는 겁니다. 이럴 경우 대단한 추세가 형성됩니다.

현재 기술 혁신의 주된 재료는 인공지능, 빅데이터, 전기차입니다.

더 깊이 들어가 보면 '네트워크 이펙트'라고 많은 사람이 참여할수록 더 가치가 올라가는 네트워크를 구동하는 기업들이 세상을 주도하고 있지요. 실제로 이들 기업은 주가가 아주 좋습니다. 특히 코로나19의 영향으로 사람들을 마주할 수 없는 언택트 시대가 열리면서 네트워크 이펙트로 승부하는 기업은 더욱더 강자가 되고 있습니다. 글로벌을 보면 아마존, 페이스북, 넷플릭스가 강자고 한국의 경우에는 네이버나 카카오가 더욱 강해지고 있습니다. 그 이면에는 기술이라는 장기적인 동인이 있지요.

다른 동인에는 무엇이 있을까요? 무엇보다 소비자 기호, 그중에서도 인구구조가 굉장히 많이 좌우합니다. 소비자 기호에 가장 많은 영향을 주는 것은 그 사회에 어떤 인구대가 많은가 하는 점인데 소비자 기호는 수시로 변합니다. 어떤 새로운 기술 변화에 대응해 변하기도 합니다. 또한 정치, 사회, 경제 변화에 따라서도 소비자 기호가 변합니다.

정부 규제와 기업의 비재무적 요소로 알려진 ESG, 즉 환경(Environment), 사회투자(Social), 지배구조(Governance)도 추세에 영향을 줍니다. 특히 지금은 지구환경이 인류를 위협할 정도로 오염된 상태라 환경이 중요한 투자 변수로 부상했습니다.

추세를 움직이는 이들 동인의 특징은 그것을 발견하기 전에는 관련 기업들이 아주 낮은 상관관계를 보이다가 일단 발견하고 나면 점점 더 상관관계를 높여 집중하게 만든다는 점입니다. 그러면 사람들은 관련 용어를 만들어냅니다. 다섯 개의 초우량기업을 뜻하는 FAANG(페이스북, 아마존, 애플, 넷플릭스, 구글)이 대표적입니다. 이 경우 관련 주식이 시장에서 강력한 상관관계를 보입니다. 그러다가 그 테마가 시장에 충분히 반영되면 상관관계가 다시 낮아지면서 그 테마는 생을 마감하죠.

기술과 관련해 간혹 다른 경쟁자들을 무력화하는 와해적 기술(disruptive technology)이 나올 때가 있습니다. 그 대표적인 예가 전기차입니다. 사실 이런 기술이 처음 나올 때는 꽤 조악합니다. 기술 수준이 낮고 별것 아닌 것처럼 보이며 불량품도 많지요. 그래서 기존 강자는 거기에 섣불리 따라붙지 않습니다. 기존 강자들은 보통 점진적이고 지속적인 혁신을 추구하지요.

그런데 어느 순간 기술 도약이 일어나면서 그 새로운 기술은 과거의 기술을 후딱 넘어섭니다. 이때 그 와해적 기술이 기존 참여자들을 파괴하는 현상이 일어납니다. 지금 우리가 보고 있는 AI, 빅데이터, 전기차, IoT 기술은 그처럼 파괴적인 힘을 지니고 있지요. 그래서 시장에 더 큰 영향을 미치는 것입니다.

실제로 애플의 혁신 여정에는 많은 경쟁자가 도태되는 희생이 따랐습니다. 예를 들면 소니, 델, 블랙베리, LG, 노키아, HTC 등이 있죠. 애플한테 무너진 그 많은 기업이 이전에 대단한 혁신 기업이었다는 점을 반드시 기억해야 합니다. 가령 소니는 1970년대는 물론 1980년대까지도 혁신을 주도한 대단한 기업입니다. 델도 컴퓨터 부문에서 혁신을 주도했던 기업이죠. 블랙베리와 노키아도 당시 혁신의 상징이던 기업입니다. 그렇게 혁신의 상징이던 기업들도 결국 다른 혁신, 다른 파괴적인 혁신 때문에 도태된 것입니다. 애플이라고 예외일까요?

혁신 기술뿐 아니라 혁신적인 사업 모델도 새로운 혁신을 일으킵니다. 특히 애플의 혁신은 그것이 기술인지 아니면 사업 모델인지 모호한 구석이 있지요. 새로운 기술을 사용하긴 했는데 스스로 개발한 기술이 아니거든요. 아무튼 애플은 네트워크를 활용한 강력한 사업 모델로 성공했습니다. 넷플릭스가 추진하는 것도 강력한 사업 모델을 무기로 경쟁자를 제거하는 일입니다. 이것은 기업들의 성공을 판단하는 데 대단히 중요한 요소입니다.

추세를 결정하는 또 다른 동인은 인구구조입니다. 특히 인구구조는 장기적으로 대단한 파괴력을 발휘합니다. 흔히 일본의 '잃어버린 30년'을 많이 이야기하는데 일본의 인구구조는 경제활동 인구 비율이 1990년 무렵부터 꺾이기 시작했습니다. 공교롭게도 그것은 일본의 문명이 저물어가는 초입이 되었습니다.

같은 맥락에서 한국의 인구구조 정점은 바로 지금입니다. 그래서 많은 사람이 한국의 인구구조 상황을 걱정하고 있는 것입니다. 중국도 별반 다르지 않습니다. 중국은 신흥 개발도상국이라 도시화라는 새로운 동인이 있긴 하지만 인구구조로만 보면 결국 고령화를 걱정해야 하는 처지에 바로 몰릴 가능성이 있습니다.

이머징마켓 국가들의 인구구조는 상대적으로 젊습니다. 가령 브라질, 인도, 인도네시아는 인구구조가 비교적 젊어서 2030년까지도 인구구조에 따른 네거티브 여파를 겪지 않을 전망입니다.

사이클을 읽는 법

또 다른 움직임은 사이클, 즉 순환입니다. 이 순환을 미리 알면 얼마나 좋을까요? 그러면 바닥에서 사서 꼭대기에서 파는 행운을 누리겠지요. 가치주 같은 경우는 바닥에서 잘 움직입니다. 소형주는 꼭대기 언저리에서 잘 움직이는 주식이죠. 꺾이고 나면 숏(매도)할 수 있습니다. 그런 다음 안정기에 접어들 경우 성장주가 엄청나게 반응합니다.

이걸 미리 알 수 있다면 얼마나 좋을까요? 바로 그게 어렵습니다. 문제는 이 사이클만 전문적으로 타려고 하는 많은 투자자가 경쟁한다는 데 있습니다. 아쉽게도 이 경쟁이 사이클을 굉장히 불규칙하게 만듭니다. 경쟁적이라는 것은 사이클에 속임수가 많다는 것을 의미합니다. 그래서 시점을 잡기가 몹시 어렵습니다.

그럼 사이클은 어떻게 읽어야 할까요? 크게 나누면 톱다운과 바텀업으로 보는 방식, 거시적 혹은 미시적으로 보는 방식 두 가지가 있습니다.

톱다운 또는 거시적으로 사이클을 볼 때는 우선 이자율과 성장률만 보십시오. 이 두 가지만 봐도 될 정도로 이것은 강력한 변수들입니다. 다음 도표는 이자율과 성장률 변화에 따라 그때그때 잘 반응하는 주식이나 자산을 모아놓은 것인데 사실 굉장히 어렵습니다. 이걸 단순화해서 설명하겠습니다.

경기가 좋지 않으면 정부가 이자율을 내립니다. 아니면 돈 수요가 줄어들어 이자율이 내려갑니다. 이렇게 이자율이 내려갈 때는 그

매크로 시계 - 우선 이자율과 성장률만 보자

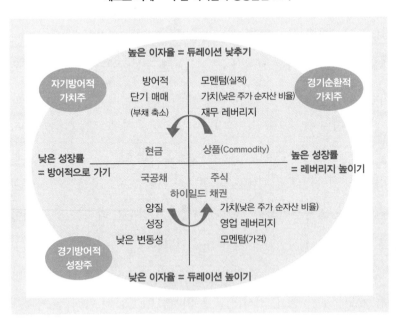

만큼 성장이 희소하다는 의미입니다. 그래서 사람들은 작은 성장에도 열광합니다. 현실이 어렵다 보니 사람들이 꿈을 사는 것이지요. 이처럼 이자율이 낮을 때 사람들은 꿈을 삽니다.

반대로 경기가 아주 좋고 돈 수요가 많으면 이자율이 높아집니다. 경기가 과열되면 정부가 이자율을 올리기도 합니다. 이자율이 오를 경우 사람들은 당장 어떤 기업이 돈을 벌고 있는지 판단하려 하지요. 즉, 사람들은 현실을 직시합니다. 이자율이 낮을 때는 꿈을 먹고 이자율이 높을 때는 현실을 바라보는 것입니다.

사람들은 경기가 좋으면 공격적으로 투자합니다. 빚까지 져가면서 투자를 하지요. 반면 경기가 좋지 않을 때는 방어적으로 투자합니다. 한마디로 사람들은 이자율과 성장률 변화에 따라 시장에 달리 반응합니다. 이때 어떤 주식이 주도하게 되는지가 결정이 납니다.

그럼 한국의 경제지표로 지금이 어떤 시기인지 생각해볼까요?

일단 성장률 쪽을 보면 코로나19 이후 급격하게 성장 관련 선행지표가 회복되고 있습니다. 반면 이자율은 급격히 떨어진 채 횡보하고 있습니다. 낮은 이자율 아래 경기 상승을 기대하는 사이클을 보이고 있죠.

이번 사이클의 문제는 이전의 성장을 미리 많이 끌어다 썼다는 점입니다. 정부가 대대적인 통화·재정정책을 펴면서 미래의 성장을 미리 많이 끌어다 썼죠. 바로 이런 부분을 염두에 둘 필요가 있습니다.

한국의 성장, 이자율 상황은 어떠한가?

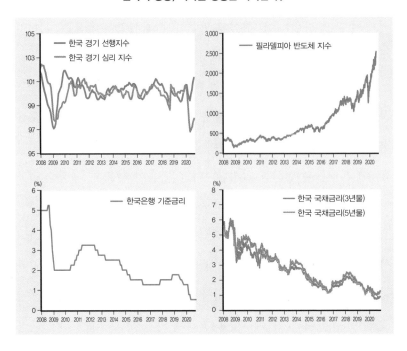

한국에 상당히 큰 영향을 주는 반도체 경기를 보면 지금 정점에 있다고 할 정도로 아주 좋습니다. 경기순환 지표도 상승세에 있지요. 한마디로 이자율은 낮고 경기 상승 기대감은 높은 국면에 위치해 있는 것입니다.

투자의 사계절을 파악하라

이제 밑으로부터 순환을 판단하는 기준을 알아볼까요?

'가치와 모멘텀 시계'란 제가 2003년 개발해서 많은 투자자와 소통한 개념입니다. 보통 투자 시계라고 부르지만 '투자 사계'라고 해도 좋습니다. 다음 도표를 보시면 시간을 표기해 놓았는데 이것을 달로 생각하면 틀림이 없습니다. 여기서 12는 12월(겨울)이고 6은 6월(여름)입니다. 9는 9시이자 9월로 가을입니다.

시계에서 겨울은 기업에 굉장히 좋지 않은 뉴스가 있고 기업 이익이 떨어져 많은 사람이 주식을 매도합니다. 지긋지긋해서 더 이상보기도 싫다고 말하는 사람도 있을 겁니다. 그런데 주가가 슬금슬금 올라가기 시작합니다. 이때 사람들은 무관심합니다. 이미 부정적 견해가 확고해서 웬만한 주가 움직임에는 무덤덤한 것이죠. 한데 주가가 더 올라요. 이럴 경우 이전에 물려 있던 주식을 팔아버립니다. 아, 이게 마지막 기회인가보다 하고 주식을 팔아버리죠.

그러고 나면 주가가 더 오릅니다. 3시 그러니까 3월쯤 되는 것이지요. 이제 낮의 길이가 점점 더 길어지는데 이는 성과가 좋아진다는 의미입니다. 이쯤에는 의심이 사람들의 심리를 지배합니다.

"저거 일시적인 일일 거야."

아직도 많은 사람이 의심을 하면서 부정적인 의견을 내는 겁니다. 그때쯤 기업이 돌아선다는 이야기가 조금씩 들려옵니다. 그러면 보

가치와 모멘텀 시계

주가는 기업 이익의 사이클에 따라 심리적인 요인들이 가세하며, 그 움직임이 증폭되어 주식의 가치를 크게 변화시키면서 여러 단계의 국면을 만들어낸다.

여름
(활황)

도취
(Euphoria)

탐욕
(Greed)

안주
(Complacency)

약세론자 항복
(Bear Capitulation)

⑤ ⑥ Glamour ⑦

긍정적 자기확신 강화
(Escalation of Commitment)

④ ⑧

봄
(위너)

의심 ③ Winner
(Doubt)

Loser ⑨ 미련
(Hope)

가을
(루저)

부정적 자기확신 강화
(Escalation of Commitment)

② ⑩ 강세론자 항복
(Bull Capitulation)

① Value ⑪

무관심
(Disinterest)

⑫

비관
(Pessimism)

두려움
(Fear)

겨울
(침체)

유하지 않은 사람은 점점 무서워집니다. 결국 약세론자는 주가가 더 올랐을 때 자신의 부정적 견해를 포기하고 항복합니다.

"내가 잘못 봤네."

이 주식은 지금 상승기에 있습니다. 이때 사람들은 점프해서 그 주식에 올라탑니다. 그러면서 점차 탐욕이 생깁니다.

"이 주식은 앞으로 더블이 날 수 있어."

엄청난 욕심이 생기기 시작하는 거죠. 그러면 그 주식을 향한 기대감이 점점 더 올라갑니다. 이 경우 주가는 정점에 오르지요. 그 주식이 왜 올랐는지는 이미 많이 알려진 상태지만 사람들은 그 주식을 움직이는 동인이 앞으로도 지속될 것으로 판단합니다. 그래서 안심하지요. 그게 6월인데 6월부터는 낮의 길이가 짧아지기 시작합니다. 물론 투자 열기는 8월까지 지속됩니다. 그 기간 동안 어떤 일이 일어날까요? 안주합니다.

"괜찮을 거야."

주가가 조금 빠져도 안주하는 겁니다. 그다음에는 이런 심리가 마구 지배합니다.

"이번이 살 마지막 기회야. 주가가 더 빠졌는데 조정기에 사자."

하지만 이제는 기업 이익이 떨어진다는 뉴스가 더 나오기 시작합니다. 그러면서 주가 하락세가 좀 더 완연해집니다. 그럴 때도 미련을 버리지 못합니다. 자신이 갖고 있는 주식에 미련을 보이는 겁니다.

"펀더멘털이 괜찮으니까 일시적인 걸 거야."

그런데 주가가 더 빠져버리면 자신이 정말 믿었던 어떤 분석가들이 이제 항복하기 시작합니다.

"내가 잘못 봤네. 이 주식은 더 빠질 가능성이 높아."

이런 의견을 반영한 리포트들이 나오기 시작하는 겁니다. 그러면 두려움이 밀려들거나 패닉 상태에 빠져들고 맙니다. 이때 냉큼 주식을 팔아버립니다. 만약 그렇게 팔아버리면 이후 다시 12시로 돌아옵니다.

이 심리 사이클은 사람이기 때문에 어쩔 수 없이 겪는 변화라고 할 수 있습니다. 이것은 기업 이익이나 어떤 재료의 생성 혹은 소멸 과정에서 필연적으로 일어나는 현상입니다. 그래서 실질적인 기본 요소들보다 주가가 더 많이 변동하게 만듭니다.

이 사이클은 일반투자자가 투자에 뛰어들었을 때 겪는 심리 상태와 실질적인 주가 변동이 다르게 나타난다는 것을 보여줍니다. 많은 사람이 고점에 사서 저점에 파는 실수를 하는 이유가 여기에 있습니다.

그러면 지금 이익과 심리 사이클로 본 한국 시장은 어떨까요? 이익 비율은 계속 상승으로 조정되고 있습니다. 우선 한국 시장에 영향을 주는 외국인 매수가 최근 오르고 있고 심리적 과열로 빚을 내서 주식에 투자하는 사람도 점점 많아지고 있습니다. 이미 기업 이익 상승세는 상당히 오랜 기간 끌어다 썼고 심리적으로는 확신이 대단히 강해지는 시기에 있어요. 제가 투자 시계에서 말하는 여름은 이처럼 보편적 시장 현상을 의미합니다.

그런데 이번 시장은 특이하게도 '시장 이분화'라는 특징을 보입니다. 즉, 언택트 관련 부분은 엄청나게 과열 양상을 보이고 경기 순환과 관련된 전통 산업은 굉장히 고생하고 있습니다. 한마디로 어떤 주식은 투자 시기상 여름에 있고 또 어떤 주식은 겨울에 있는 독특한 시장 국면입니다. 이것은 글로벌 시장도 다르지 않습니다.

직접투자를 고집하지 말라

추세 투자를 말할 때 '추세'는 장기적인 것을 의미합니다. 따라서 추세 투자를 하는 사람이 단기적으로 사고팔면 실패할 가능성이 높습니다. 추세를 보고 투자한다면 사이클을 이겨낼 만한 정도의 장기 관점에서 투자해야 합니다.

그리고 가치투자는 싸게 사서 비싸게 파는 방식입니다. 설령 그럴지라도 적어도 1년에서 3년은 어떤 투자 주기가 있어야 올바른 판단을 할 수 있습니다. 그 이상의 단기적인, 그러니까 1년 이하의 단기적 시점에서의 투자는 변수가 너무 많습니다. 예를 들어 정치와 경제 분야에서 발생하는 외적 변수는 모두 시장에 영향을 줍니다. 만약 불규칙한 움직임이 너무 많으면 이득을 얻기가 무척 어렵습니다.

안됐지만 이게 다는 아닙니다. 개별 주식에 투자하려면 기업의 재무와 경영자 분석이 필요합니다. 이처럼 기업과 관련된 분석을 많이 하는 투자 성향을 '성장 투자'라고 합니다. 또한 기업 가치뿐 아니라 그 가치와 가격의 괴리도 알아야 하는데 여기에 집착하는 투자를 '가치투자'라고 합니다.

시장 내에서 어떤 일이 일어나고 있는지 아는 것도 중요합니다. 이를테면 어떤 작전이 일어나고 있는지, 어떤 눌림목이 있는지, 어떤 촉매가 있는지, 수급은 어떠한지, 시장을 지배하는 마켓 공감대는 무엇인지 등을 알아야 합니다. 이런 것을 모두 알아야 투자할 수 있습니다. 이처럼 시장 다이내믹에 초점을 두고 투자하는 것을 모멘텀 투자라고 합니다. 그리고 그 반대로 투자하는 성향을 역발상 투자라고 하지요.

투자를 잘하려면 이처럼 다양한 투자 방법을 모두 챙겨봐야 합니다. 이것이 너무 힘들다면 전문가에게 맡기는 '간접투자' 옵션을 고려해보는 것이 좋습니다.

꼭 직접투자를 하겠다면 '직접 투자자의 역설'을 반드시 기억해야 합니다. 사실 직접 투자자는 자신이 시장을 이길 수 있다는 자신감이나 자만심이 있어서 직접투자를 하는 것입니다. 그런데 자만심 때문에 커다란 손실을 보는 경우가 아주 많습니다. 그러니까 시장을 이길 수 있다는 자만심으로 직접투자를 하는데 그 자만심이 투자에서 성공하는 데 최대의 적인 것입니다. 이 어려운 상황을 극복하려면 어떻게 자만심을 제어하고 겸손함을 유지할지 많이 고민해봐야 합니다.

성공적인 투자자라면 시장에 어떤 마켓 패턴이 있는지 남보다 빨리 알아내거나 절대적 혹은 상대적 가치를 읽어내는 감각이 있어야 합니다. 그렇지 않으면 직접투자를 하기에는 재능이 부족한 거라고 봐야 합니다. 그렇다고 고민할 필요는 없습니다. 직접투자에 재능이 없으면 간접투자를 하면 됩니다.

금융에 깨어 있는 투자자가 되라

금융 지성이란 사람들이 금융 계획을 세우도록 돕는 것 또는 금융에 깨어 있는 것을 말합니다. 저는 금융 지성을 "내 자아 안에 사업체라는 자아를 하나 두는 것"이라고 표현합니다. 우리 내면에는 정치적, 사회적, 예술적 자아 등이 있는데 어렸을 때부터 거기에 사업체 자아를 더하는 겁니다. 그러면 어릴 때부터 경제와 금융 계획을 세워갈 수 있습니다.

임상심리학자 멕 제이는 이렇게 말했습니다.

"자아 자본(identity capital)은 개인 자산의 집합이다. 이것은 내게 투자하는 것이고 내가 충분히 잘하거나 오래할 수 있는 것이며 바로 내 일부가 되는 것이다."

어렸을 때부터 경제와 금융 계획을 세우는 출발점은 자아 자본입니다. 자아 자본이란 나 자신과 내 재능, 경험, 배경의 총합을 말합니다. 쉽게 말해 나 자신을 자본화하는 겁니다. 내 강점을 알고 그 강점을 투자화하는 것이 금융 지성의 기본입니다.

우선 내게 경쟁력이 있어야 합니다. 그다음에는 그 경쟁력을 무기로 재산이 늘어납니다. 일단 재산이 늘어나면 그것을 관리해야 하는데 이것이 바로 금융 계획입니다.

여러분이 잊지 않아야 하는 것, 자녀에게 반드시 이야기해야 하는 것은 '모든 금융 계획은 자기 자신으로부터 시작한다'는 것입니다. 즉, 그것은 내 경쟁력으로부터 시작합니다. 금융 계획이 그냥 투자라면 모든 사람이 투자를 잘해야 마땅한데 투자를 잘하는 것은 그야말로 뛰어난 가수가 되는 것처럼 어려운 일입니다.

다시 말해 모두가 똑같은 재능을 지니고 있는 것은 아닙니다. 그러므로 내 재능을 알고 그 부분을 자본화해 자본을 축적해야 합니다. 그렇게 자본을 축적할 때 잊지 않아야 할 몇 가지 요소가 있습니다.

첫째, 나만의 연습생 신화를 만듭니다. 내 재능에 집중 투자해 그걸 자본화하라는 이야기입니다.

둘째, 돈의 생리를 알아야 합니다. 돈은 희소하고 많은 사람이 원하므로 경쟁의 원리가 작동합니다. 경쟁에서 이기려면 일단 모르는 것을 배우고 그 다음 얼마나 모르는지를 알아야 하며 자신이 아는 한도 내에서 최대치를 끌어내야 합니다.

셋째, 리스크와 리턴의 관계를 이해합니다. 보통 리턴은 리스크에 따른 보상이지만 보상 없는 리스크도 있고 리스크보다 더 큰 보상도 있습니다. 보상 없는 리스크를 피하고 리스크보다 큰 보상을 취합니다.

넷째, 분석이 얼마나 중요한지 알아야 합니다. 분석은 리스크 이상의 리턴을 얻는 필요조건이며 에러 마진이나 안전 마진도 높여줍니다.

다섯째, 복리의 힘을 알아야 합니다. 장기적으로 볼 때 투자에서 성공하는 지름길은 큰 손실을 보지 않는 것입니다. 복리는 흔히 스노볼(snowball) 효과로 설명하는데 처음에는 아주 작지만 계속 축적하면 엄청난 힘을 발휘합니다.

여섯째, 분산의 효용을 이해합니다. 투자는 누적적으로 하고 계란을 한 바구니에 담지 않는 것처럼 분산해야 합니다. 큰 손실을 피하려면 이것을 반드시 기억할 필요가 있습니다.

일곱째, 부채의 무서움을 아는 것이 중요합니다. 과도한 부채는 나를 도산하게 만들거나 회복하기 어려운 손실을 안겨줍니다.

이 일곱 가지에 주의하고 이것을 습관화하는 것이 바로 금융 계획입니다.

어떤 분이 제게 유언으로 남기고 싶은 말을 물었는데 저는 "사기를 당하지 말라"고 당부하고 싶습니다. 그러려면 탐욕과 두려움을 버려야 합니다. 사기꾼은 사람들의 탐욕과 두려움을 공격하거든요. 사기를 당하지 말라는 말은 큰 손실을 보지 말라는 이야기와 일맥상통합니다. 반드시 안전 마진을 확보하고 투자하십시오.

안유화

성균관대학교 중국대학원 금융학과 교수. 한국 내 중국 경제와 금융시장 연구 및 경제개발 정책가로 활동했다. 한국자본시장연구원 국제금융실에서 중국 담당 연구위원, 한국예탁결제연구원 객원연구원, 한국 외교부와 대통령 직속 지식재산위원회 활용분과 전문위원으로 활동했다. 법무법인 율촌 중국팀에서 고문을 역임했으며, 현재 한중 경제와 금융 협력을 위해 정부와 국가연구기관 및 기업자문에 응하고 있다.

중국 신화는 계속되나: 포스트 팬데믹 중국 재테크 전망

안유화, 성균관대학교 중국대학원 금융학과 교수

중국과 관련해 사람들이 궁금해하는 것은 크게 두 가지라고 봅니다. 하나는 2020년 한 해 동안 중국 증시가 많이 상승했는데 이 흐름이 2021년에도 이어질까 하는 것입니다. 다른 하나는 미중 관계를 중심으로 미래에 중국이 어떻게 성장할 것인가 하는 점입니다.

우선 역사의 흐름을 기반으로 패권 제국 개념을 알아봅시다.

1919년 1차 세계대전이 끝난 뒤 미국은 공식적으로 세계 패권 정상에 오릅니다. 그로부터 100년이 흐른 오늘날 중국은 미국에 도전하는 가장 큰 패권국가입니다.

과연 앞으로 중국이 미국을 대체할 수 있을까요? 여기에 답하려면 과거 패권국가 교체 상황을 봐야 합니다. 1400년대부터 지금까지 패권국가는 여러 나라를 거치며 바뀌어왔습니다.

　　그 중심에는 자본과 사람, 즉 인재 이동이 있었지요. 자본과 인재가 몰려드는 국가가 항상 세계 패권국가가 되었습니다. 실제로 1919년 미국이 패권국가가 된 것은 당시 영국과 프랑스가 전쟁을 벌이면서 기술, 자본, 인재가 모두 미국으로 갔기 때문입니다. 마찬가지로 앞으로 중국이 미국을 대체하는 패권국가가 될지도 여기서 답을 찾을 수 있습니다. 다시 말해 중국이 핵심 기술을 가져갈지, 인재들이 중국으로 갈지 그리고 중국에 자본이 몰릴 것인지가 답을 결정합니다.

　　2020년 말 현재 미중 냉전은 '냉전(冷戰)'보다 '량전(凉戰)'이라는 표현이 더 적합합니다. 냉전은 두 국가가 서로 왕래하지 않는 것이므로 사실상 맞지 않는 개념입니다. '량'은 어떤 주요 이슈에서는 굉장히 치열하게 논쟁하고 분쟁을 일으키지만 또 어떤 부분에서는 협력하면서 계속 관계를 이어가는 상황을 말합니다. 영어로는 '쿨 워(Cool War)'에 해당합니다.

　　사실 미국과 중국의 갈등은 과거 그 어떤 패권국가 싸움에 비해 굉장히 복합적입니다. 즉, 해상 패권, 경제 패권, 금융·경제·이념 패권까지 포함한 복합적인 싸움이라 우리가 미래 흐름을 전망하기가 결코 쉽지 않습니다.

어쨌든 2021년 바이든 대통령 시대가 열릴 테고 미중 패권 다툼에서 과거 오바마가 했던 것처럼 많은 동맹국과의 질서 속에서 중국을 견제하는 바이든의 정책이 과연 먹힐지는 지켜봐야 합니다.

여기에다 미국은 빈부 격차가 아주 큽니다. 그 빈부 격차의 하단에는 유색인종이 있는데 그들의 교육 수준, 노동력, 경제 소득을 높이지 못하면 바이든이 이끄는 미국은 결국 계속 분열되고 말 것입니다. 중국이 도전하는 상황에서 여기에 실패하면 바이든은 유리한 지위를 이어가기 힘들 겁니다. 비록 바이든은 미국이 돌아왔다는 표시로 동맹국과의 관계를 강화할지 모르지만 결국 국내 문제, 즉 빈부 격차, 교육 수준 향상 문제를 해결하지 못하면 사실상 어려울 전망입니다.

전 세계 국제 관계를 결정하는 미중 관계

현재 미국 분열의 가장 본질적인 문제는 제조업 공동화에 있습니다. 흥미롭게도 트럼프는 이런 표현을 썼죠.

"사실 미국은 연필도 못 만든다."

기술이 없어서가 아니라 미국 노동자 계층에 문제가 생겼기 때문입니다. 젊은 노동자 계층은 대부분 생산직에 가지 않으려고 합니다. 과거에 그 자리에서 일한 노동자들은 현재 모두 노년기에 접어들었습니다. 다시 말해 60세가 넘은 그들은 과거 GM을 비롯한 제조업 부흥기에 미국의 공업을 일으킨 사람들입니다.

기업들은 그때의 그 이익을 계속 요구하지만 사실상 미국은 지금 그 요구를 들어줄 수 없습니다. 한마디로 해외로 나간 제조업, 그러니까 미국 노동력이 너무 비싸서 해외로 나간 제조업은 미국 내로 돌아오기가 힘듭니다.

이처럼 제조업 공동화 상황에서 어떻게 빈부 격차를 해소할지, 어떻게 하층 노동력 수준을 높일지, 어떻게 교육 수준을 끌어올릴지는 바이든 정부에 엄청난 도전이고 이는 쉽게 해결할 수 있는 문제가 아닙니다.

다음 도표를 보면 미국은 GDP 대비 임금 소득 비중이 계속 하락하고 있습니다. 바로 이것이 미국의 문제입니다. 이렇게 임금 소득이 하락하는 사람들은 주로 미국의 하층이거든요. 이들은 전 세계의 세계화 속에서 동남아시아나 중국 노동자들의 도전을 받은 겁니다.

쉽게 말해 미국 제조업은 국내 임금 소득이 높아 동남아나 중국으로 생산기지를 이전했습니다. 그러다 보니 미국은 빈부 격차가 더 커지고 있습니다. 왜냐하면 1퍼센트에 해당하는 미국 부자들은 주로 월스트리트가 상징하는 금융업에 종사합니다. 그 나머지 99퍼센트는 사실상 소득의 하층에 있습니다. 이것이 바이든이 받아든 숙제입니다.

중국 역시 그동안 GDP 대비 임금 소득이 많이 올라갔어요. 2020년

중국과 미국의 총 GDP 대비 임금 소득 비중 비교

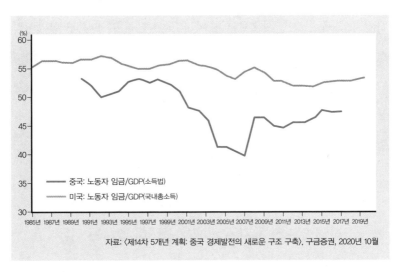

자료: 〈제14차 5개년 계획: 중국 경제발전의 새로운 구조 구축〉, 구금증권, 2020년 10월

말 현재 중국은 아직 좋은 모습을 보이고 있지만 만약 중국에 들어간 제조업의 임금수준이 너무 빨리 상승하고 중국 내의 여러 가지 문제로 이들이 동남아로 이전하면 중국 내에서도 똑같이 분열이 일어나 어려워질 겁니다.

결국 향후 미중 갈등은 우리가 보기에는 국제 문제지만 답은 각자 자국 내 문제를 누가 잘 해결하느냐에 따라 나올 것입니다.

한국 입장에서 명확히 해야 할 것은 미중 관계가 전 세계 모든 국제 관계를 결정할 거라는 점입니다. 전 세계 100개국 이상의 국가

간 경제 관계도 마찬가지입니다. 한국은 정치적으로는 미국과 좀 더 가깝고 경제적·지리적으로는 중국과 같이 갈 수밖에 없는 상황이라 향후 미중 관계가 미래 발전의 중요한 변수로 작용할 가능성이 큽니다. 즉, 우리에게는 앞으로 미중 관계가 어떻게 흘러갈지, 이것이 한국 경제에 어떤 영향을 미칠지, 우리 기업은 이에 맞춰 어떻게 대응할지가 굉장히 중요한 과제입니다.

미래 인프라 투자 산업에서 중국이 앞서는 이유

여기서 과거를 한번 돌아봅시다.

중국은 1978년 시장경제를 도입했고 2020년 현재 거의 40년이 흘렀습니다. 보통 한 국가의 발전은 GDP로 측정합니다. 그런데 이 GDP는 결국 부채를 일으켜서 만듭니다. 부채를 일으키지 않고는 경제가 성장할 수 없습니다. 기업이 성장하려면 자본과 부채를 만들어 투자하고 거기에서 새로운 부가가치를 창출하듯 국가도 마찬가지입니다. 국가도 자기자본과 부채를 일으켜 GDP를 만들어냅니다. 따라서 한 국가의 질적 경제성장은 부채 대비 GDP로 볼 수 있습니다.

다음 도표를 보면 1981년 미국은 부채 대비 GDP가 3.25입니다. 이것은 하나의 부채를 일으키면 3.25개의 새로운 생산 단위를 만들

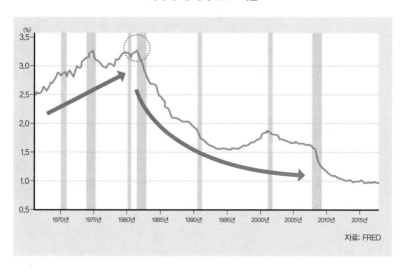

미국 부채 대비 GDP 비율

(%)

자료: FRED

어낸다는 의미입니다. 그렇게 최고점 3.25에 이른 미국은 이후 지금 까지 계속 하락했습니다. 한마디로 미국의 최고 호황은 1980년 대였고 그때 그것이 끝났습니다. 지금 동일한 부채 한 단위를 일으켜서 만들어낼 수 있는 새로운 GDP는 1단위도 되지 않 습니다. 이것이 바로 오늘날 미국 경제의 문제입니다.

경제성장은 결국 주식시장에 반영되는데 다음 도표를 보면 회색 선이 미국의 윌셔5000지수입니다. 미국에서 가장 잘하는 5000개 기 업을 주가지수로 표시한 것이지요. 회색 선의 주가지수 흐름은 과거 40년 동안 굉장히 예쁘게 올라갔습니다. 저런 주가지수를 그릴 수 있는 나라는 결코 많지 않습니다.

월셔5000 주가지수와 M2 비율

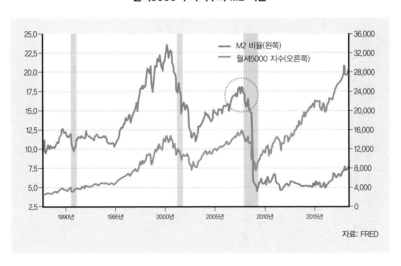

자료: FRED

여기서 M2는 한 국가 내의 통화 유동성을 말합니다. 쉬운 말로 돈을 얼마나 찍어냈는가 하는 것이죠. 그 통화 유동량 M2로 주가지수를 나눈 값을 나타낸 것이 파란색 선인데 2007년 높은 값을 찍고 지금까지 계속 하락해 회복되지 않았습니다. 이것은 회색 선의 흐름과는 다릅니다.

그러니까 절댓값으로 볼 때 주가지수는 상승하는 것처럼 보였고 미국 주식시장에 투자하면 다 수익을 냈어요. 즉, 돈을 번 것처럼 보입니다. 그런데 찍어낸 통화 유동량 M2로 나누면 실제로는 돈을 번 게 아니라 떨어진 것입니다.

과연 저 회색 선은 왜 올라간 걸까요? 2008년 금융위기 이후 미국 주식시장의 호황은 기업들의 수익성이 높아져서가 아니라, 즉 펀더멘털이 좋아서가 아니라 돈을 찍어내서 올라간 겁니다. 이처럼 돈을 찍어낸 유동성이라면 실은 돈을 번 것이 아닙니다. 이것은 아주 중요한 포인트입니다.

이것이 바로 그동안 미국의 경제 흐름이었어요. 우리가 이걸 착각하면 안 됩니다.

이제 중국을 봅시다. 과거에는 전 세계에 벤처 투자가 두 건 일어나면 그중 한 건은 미국에서 한 투자였습니다. 한데 최근 20년 동안 세계에서 벤처 투자를 가장 많이 한 국가는 중국입니다. 지금은 전 세계에 두 건의 벤처 투자가 일어나면 그중 한 건은 중국에서 한 투자입니다. 즉, 현재 벤처 투자의 허브는 중국입니다.

과거에는 실리콘밸리가 전 세계 벤처 투자와 핵심 기업의 허브였지만 지금은 북경에 중관춘, 무한에 무한밸리, 상해에 장강밸리가 있습니다. 이런 곳에서 벤처 투자가 일어나 중국은 오늘날 세계적인 유니콘 기업을 가장 많이 만드는 국가가 되었죠. 다시 말해 벤처 투자의 자본투자에서 중국이 허브가 된 것입니다.

중국의 벤처 투자는 우리에게 익숙한 많은 중국 신화를 만들어냈습니다.

우선 DJI는 세계 최대 드론 기업으로 세계 시장의 70퍼센트를 차지합니다. 그리고 알리바바는 2014년 미국에서 역대 최대 규모의 IPO를 기록했습니다. 비록 상장에 실패했지만 2020년 말 앤트파이낸셜이 상장됐으면 세계 최고 IPO였을 겁니다.

그리고 중국은 고속철도 면적이 세계 1위입니다. 중국은 960만 제곱킬로미터가 고속철도로 연계되어 있어서 그 큰 나라를 몇 시간 내에 이동할 수 있습니다. 반면 미국에는 고속철도가 없습니다. 미국은 완전한 시장경제라 민간업체가 투자해야 하지만 이들은 수익성이 없으면 투자하지 않습니다. 이는 미국이 5G에서 뒤처진 이유이기도 합니다.

국가 주도형의 자본주의 체계인 중국은 정부가 계획을 세워 투자하면 수익성을 크게 고려하지 않고 뛰어듭니다. 그래서 5G나 미래 인프라 투자 산업에서 미국이 중국에 뒤처지고 있는 것입니다. 이것이 과거 40년 동안 중국과 미국에서 일어난 서로 다른 현상입니다.

한국이 기술 강국으로 변신해야 하는 이유

앞으로 한국은 어떻게 될까요? 일단 중국은 세계 제조 허브로 4조 달러의 생산력을 갖추고 있지만 미국은 사실상 제조업에서 많이 부족합니다.

다음 도표는 글로벌 밸류체인을 나타낸 것인데 과거에는 밸류체인의 가장 위에 돈을 제일 많이 버는 미국이 있었습니다. 미국과 독

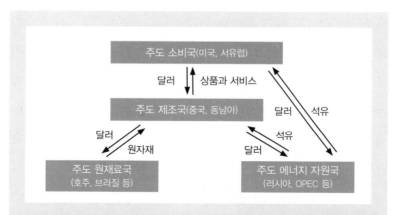

국제 분업과 세계 부의 흐름

단계	분류	국가/지역
상위 그룹 (주도 소비국)	제1주기	미국
	제2주기	미국, 서유럽(현재)
중위 그룹 (주도 제조국)	제1주기	독일, 일본
	제2주기	아세아 4소룡: 중국 홍콩, 대만, 싱가포르, 한국
	제3주기	중국, 베트남 등 동남아(현재)
하위 그룹	주도 원자재 국가	호주, 칠레, 브라질 등
	주도 원유 국가	러시아, OPEC 등

일, 프랑스 같은 서유럽이 제조업 강국의 면모를 보이며 밸류체인의 맨 위에서 고부가가치의 혜택을 누렸죠. 여기에다 미국은 달러의 기축통화 효과로 달러를 찍어내면 전 세계 부를 쉽고 싸게 살 수 있는 우세함까지 누렸습니다.

그다음에 도표 아래쪽을 보면 왼쪽에는 호주나 브라질처럼 원재료를 팔아서 먹고사는 국가들이 있습니다. 오른쪽에는 석유수출국기구(OPEC)나 러시아 같이 기름을 팔아서 먹고사는 국가들이 있지요. 세계화 속에서 석유 국가는 기름을 팔아 달러를 벌고 자원 국가는 원재료를 팔아 달러를 벌었습니다. 그중 원재료도, 기름도 없는 나라가 제조업 국가입니다. 그 제조업 국가는 중간에 있는데 한국, 중국, 동남아, 독일, 프랑스, 일본이 여기에 속합니다.

그 제조업 국가는 3단계로 나눌 수 있습니다. 중국이나 동남아 같은 국가는 사람의 노동력으로 돈을 법니다. 전체 글로벌 밸류체인에서 가장 싼 노동력으로 돈을 버는 것이죠. 가령 중국에서 애플 휴대전화를 생산하는데 100만 원짜리가 팔리면 중국이 벌어가는 것은 1만 원에 불과합니다. 나머지 99만 원은 미국·독일·일본·한국이 중간재 부품, 설계, 반도체로 벌어갑니다.

그래서 제조 국가를 3단계로 나눈 것입니다. 중국이나 동남아는 3단계에 있고 한국과 아시아의 네 마리 용은 2단계 그리고 그 위에 독일과 일본이 있습니다.

한데 제조업 국가는 가성비 싸움이라 아래에 있는 국가가 계속 치고 올라갑니다. 그러다 보니 노동력이 비싸지면 제조에서 경쟁력을 잃습니다. 지금 동남아, 베트남이 중국을 치고 올라가고, 중국이 한국을 치고 올라가고, 한국이 일본을 치고 올라가는 중입니다.

여기는 가성비 싸움이므로 계속 기술 강국으로 가지 않으면 안 됩니다. 한마디로 꾸준히 하이밸류 쪽으로 가야 합니다. 따라서 끊임없이 기술에 투자하고 인재를 육성해야 합니다. 두뇌 싸움을 해야 하기 때문이죠.

그런데 중국은 조금 다릅니다. 중국도 당연히 하이밸류, 즉 고부가 가치로 가려고 하지만 한국과 다른 점이 있습니다.

지적재산권과 탄탄한 고객 관계를 가진 기업에 주목하라

중국의 강점은 바로 다음 도표에 있습니다. 이것은 중국이 미국을 위협하는 가장 무서운 도구이기도 합니다.

아이디어, 즉 IP(Intellectual Property, 지적재산권)를 기반으로 가성비를 충족하는 상품을 만들려면 R&D(연구 개발)를 거쳐야 합니다. R&D를 거쳐 제조하고 마케팅하고 시장에 파는 거죠. 여기서 CR(Customer Relation, 고객 관계)로 표현한 것이 시장입니다. 다음 도표는 한 제품이 아이디어부터 물건으로 팔리기까지의 밸류체인을 나타낸 것입니다.

과거에는 이 과정이 한 국가 내에서 이뤄졌습니다. 예를 들어 삼성에 어떤 신제품 IP가 있으면 한국 엔지니어가 R&D를 하고 한국에서 생산을 합니다. 그리고 한국에서 마케팅을 한 뒤 한국에서 판

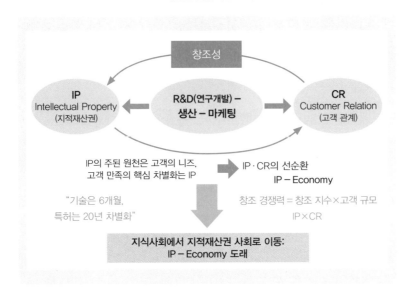

4차산업 밸류체인 변화

창조성

IP
Intellectual Property
(지적재산권)

R&D(연구개발) –
생산 – 마케팅

CR
Customer Relation
(고객 관계)

IP의 주된 원천은 고객의 니즈,
고객 만족의 핵심 차별화는 IP

IP · CR의 선순환
IP – Economy

"기술은 6개월,
특허는 20년 차별화"

창조 경쟁력 = 창조 지수×고객 규모
IP×CR

지식사회에서 지적재산권 사회로 이동:
IP – Economy 도래

매가 이뤄집니다. 이 경우 삼성에 가면 IP 부서, R&D 부서, 제조업 공장, 마케팅 부서, AS 부서가 다 있습니다. 그러다가 급속한 세계화로 부품을 만드는 밸류체인을 모두 아웃소싱할 수 있게 된 겁니다. 그것도 다른 나라로 말이지요.

가령 삼성에 아주 좋은 IP가 있을 경우 군이 한국 엔지니어에게 R&D를 맡기지 않아도 됩니다. 이를테면 가격이 저렴한 인도 엔지니어에게 맡길 수도 있습니다. 그렇게 인도 엔지니어에게 R&D를 맡기고 한국 월급의 10분의 1도 안 되는 베트남에서 생산하는 겁니다. 그리고 미국 기업이 마케팅을 잘하면 미국 기업에 마케팅을 맡깁니다. CR은 시장으로 머릿수 많은 국가에 파는 것을 말합니다. 그 국가가 바로 중국이죠.

기업의 입장에서 중간 과정인 R&D와 제조, 마케팅은 아웃소싱이 가능합니다. 그렇다면 기업의 진짜 경쟁력은 두 가지입니다. 하나는 세계에서 나만의 원천기술인 IP를 갖는 것입니다. 애플이 강한 건 자사만의 기술이 있기 때문이죠. R&D와 제조, 마케팅은 세계지도를 펼쳐놓고 가장 저렴하게 하는 국가의 기업에 아웃소싱하면 그만입니다.

다른 하나는 CR인데 전문용어로 브랜드라고 할 수 있습니다. 내 브랜드가 있어야 다른 나라 사람들도 그 브랜드를 인정하고 사줍니다. 애플이 신제품을 내놓으면 사람들이 줄을 서서 사는 이유는 바로 브랜드 파워 때문입니다.

결국 한 기업이 미래 경쟁력을 갖추려면 세계에서 유일한 원천기술을 보유하거나 나만의 브랜드를 구축해야 합니다.

국가 역시 가장 중요한 미래 경쟁력은 IP, 즉 특허에 있습니다. 중국 화웨이가 세계지식재산기구(WIPO)에 등록한 IP 수, 원천기술 수에서 삼성과 경쟁할 정도로 올라온 것은 5G 영역에서 IP를 가장 많이 가졌기 때문입니다. R&D, 제조, 마케팅은 글로벌의 가성비 싸움이라 노동력이 많은 나라나 월급을 적게 받는 나라가 치고 올라오게 마련입니다.

과거에 미국은 IP에서 중국보다 절대적으로 우세였지만 지금은 중국이 미국을 추월했습니다. WIPO에 등록된 특허 건수에서 지금은 중국이 미국을 완전히 눌렀습니다.

이제 남은 것은 시장 크기 싸움입니다. 그런데 중국은 시장이 14억 명이고 미국은 3억 3,000명입니다. 미국은 도저히 이길 수가 없는 겁니다. 중국은 창업을 했다 하면 2~3년 내에 그냥 유니콘 기업이 됩니다. 유니콘 기업은 창업 벤처기업으로 몸값이 원화로 1조 원에 이른 경우를 말합니다.

그 대표적인 사례가 샤오미입니다. 재밌게도 샤오미에는 IP가 없었어요. 그런데 중국에서 창업한 덕분에 14억 명이라는 CR을 바탕으로 4년 만에 글로벌 기업이 되고 세계에서 가장 성공한 유니콘 기업이 된 것입니다. 알리바바도 똑같습니다. 여기에다 이제는 중국이 IP에서도 앞서고 있습니다. 이처럼 CR에다 IP까지 갖춘 중국이 엄청난 창조 경쟁력을 얻으면서 지금 미국은 커다란 위협을 느끼고 있습니다.

우리가 앞으로 중국 투자를 할 때 목표물은 두 가지입니다. 바로 IP가 있는 기업과 CR이 있는 기업입니다. 과연 어떤 기업이 CR을 갖추고 있을까요? 쉬운 예로 지금 10억 명이 타오바오, 알리페이, 텐센트페이를 쓰고 있어요. 요즘 새로운 이머징 강자 기업 핀두오두오도 미국에 상장했죠. 이 기업은 고객이 생긴 지 2~3년밖에 안 됐는데 벌써 고객이 7~8억 명에 육박합니다. 아쉽게도 한국 기업에는 IP밖에 없어요. CR은 5,100만 명입니다.

14억 인구가 만들어낸 놀라운 시장

앞으로 한국 기업이 성공하려면 어떻게 해야 할까요? 만약 한국 기업 중 IP가 있는 기업은 CR이 있는 곳으로 가야 합니다. 그곳이 바로 중국입니다. 물론 인도도 인구가 14억 명입니다. 그런데 인도 사람들은 중국 사람들과 민족 속성이 다릅니다.

예를 들어 인도 사람은 월급 1만 원을 받으면 그 돈으로 앞으로 일주일을 사는 데 문제가 없을 경우 다음 일주일은 일하지 않습니다. 반면 중국 사람들은 1만 원을 받으면 그 1만 원을 10만 원으로 늘릴 생각으로 플랫폼을 만듭니다. 인도 사람들은 돈이 떨어져야 일하기 때문에 성장에 한계가 있습니다.

여기에다 인도는 인프라에 투자하지 않았지만 중국은 먼저 인프라에 투자했습니다. 중국 전역에 고속도로, 고속철도, 지하철이 쫙 깔려 있지요. 덕분에 자체 시장이 크면서도 물류비용이 쌉니다. 만약 IP가 있는 한국 기업이 중국의 CR을 활용해 중국에 상장하면 앞으로 자기 몸값을 10배로 키울 수 있을 것입니다.

2020년 11월 11일 중국 광군제 날 알리바바의 하루 매출액이 4,982억 위안이었는데 이는 한화로 80조 원이 넘습니다. 하나의 플랫폼에서 하루 매출액이 80조 원이라는 이야기입니다. 이것은 한국에 있는 모든 백화점의 1년 매출을 더한 것보다 몇 배 더 많습니다.

과거에 소매 규모가 가장 큰 나라는 미국 시장이었습니다. 다음

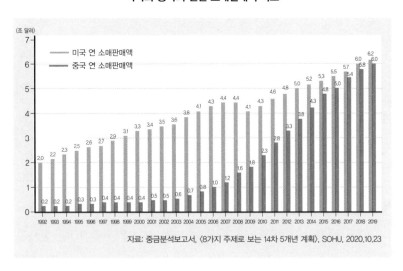

미국과 중국의 연간 소매판매액 비교

(조 달러)

―― 미국 연 소매판매액
―― 중국 연 소매판매액

자료: 중금분석보고서, 〈8가지 주제로 보는 14차 5개년 계획〉, SOHU, 2020.10.23

도표는 미국과 중국의 연간 소매판매액을 비교한 것입니다.

도표에서 파란색 막대그래프가 중국인데 이제 미국과 중국이 겹치는 걸 볼 수 있습니다. 조 달러 단위로 미국이 6.2, 중국이 6입니다. IP를 갖춘 중국이 14억 시장을 무기로 이렇게 올라온 것이라 앞으로 어디까지 갈지 모릅니다.

중국이 5G 같은 4차산업에서 미국에 비해 빨리 가는 이유는 신속한 상용화가 가능하기 때문입니다. 14억이라는 시장 덕분에 아이디어가 있으면 짧은 시간 내에 자본이 확 몰리면서 이익 균형점(매출액이 비용을 커버하는 시점)을 신속하게 맞춰 유니콘 기업으로 갑니다.

이제껏 중국은 미국에 상장해서 성공했지만 지금은 중국에 미국의 나스닥에 해당하는 커창반이 등장했습니다. 유니콘 기업이 커창반에 상장하면 곧 세계 최대 IPO를 만들어내는 것이 지금 중국의 자본시장입니다.

실제로 2019년 중국의 유니콘 기업은 206개로 미국의 203개보다 더 많습니다. 중국의 유니콘 기업이 분포한 산업은 전자상거래, CR을 활용하는 산업, AI 등입니다. 특히 중국은 AI에서 세계적으로 IP가 가장 많은 국가입니다. AI는 미국 IP보다 2배가 넘습니다. 그다음에 핀테크와 소프트, 물류도 중국에서 유니콘이 많이 나온 섹터입니다.

경제위기를 극복하기 위한 중국의 선택

중국은 코로나19 이후의 경제위기를 극복하기 위해 쌍순환 전략을 펼치고 있습니다. 쌍순환이란 내수 중심의 자립화(국내 대순환)로 국제 무역을 확대(국제 대순환)하는 전략을 말합니다.

그동안 중국은 주로 노동력으로 돈을 벌었는데 그래봐야 아이폰이 100만 원에 팔릴 때 1만 원밖에 벌지 못했습니다. 그래서 앞으로 내수 중심의 성장, 소비 주도 성장으로 가겠다는 것인데 현재 중국인의 노동력으로는 소비를 진작할 수 없습니다. 내수를 살리려면 중국인의 임금 소득을 높여줘야 합니다. 이를 위해서는 고부가가치 산업을 중국의 주도 산업으로 만들어야 하지요.

과거에 중국은 한국에서 부품을 수입했고 그래서 한국인의 월급이 중국인보다 2배 넘게 많습니다. 중국인에게 월급을 많이 주려면 고부가가치 부품 소재 산업을 위한 공급 체인을 중국 내에 만들어야 합니다. 그렇게 해서 중국인에게 월급을 많이 주면 소비가 늘어나겠지요.

결국 중국 쌍순환 전략의 핵심은 중국 내에 고부가가치 산업의 공급체인을 만드는 것입니다. 실제로 화웨이는 과거에 최신 휴대전화를 만들 때 한국 부품 수입 비중이 높았지만 지금은 중국산으로 대체하면서 많이 줄었습니다. 이처럼 중국이 쌍순환 전략 아래 고부가가치 산업 쪽으로 눈길을 돌리면서 한국, 일본, 독일처럼 중간재를 수출하는 국가에 굉장한 도전이 되고 있습니다. 이제 이들 국가가 어떤 전략으로 갈 것인지가 국가 차원의 중요한 이슈로 떠올랐습니다.

2020년 7월 23일 기준으로 커촹판이 나온 지 1년이 넘었는데 여기에 상장한 기업의 70퍼센트 이상이 주가가 2배 올랐습니다. 그래서 앞으로 우리가 2021년 주가시장, 채권시장, 실물자산시장, 외환시장을 전망할 때는 중국과 미국의 글로벌 경제 환경을 잘 살펴봐야 합니다.

우선 미중 관계가 글로벌 경제 환경을 어떻게 끌고 갈 것인지가 중요합니다. 만약 바이든 정부가 자산 배분 측면에서 계속 통화 양적 팽창 전략을 펼치면 주식시장은 굉장히 좋을 겁니다. 반면 금리를 통제할 경우에는 채권시장을 눈여겨봐야 합니다. 그리고 실물자산시장은 인플레이션과 관계가 크다는 점을 고려해야 합니다.

그런 의미에서 바이든의 통화정책이 매우 중요합니다. 가령 바이든이 중국에 환율 조작을 하지 말라는 요구를 하면 외환시장은 요동칠 것입니다. 따라서 외환시장은 중국과 미국 간의 환율 싸움을 중심으로 좀 더 지켜봐야 합니다.

주식시장은 중국에서 쌍순환 정책에 맞춰진 섹터, 즉 고부가가치 산업, 교육, 소비, 농업, 신형 인프라, 식재료, 공공산업에서 기회가 많을 것입니다. 채권시장은 신용채보다 금리채, 특히 지방채가 유망합니다. 중국의 지방채는 국채와 거의 신용이 같습니다. 요즘에는 국유기업도 파산하므로 신용채보다 금리도 높고 국채 정도의 신용도 있는 지방채에 주목할 필요가 있습니다.

Q&A

질문   최근 중국 내에서 신용등급 AAA 대기업 도산이 이슈가 되고 있습니다. 사실상 무위험 투자 등급이 무너진 셈입니다. 중국 내 경제위기 가능성은 어느 정도입니까?

안유화   중국의 은행과 채권시장에서 발행한 신용채를 보면 다 AAA입니다. 제일 낮은 신용등급이 AA예요. 중국 기업은 대부분 국유기업에서 신용채를 발행합니다. 민영기업은 사실상 경쟁력이 없거든요. 국유기업은 사람들이 뒤에 정부가 있다고 믿기 때문에 주로 국유기업이 발행하는 것입니다.

그런데 국유기업 자체 신용이 AA등급이어도 신용 보강으로 다 AAA로 만들어요. 결국 회사 등급이 AA라도 발행한 채권은 AAA예요. 중국 은행에서 발행한 회사채를 보면 거의 다 AAA였지요.

과거에는 사실 국유기업 파산을 허용하지 않았어요. 혹시라도 채권 부도가 나면 정부에서 어떤 방식으로든 보완해주었지요. 하지만 지금은 해주지 않습니다. 그 이유는 간단합니다. 만약 한 기업이 채권 부도가 났는데 중국 정부에서 해결해주면 중국의 전체 국유기업이 다 몰려들 겁니다. 그런 식으로 다 해줄 수는 없거든요. 그래서 지금은 국유기업의 채권 부도를 용인합니다. 하나하나 해주다 보면 그게 실타래처럼 다 들고 나와 부도날 확률이 높아지면서 신용 위기로 갈 수 있기 때문입니다. 지금은 조건적 채권 부도를 허용합니다. 이 것이 첫 번째 포인트입니다.

두 번째는 현재 중국의 GDP를 끌어올리는 전통 산업이 다 위기에 놓여 있다는 점입니다. 사실 중국 경제에는 상당한 위기 요인이 내포되어 있어요. 그게 생각보다 엄청 심각하지요. 만약 2021년 어떤 일이 일어나도 그게 정상일 정도입니다. 그만큼 위기니까요. 중국의 칭화유니, 헝다 같은 대기업도 지금 파산 직전이니 다른 기업은 볼 것도 없습니다. 전통 산업을 비롯해 산업 구조조정을 하지 않은 산업의 기업은 지금보다 채권 부도율이 훨씬 높아질 겁니다. 이것이 중국 경제 투자자에게 가장 큰 투자 리스크입니다.

질문 　중국 IR과 CR은 모두 매력적으로 성장하고 있습니다. 하지만 최근 알리바바의 앤트그룹 IPO가 좌절된 것처럼 정치 체제 장벽은 넘기 힘든 부분인 것 같습니다. 혹시 이것으로 중국 성장성에 제약이 있는 게 아닌가 싶은데 어떻게 생각하시나요?

안유화 　맞습니다. 중국은 개발도상국이고 완전한 사회주의에서 시장경제로 이행하는 전환 체제에 있습니다. 그러니까 세계에서 어떤 나라도 걸어보지 않은 길을 가는 거예요. 과거 전 세계는 자본주의와 사회주의로 나뉘어져 있었을 뿐 중국처럼 두 가지를 함께 채택한 나라는 없었어요. 중국이 처음 하는 거라 많은 것에서 시행착오를 겪을 수밖에 없습니다. 그래서 중국은 흔히 돌다리도 두들기면서 간다고 말하지요. 중국은 항상 시범 정책을 활용하는데 이는 심천이나 선전에서 먼저 해보고 잘되면 또 하는 것으로 이른바 특구 개념입니다. 어느 정도 해본 뒤 문제가 없으면 키우고 또 키운 다음 마지막에 전국에서 합니다. 그만큼 정책 변화가 큽니다. 가다가 아니면 바로 정지하는 게 늘 중국 정책의 리스크입니다.

이번에 앤트파이낸셜 사례가 우리에게 주는 것이 무언지 잘 봐야 합니다. 그동안 BATJ, 즉 바이두, 알리바바, 텐센트, 징둥이 정책이 없는 회색지대에서 마음껏 컸어요. 금융 재벌회사로 성장한 것이죠. 그러자 전통 은행업이 불만을 보이기 시작했습니다. 자기들은 BIS 자본규제도 받고 다른 규제 때문에 핀테크도 못하는데 BATJ는 규제 없이 마음껏 크니 불공평하다는 것이었죠. 더구나 이들이 중국인의 신용까지 가져갔잖아요.

결국 2017년부터 사실상 정책적으로 BATJ를 제어하기 시작했습니다. 그런데 이미 레버리지가 엄청나게 커서 독점 기업이 된 상태라 핀테크나 빅테크 기업에 불공정 경쟁, 반독점 경쟁법을 들이댄 것입니다.

이것은 중국뿐 아니라 전 세계의 이슈입니다. 미국의 구글도 유럽에서 반독점 경쟁 제재를 받고 있습니다. 한국도 멀지 않은 미래에 네이버나 카카오에 반독점 경쟁 제재가 들어갈 확률이 높아요. 이것은 지금 전 세계 정책 트렌드예요. 이번에 중국에서 먼저 했다고 보면 됩니다.

아무튼 중국에는 두 가지 요인의 리스크가 존재합니다. 하나는 전환 체제 경제로서의 한계로 항상 정책 변화가 있을 수밖에 없고 이는 중국이 계속 극복해야 하는 문제라는 점입니다. 다른 하나는 전 세계 빅테크 기업들을 향한 글로벌 제재 트렌드입니다. 특히 중국에서 알리바바와 같은 빅테크 기업이 가장 규모가 크고 가장 세계적인 기업으로 성장한 까닭에 제재 이슈도 부각되었다고 봐야 합니다.

오건영

신한은행 IPS기획부 부부장. 입행 초기부터 WM 관련 업무 및 글로벌 매크로 마켓 분석 관련 업무를 꾸준히 수행했으며 신한금융지주 디지털전략팀, 신한AI Advisory 본부 등에서도 경험을 쌓았다. 미국 공인회계사 외 다수 금융 관련 자격을 보유하고 있으며 특유의 마켓 인사이트를 담은 글을 본인의 페이스북과 네이버 카페에 주 3~4회 게시하며 대중과 지속적으로 소통하고 있다. 저서로 《부의 대이동》, 《앞으로 3년 경제전쟁의 미래》가 있다.

90% 경제, 달러와 금의 흐름으로 읽는 자산관리 전략

오건영, 신한은행 IPS기획부 부부장

자산관리 포트폴리오를 짤 때 금과 달러는 어떤 식으로 적용하는 것이 좋을까요? 최근 금값이 한 번 휘청거렸고 원달러 환율도 원화 강세, 달러 약세를 보이고 있습니다. 그러다 보니 사람들의 관심이 주식시장으로 몰리고 있지요. 이럴 때일수록 중요한 것이 바로 포트폴리오 투자입니다.

포트폴리오 하면 으레 '주식, 채권, 위험자산, 안전자산으로 분산해서 투자하라고?' 하는 생각이 떠오를 겁니다. 실제로 분산투자를 위해 포트폴리오를 짤 때 많은 사람이 정확히 이해하고 있는 것은 계란을 한 바구니에 담지 말라는 이야기입니다. 그 영향으로 주식에 올인하기보다 안전자산인 국채나 예금도 포트폴리오에 담는 것이 좋겠다고 생각합니다.

그럼 채권투자란 무엇일까요?

채권투자는 쉽게 말해 고정금리부 채권에 투자하는 것을 의미합니다. 예를 들어 제가 은행을 방문해 예금에 가입하는데 금리가 5퍼센트라고 해봅시다. 저는 5퍼센트에 5년짜리 정기예금에 가입합니다. 그런데 예금을 하고 다음 날 보니 한국과 미국의 금리가 내려가 정기예금 금리가 1퍼센트까지 떨어졌습니다. 저는 어찌될까요? 당연히 가슴을 쓸어내리며 뿌듯해 하겠지요. '어제 5퍼센트짜리 채권에 가입했어. 정말 다행이야.' 이처럼 채권투자는 고정금리에 투자하는 것입니다.

금리가 내려갔을 때 기존의 높은 금리, 즉 5퍼센트 금리의 채권을 갖고 있는 사람은 그 채권이 금싸라기처럼 느껴집니다. 다른 사람들이 모두 1퍼센트짜리 채권을 갖고 있다면 5퍼센트짜리 채권을 갖고 있는 저를 부러워하겠죠. 아마 사람들은 그걸 자기에게 넘기라고 말할 겁니다. 물론 저는 그냥 넘기지 않죠. 당연히 프리미엄을 받고 넘깁니다.

금리가 내려간다는 것은 채권 가격이 뛴다는 의미입니다. 반대로 금리가 올라간다는 것은 채권 가격이 떨어진다는 뜻입니다. 이것이 채권의 전형적인 특성입니다.

주식, 채권 분산투자가 답일까

그럼 주식과 채권으로 분산투자를 했다고 가정해보죠. 먼저 터키의 국채금리와 주가지수 추이를 나타낸 다음 도표를 살펴봅시다.

중간에 보이는 박스는 2018년 상반기 터키의 주가와 금리 움직임을 보여줍니다. 도표에서 파란색 선이 터키 주가인데 그 선이 우하향으로 훅 주저앉는 게 보입니다. 그런데 터키 금리는 반대로 쭉 뛰어오릅니다. 주가가 하락하는 것은 직관적으로 이해가 갑니다. 보다시피 금리가 상승했는데 이것은 곧 채권 가격이 떨어진다는 뜻입니

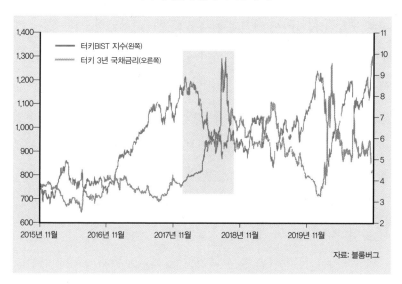

터키 국채금리 및 주가지수 추이

자료: 블룸버그

다. 그러니까 2018년 상반기에 터키 주식과 채권이 동시에 깨진 겁니다.

이럴 때 주식과 채권에 분산투자하는 것이 의미 있을까요? 의미가 없습니다. 왜 이런 일이 일어났을까요? 터키라는 국가 자체의 리스크가 커지면 외국인 투자자가 터키에서 떠나려고 합니다. 그렇게 떠날 때는 터키의 주식과 채권을 팔겠죠. 투자자들은 그때 받은 터키 리라화를 팔고 달러를 사서 떠나버립니다. 그 결과 주가와 터키의 채권 가격이 하락하는데 채권 가격 하락은 곧 채권 금리 상승을 의미합니다. 따라서 도표처럼 주가가 떨어지고 금리가 오르는 현상이 나타납니다. 이 경우 주식과 채권에 분산투자하는 의미가 상당히 퇴색됩니다.

그럼 한국은 어떨까요? 한국은 이머징 국가 중에서도 상태가 굉장히 양호한 국가라서 터키와는 사뭇 다릅니다. 즉, 한국은 구조적인 무역 흑자국으로 해외에서 자금이 꾸준히 유입되는 나라입니다. 최근 재정정책으로 추경을 시행하면서 재정적자가 심해질 거라는 말도 있으나 다른 나라에 비해 재정이 상대적으로 양호한 편입니다. 2020년 12월 초 현재 한국은 외환보유고가 사상 최대치로 올라 세계 9위 수준입니다. 구체적으로 말해 4,000억 달러가 넘는 외환보유고가 있는데 이는 개인으로 보면 저축액이 4,000억 달러가 넘는다는 뜻입니다.

주식투자를 하는 사람은 그 나라의 성장을 보면서 투자에 임합니다. 성장하는 나라에 투자해야 더 많은 배당을 받을 수 있으니까요. 반면 채권투자를 하는 사람은 이자를 보고 투자하는데 이때 무엇보다 해당 나라가 망할지 망하지 않을지 보는 경향이 있습니다.

한국은 현금흐름이 꾸준히 발생하고 있고 쌓아놓은 저축도 있습니다. 부채가 상대적으로 적으면 디폴트 리스크도 상대적으로 낮습니다. 그런 의미에서 한국은 터키와 많이 다르다고 볼 수 있습니다.

만약 한국이 위기 국면에 놓이면 어떤 일이 벌어질까요?

일단 주가가 떨어집니다. 다음 도표에서 파란색 선은 코스피고 회색 선은 한국 10년 국채금리인데 보다시피 2018년 상반기에 코스피

한국 국채금리 및 주가지수

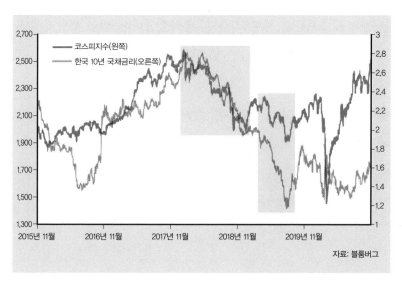

자료: 블룸버그

지수가 쭉 떨어지는 모습을 보입니다. 터키도 2018년 상반기에 파란색 선이 우하향하면서 주가가 쭉 떨어지는 모습이었습니다. 그런데 한국은 회색 선도 하향세로 금리가 같이 내려갔습니다. 주가와 금리가 같이 내려온 겁니다. 주가가 하락할 때 금리가 같이 하락한다는 것은 채권 가격이 오른다는 의미입니다. 시장이 어려우니까요.

한국 주식은 위험자산이라 팔고 나가지만 채권은 안전자산이므로 사서 들어오는 것입니다. 터키의 경우 파란색 선과 회색 선이 서로 크로스하는 모습입니다. 반면 한국은 두 개가 서로 동행하는 모습을 보이고 있습니다.

결국 한국은 주가가 하락해도 채권 가격이 안정되어 분산투자 효과가 상당히 높습니다.

그럼 환율은 어떨까요? 터키 리라화의 경우 2008년 1월을 100으로 보면 2020년 말 현재 750까지 올라갔습니다. 만약 원달러 환율이 1,000원이었다면 지금 7,500원이 됐다는 이야기입니다. 이처럼 터키 리라화는 환율이 크게 뛰면서 가치가 많이 떨어졌습니다. 반면 원달러 환율은 1,000~1,200원, 그러니까 20퍼센트 밴드에서 상당히 안정적으로 유지되고 있습니다. 이렇듯 한국은 다른 이머징 국가와 분명히 다른 모습을 보이고 있기 때문에 주식과 채권에 분산투자하는 효과가 존재합니다.

팬데믹 이후 관심이 집중된 안전자산, 달러

문제는 2020년 3월에 발생했습니다. 모두 알고 있다시피 2020년 3월 코로나19 팬데믹이 나타나면서 전 세계가 궁극의 안전자산에 관심을 집중했습니다. 안전자산은 바로 현금입니다. 더구나 지금은 너도나도 부채가 많은 상태죠. 부채는 만기가 돌아오게 마련인데 시절이 뒤숭숭하면 채권자는 만기를 연장해주지 않고 갚으라고 합니다.

전 세계 부채는 대부분 달러 부채입니다. 가령 한국은 돈을 빌릴 때 달러로 빌려서 그 달러를 팔고 원화를 삽니다. 그 원화로 한국에 설비 투자를 하는 거지요. 만약 만기 연장이 어려워서 빚을 갚아야 하면 투자한 설비, 즉 공장과 건물을 팔아서 받은 원화를 팔고 달러를 사서 갚습니다.

2020년 3월 궁극의 안전자산으로 불리는 달러 수요가 폭발적으로 증가했습니다. 투자자들은 한국에서 주식과 채권을 모두 팔고 나가려고 했지요. 너무 리스크가 커서 안전자산이라 평가받은 한국 국채마저 팔고 나가려고 했습니다. 그러다 보니 2020년 3월 한국은 주식과 채권이 동반 하락했습니다.

과연 주식과 채권에는 분산투자 효과가 존재하는 걸까요? 제가 너무 비관적인 것 같다고요? 어쩌면 독특한 사례를 일반화하는 것은 의미가 없다고 생각할지도 모릅니다. 그럼 실제로 주식과 채권의 분산투자 효과가 별로 없었던 때를 찾아봅시다.

한국은 미국에 비해 금융시장 역사가 상대적으로 짧은 편이라 미국 사례를 찾아봤습니다. 다음 도표는 2000년부터 최근까지 미국의 대표적인 주가지수인 S&P500지수를 나타낸 것입니다. 파란색 선은 S&P500지수고 회색 선은 미국 10년 국채금리입니다.

보다시피 미국 주가가 하락하면 미국 10년 국채금리도 하락합니다. 반대로 주가가 상승하면 금리도 상승합니다. 그러니까 주가와 금리가 동행하는 겁니다. 이 말은 시장이 어려울 때는 주가가 하락

S&P500지수 및 금리 추이

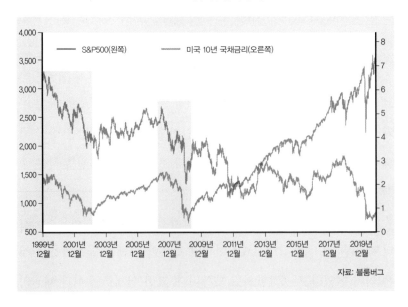

자료: 블룸버그

하면서 금리가 내려오니까 채권 가격이 뛴다는 의미입니다. 이 경우 주식과 채권의 분산투자 효과가 분명히 존재한다는 생각이 들 겁니다.

그럼 조금만 시기를 뒤로 미뤄서 다른 사례를 한 번 더 살펴봅시다. 다음 도표에서 파란색 선은 미국의 가장 오래된 대표 주가지수인 다우존스지수입니다. 회색 선은 미국 10년 국채금리입니다. 보다시피 이것은 1972년부터 1980년 초까지 나타낸 자료입니다.

먼저 파란색 선만 보면 10년 동안 다우존스지수가 1,050포인트

다우존스지수 및 금리 추이

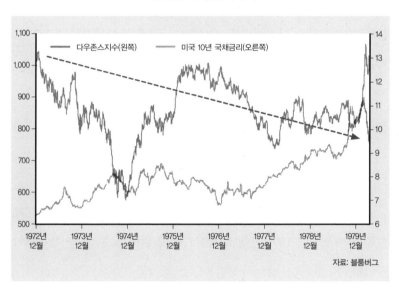

자료: 블룸버그

조정도에서 800포인트까지 내내 떨어지는 모습을 보입니다. 주가가 하락했다면 채권 금리가 내려가면서 채권 가격이 뛰니 안전자산으로써 분산 효과가 있지 않느냐고요? 그건 오산입니다.

회색 선을 보면 위로 훅 상승하는데 특히 1970년대 후반부인 1979년에 금리가 많이 상승했습니다. 금리가 뛴다는 것은 채권 가격이 많이 하락한다는 것을 의미합니다.

지금이 1980년 말이라고 가정해봅시다. 저는 올해 은퇴를 하는데 1960년대부터 꾸준히 돈을 벌어 주식과 채권에 분산투자해 연금을 쌓았습니다. 그래서 1980년 말 드디어 은퇴하려고 하는데 주가가 하락했어요. 안전자산인 채권에서 돈을 벌었을 거라고요? 채권도 하락했습니다.

10년 동안 주식과 채권이 같이 하락한 겁니다. 이러면 포트폴리오 분산투자 효과가 사라집니다. 주식과 채권에 분산투자하는 것만으로는 답이 나오지 않는다는 이야기입니다.

패닉 국면에서는 어김없이 달러 값이 오른다

이런 상황을 어떻게 극복해야 할까요? 불분명한 그 공란, 즉 그레이존을 메우려면 1970년대에 자산가격이 많이 오른 것을 찾아봐야 합니다.

첫 번째는 국제 유가입니다. 우리는 흔히 1970년대를 석유파동 시대로 기억합니다. 석유수출국기구, 즉 오펙(OPEC) 국가들이 원유 공급을 줄이면서 유가가 껑충 뛰어올랐지요. 공교롭게도 그때는 전체적인 수요가 석탄에서 석유로 넘어가던 시기라 가격이 크게 상승했습니다. 제 기억에 1970년대 초반 국제 유가는 배럴당 3달러 정도였는데 1970년대 후반에는 배럴당 44달러까지 갔어요. 신기하게도 2020년 12월 초 국제 유가를 보면 배럴당 45달러입니다. 1970년대 후반과 2020년 말 유가가 비슷한 수준이라는 이야기입니다. 아무튼 당시 주식과 채권이 모두 하락하는 국면에서 국제 유가는 10년 동안 10~11배나 상승했습니다.

두 번째는 금입니다. 1970년 초 온스당 30달러를 조금 넘는 수준이던 국제 금 가격은 1970년대 후반 들어 온스당 600달러까지 올랐습니다. 그때 20배 정도 오르면서 실제로 금 가격 전성시대를 열었던 것입니다.

2000년대 초중반 금융시장에서는 금과 원유를 '대안 자산'으로 분류했습니다. 왜 대안 자산일까요? 답은 간단합니다. 1970년대까지 전통 자산이던 주식, 채권의 분산투자가 1970년도에는 작동하지 않았던 겁니다. 그래서 거기에 금과 원유라는 자산을 끼워넣은 것이지요. 이처럼 1970년대에는 분산투자에 주식과 채권뿐 아니라 금을 끼워넣었습니다.

과연 안전자산으로 불리는 금은 주식과 채권이 하락할 때 많은 도움을 줄까요? 또 물가가 상승하는 인플레이션 국면에서는 금 가격이 상승하므로 금은 사실상 완벽한 자산일까요? 그렇게 생각한다면 오산입니다.

물론 1973년부터 1980년 말까지는 금 가격이 하늘로 솟았습니다. 하지만 그 뒷부분을 열어보면 금의 비극이 시작되는 걸 볼 수 있습니다. 1978년 1월부터 1990년 초반까지의 금 가격을 보면 1997년 초반에 한 번 상승한 다음 중장기적으로 답보 상태에 있습니다. 금 가격이 굉장히 부진한 모습을 보이는 것입니다.

이때뿐이 아닙니다. 불과 10년 전인 2010년 초반 금 투자 열풍이 불면서 금 가격은 온스당 1,900달러까지 올랐습니다. 그때 사람들은 금 투자를 많이 늘리려고 했지만 사실 2011년 중반 이후에는 금 가격이 굉장히 어려워졌습니다.

지난 10여 년 동안 주식시장에도 불안한 국면이 아주 많았죠. 그럴 때 금 가격도 상당히 부진한 모습을 많이 보였습니다. 결국 금은 완벽한 안전자산으로 볼 수 없습니다.

금에는 또 다른 면도 있습니다. 다음 도표는 2020년 3월의 S&P 500지수와 금 가격 추이를 나타낸 것입니다. 미국 주가지수는 큰 폭으로 예리하게 하락했습니다. 회색 선인 금 가격도 S&P500지수와 합심해서 한꺼번에 훅 무너져 내렸습니다. 주가와 금이 같이 하락한 겁니다. 그래서 금을 안전자산으로 여기고 끼워넣는 것에는 리스크가 따릅니다.

팬데믹 국면 주가와 금 추이

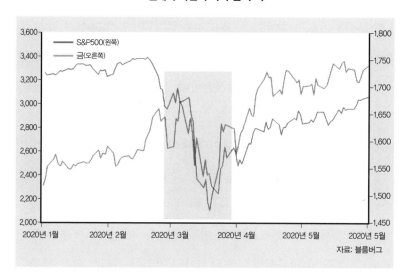

자료: 블룸버그

팬데믹 국면 달러와 금리 추이

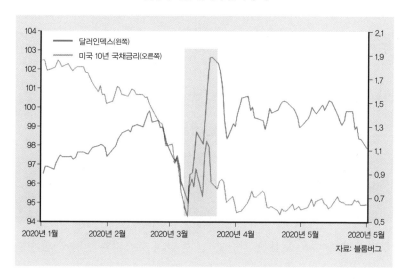

자료: 블룸버그

2020년 3월을 돌아보면 주식, 채권, 금이 모두 하락했는데 이는 3개 분산투자로는 한계가 있음을 보여줍니다. 그럼 그때는 뭐가 좋았느냐고요? 그 아래 도표를 살펴보면 팍 뛰어올라가는 파란색 선이 보이는데 이것은 달러인덱스입니다. 달러 가치가 엄청나게 높아진 것입니다.

앞서 말한 것처럼 상황이 불안정해지면 대출금 만기를 연장해주지도 않고 빨리 갚으라고 독촉을 하므로 너도나도 미리 현금을 확보하려 합니다. 또 그런 상황이 언제까지 이어질지 모르는 탓에 계속해서 달러 값이 뛸 것을 예상해 미리 달러를 사놓으려는 수요도 생깁니다. 그럴 때 외환시장으로 달려가면 달러를 사러온 많은 사람이 길게 줄을 서 있습니다.

이처럼 패닉 국면에서는 어김없이 달러 값이 오르는 모습을 볼 수 있습니다. 2008년 글로벌 금융위기 때도 달러 값이 큰 폭으로 상승했습니다.

보험처럼 달러를 쌓아라

이제 환율을 봅시다.

환율이 오르면 달러 값이 상승합니다. 환율이 내려가면 달러 값은 하락하지요. 다음 도표는 지난 20년 동안의 코스피와 원달러 환율을

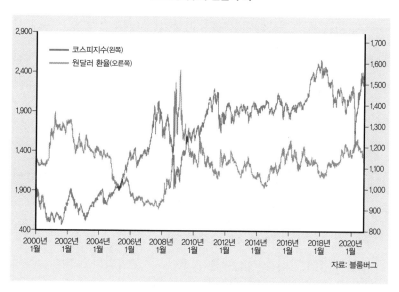

코스피지수와 환율 추이

코스피지수(왼쪽)
원달러 환율(오른쪽)

자료: 블룸버그

나타낸 것인데 마치 데칼코마니를 보는 듯한 느낌이 들지 않나요? 가운데에 가로 선을 하나 긋고 접으면 접힐 것 같은 느낌입니다.

주식시장이 하락하면 달러는 어김없이 상승합니다. 가운데에 있는 2008년 1월은 2008년 국면을 나타낸 것으로 원·달러 환율이 예리하게 상승하면서 달러당 900원이던 환율이 1,600원까지 상승했습니다. 반대로 코스피지수는 당시 2,000포인트를 넘었다가 900포인트까지 하락했지요. 실제로 달러는 극강의 위기 국면에서 어김없이 오르며 자산의 하방을 방어하는 역할을 합니다.

주식과 채권의 분산투자는 분명 중요하지만 극강의 위기 국면에

11장 글로벌 투자 90% 경제, 달러와 금의 흐름으로 읽는 자산관리 전략

서는 주식과 채권이 동시에 하락하는 문제가 생길 수 있습니다. 또 다른 문제는 스태그플레이션입니다. 물가는 너무 많이 오르는데 성장은 정체된 국면이죠. 이 경우 미국의 1970년대처럼 주식과 채권이 동시에 하락하는 상황이 펼쳐질 수 있습니다. 그래서 제가 대안 자산으로 금과 원유를 다룬 것입니다.

그래도 1970년대 문제는 금으로 메울 수 있었지만 2008년 금융 위기와 2020년 코로나19 팬데믹 국면은 메울 자산이 별로 없습니다. 그나마 메워주는 자산이 바로 달러입니다.

이건 너무 극단적인 상황이 아니냐고요? 어쩌다 한 번 찾아오는 위기를 대비해 달러를 사들이는 것은 너무 불합리하고 비이성적인 이야기라고요?

금 같은 메이저 자산이 아니라 대안 자산이나 안전자산으로 달러를 매입할 때는 다음 관점에서 접근하는 것이 좋습니다. 쉬운 예로 보험에 가입하기 가장 좋은 시기는 다치기 전날입니다. 이 말은 난센스로 알려져 있지만 사실 이것은 난센스가 아닐 수도 있습니다.

이렇게 한번 생각해봅시다. 사람은 언제 다칠지 알 수 없기 때문에 미리 보험에 가입합니다. 하지만 큰 금액을 넣어두려고 하지는 않지요. 대개는 내 자산에서 부담이 없는 정도의 일부 비중으로 매달 차곡차곡 쌓아갑니다. 그러면 문제가 생겼을 때 그렇게 쌓아놓은 것이 보험금 형태로 내 삶, 내 생활을 보전해주지요.

마찬가지로 달러 자산도 '포트폴리오 보험' 개념으로 접근하는 것이 좋습니다. 포트폴리오 보험으로 접근한다고 생각하면 어떻게 투자해야 할지 감이 오지 않나요? 내 자산의 일부로 달러를 조금씩 쌓아가는 전략이죠.

평소에 쌓아두면 다른 포트폴리오가 동시에 망가질 때 달러 가치가 상승하면서 극강의 위기 국면에 효자 노릇을 합니다. 그러니 분산투자를 할 때는 달러 자산을 끼워넣는 지혜를 발휘하십시오. 달러에 투자할 때는 적립식으로 접근할 것을 권합니다.

금 가격은 돈을 많이 찍을 때 상승한다

여기서 금의 특성을 조금 더 살펴봅시다. 금은 실물화폐의 대표입니다. 각국 화폐를 발행하는 중앙은행은 금을 외환보유고로 보유하려 하지요.

1900년대 초반 세계는 '금본위 화폐제'를 채택했는데 금은 온스당 10달러 정도의 가치를 지녔습니다. 이 금본위 화폐제에서는 국가가 돈을 마음껏 찍어내는 게 아니라 온스당 10달러씩 찍을 수 있었죠. 만약 1온스에 10달러로 매칭하면 금 가격은 온스당 10달러일 겁니다.

그런데 1930년대 미국에 대공황이 발생하면서 경기 부양 필요성이 생겼습니다. 경기를 부양하려면 돈을 찍어야 하는데 그것이 여의치 않자 당시 루스벨트 대통령과 중앙은행인 연준은 온스당 35달러까지 돈을 찍게 해줍니다. 온스당 10달러까지 돈을 찍어내다가 3배 이상 늘려 온스당 35달러를 찍어내면서 미국은 대공황을 극복하는 데 큰 도움을 받았지요.

더 재밌는 것은 1970년대 들어 베트남전쟁 패전 이후 미국 경기가 너무 힘들어지자 미국이 경기 부양을 위해 돈을 뿌리고 싶어 했다는 사실입니다. 돈을 마구 뿌리고 싶은데 온스당 35달러로 묶여 있자 당시 닉슨 대통령이 이렇게 선언합니다.

"우린 더 이상 금본위제를 하지 않겠다!"

그때부터 종이 화폐 달러는 금이라는 족쇄에서 벗어났고 미국은 마음껏 돈을 찍어냈습니다.

다음 도표를 보면 처음에는 금 가격이 200달러 훨씬 밑에서 움직이고 있습니다. 금 가격이 온스당 35달러로 워낙 밑바닥에서 움직이다 보니 잘 보이지도 않습니다. 그런데 중간에 금 가격이 쭉쭉 올라갑니다. 바로 1971년 8월 15일 닉슨 대통령이 금태환을 중지한 이후 금 가격이 대폭 상승한 겁니다.

금은 갑자기 반짝반짝 빛나는 것이 아니라 그대로 있습니다. 이때 상대방이 돈을 많이 찍어내면 금은 가만히 있는데 종이 화폐 공급이 늘어나면서 종이 화폐가치가 떨어집니다. 도표를 보면 직관적으로 '아, 종이 화폐를 굉장히 많이 찍었구나' 하는 생각이 들 겁니다. 금 가격은 종이 화폐를 많이 찍을 때 상승합니다.

금 가격 장기 추이

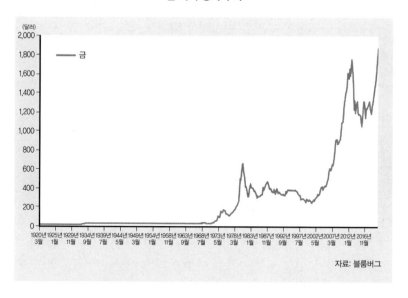

자료: 블룸버그

앞으로 우리는 금에 투자할 때 종이 화폐를 더 찍어내는지 그렇지 않은지로 투자 포인트를 삼는 것이 좋습니다.

팬데믹 이후를 대비하는 투자법

최근 코로나19 국면이 거의 끝나간다는 말이 많이 나옵니다. 백신이 나오면서 코로나19 국면이 완화될 것이라는 기대감이 커지는 게 사실입니다. 이렇게 생각하는 건 어떨까요?

가령 홍길동이 코로나19로 1년 동안 병원 신세를 졌다고 해봅시다. 다행히 홍길동은 1년 뒤 완치해서 퇴원을 했습니다. 그런데 여기에 문제가 하나 있습니다. 1년 동안 병원에서 진료를 받으면 어떤 일이 발생할까요? 바로 많은 병원비를 지불해야 합니다. 그 병원비를 감당하지 못하면 빚으로 남습니다. 이것은 국가도 마찬가지입니다. 코로나19 팬데믹이 1년 가까이 이어지면서 국가마다 상당히 큰 폭의 경기 부양을 했고 기업도 살아남기 위해 노력했습니다. 그 과정에서 많은 국가에 국가 부채와 기업 부채가 쌓였지요.

　2019년 트럼프 행정부는 감세를 진행했고 이는 세수가 줄어든다는 의미입니다. 결국 정부 부채는 아주 빨리 늘어났는데 특히 2020년에는 거의 3배 수준으로 늘어났고 2021년에는 훨씬 더 크게 늘어날 전망입니다. 그리고 미국의 기업 부채를 보면 현재 기업 부채는 글로벌 금융위기 당시 수준을 훨씬 크게 뛰어넘었습니다. 참고로 미국의 가계부채도 2008년 수준을 많이 넘어선 상태입니다.

　2008년 글로벌 금융위기 때 미국은 서브프라임 모기지 사태로 가계부채 문제가 상당히 심각했습니다. 모기지론은 기본적으로 가계가 지는 주택담보대출을 말하는데 그 부실로 가계부채가 심각해진 것이지요.

　비단 미국뿐 아니라 전 세계적으로 부채가 크게 늘어나 있습니다. 코로나19로 전 세계는 홍길동처럼 엄청난 부채를 떠안고 있는데 이것을 어떻게 해결해야 할까요? 부채가 너무 많을 때 해결하는 방법에는 네 가지가 있습니다.

첫째, 벌어서 갚습니다. 그렇지만 예를 들어 부채가 너무 많아 1,000억 원 정도라면 갚을 방법이 없습니다. 운 좋게 1년에 1억 원씩 벌어도 무려 1,000년을 모아야 합니다. 이건 불가능한 일입니다.

둘째, 디폴트를 선언합니다. 이른바 '배째라'식 방법인데 디폴트를 선언했을 때 가장 큰 문제는 2010년, 2011년 유럽의 재정위기에서 배울 수 있습니다. 한 국가가 디폴트를 선언할 경우 다른 국가들도 모두 힘들어지면서 투자시장 전체가 뒤흔들립니다. 이것도 좋은 옵션이라 할 수 없습니다.

셋째, 금리를 0퍼센트까지 낮춥니다. 제게 부채가 1,000억 원 있을 때 금리가 0퍼센트면 한 달 이자가 얼마일까요? 혹시 수학시간에 모든 수에 0을 곱하면 0이라고 배우지 않았나요? 그래서 일반적으로 부채가 극단적으로 높은 국면에서는 금리를 아주 낮게 유지하면서 장기로 끌고 가려는 경향이 있습니다. '향후 저금리 기조가 상당 기간 이어질 것'이라는 말이 나오는 이유가 여기에 있습니다. 이 옵션은 굉장히 매력적입니다.

마지막으로 부채를 녹여버립니다. 이 말은 직관적으로 생각해볼 수 있습니다. 가령 제가 갖고 있는 볼펜 값이 지금 1만 원이라고 해봅시다. 이때 제가 돈을 마구 찍어내면 돈 가치가 하락하면서 하이퍼인플레이션이 찾아옵니다. 극단적으로 볼펜 값이 1,000억 원이 될 수도 있습니다. 그러면 은행에 가서 이 볼펜을 건네주고 "돈 잘

썼다"면서 나올 수 있지요.

기본적으로 부채는 화폐로 표시하는 자산입니다. 인플레이션은 물가가 오른다고 해석할 수도 있지만 뒤집어서 화폐가치가 떨어진다고 볼 수도 있습니다. 화폐가치가 떨어지면 화폐 표시 자산인 부채의 실질 가치가 떨어집니다. 볼펜이 1,000억 원이 되는 것처럼 말이죠.

이에 따라 각국 위정자들은 기본적으로 인플레이션을 유도하는 정책을 많이 쓰려고 합니다. 그 방법 중 하나가 돈을 많이 푸는 것이죠.

비록 백신은 나왔지만 팬데믹 사태는 아직 끝나지 않았습니다. 건강, 보건 관점에서는 예전으로 돌아갈 수 있겠지만 '거대한 부채'는 경계할 필요가 있습니다. 저는 각국이 그 부채를 해결하기 위해 금리를 낮게 유지하고 계속 돈을 뿌릴 거라고 봅니다.

간헐적으로 종이 화폐를 공급할 때마다 종이 화폐가치는 떨어지는데 그러면 상대적으로 실물화폐가치가 올라갑니다. 그게 바로 금입니다. 이 관점에서 금을 다시 생각해볼 필요가 있습니다.

실제로 주식과 채권이 동시에 하락하는 국면에서 인플레이션 국면을 헤지할 수 있는 것은 대안 자산인 금입니다. 정리하자면 분산투자를 하려면 '전통 자산＋대안 자산＋안전자산' 형태로 가야 합니다. 전통 자산으로는 주식과 채권, 대안 자산에는 금,

안전자산으로는 적립식 달러 투자 관점을 유지하면서 포트폴리오 분산투자의 빈 공간을 찾아 메우는 작업을 하는 것이 좋습니다.

세금

04

안수남

국내 최대 세무법인 다솔 대표 세무사. 세무사와 세무공무원을 가르치는 대한민국 최고의 양도소득
세 전문가다. 세무공무원 13년. 세무사 30년 동안 터득한 절세 비법을 통해 세무법인 다솔을 대한민
국 최대의 절세 컨설팅 법인으로 특화시켰다. 세무 전문가들의 필독서인 《양도소득세 실무해설서》를
15년 동안 매년 집필하고 있으며, KBS라디오 〈경제투데이〉에서 13년간 생방송으로 세무 상담을 진행
하는 등 외부 활동도 활발히 하고 있다.

세금 지뢰밭에서
살아 돌아오라

안수남, 세무법인다솔 대표 세무사

부동산 세금 분야는 2017년 8.2대책부터 모두 다섯 번의 대책이 있었고 이후 개정한 법률까지 포함하면 수차례 법을 개정했습니다. 그러다 보니 전문가조차 난수표 혹은 지뢰밭이라 부르고 심지어 '양포세'라는 신조어까지 등장했지요. 일반인은 과연 이 법들을 어떻게 피해가야 할까요?

우선 8.2대책, 9.13대책, 12.16대책, 6.17대책, 7.10대책을 정리해 보겠습니다.

2017년 8월 2일에 8.2대책이 나왔는데 이 대책의 핵심은 다주택자 중과세 규정입니다. 그 내용을 보면 2주택자는 추가 세율 10퍼센트, 3주택자는 추가 세율 20퍼센트를 더 과세하기로 했죠. 장기보유 특별공제를 배제하고 명목소득에 해당 세율을 과세하자 최대 68.2퍼센트라는 세율을 적용받는 사례도 나왔습니다.

주의할 것은 다주택자 중과세 규정은 조정 대상 지역이라는 특수한 지역에 있는 주택을 팔 때만 해당한다는 점입니다. 물론 2020년 말 현재 서울, 인천, 경기도 일원은 대부분 조정 대상 지역으로 지정되었고 대전과 청주 그리고 대구도 일부 속합니다. 부산도 추가 지정했지만 이 지역들 외의 주택은 해당하지 않습니다.

중과 대상 주택 수를 헤아릴 때는 조정 대상 지역에 있는 주택만 헤아리는 게 아닙니다. 수도권과 광역시, 세종시에 있는 모든 주택은 주택 수에 들어갑니다. 다시 말해 3,000만 원짜리든, 5,000만 원짜리든, 2억 원짜리든 모두 중과 대상 주택 수로 헤아린다는 이야기입니다. 기타 지역에 있는 주택은 3억 원이 초과하는 경우에만 중과 대상 주택에 들어갑니다.

따라서 기타 지역에 있는 3억 원 이하 소형주택과 경기도, 광역시나 세종시의 읍면 지역에 있는 3억 원 이하 주택은 주택 수에서 빠집니다. 이처럼 1세대 1주택 비과세는 당연히 전국에 있는 집을 다 포함해서 주택 수를 헤아리지만 다주택자 중과세 규정에서 헤아리는 주택 수는 모두 포함하는 것은 아님을 염두에 두고 판단해야 합니다.

또 하나 다주택자 중과세 규정에 따라 주택 수를 헤아릴 때는 2021년부터 주택, 조합원 입주권, 분양권도 들어갑니다. 2021년 1월 1일부터 취득하는 분양권도 주택 수에 들어가지만 중과세는 주택만 합니다. 만약 조합원 입주권이나 분양권이 있고 지금 중과세가 될 것 같으면 조합원 입주권과 분양권을 먼저 처분할 수도 있습니다.

마찬가지로 기타 지역, 즉 조정 대상 지역 밖에 있는 3억 원 초과 주택은 중과 대상 주택 수에는 들어가도 중과세는 받지 않으므로 가령 지방에 있는 3억 원 초과 주택을 먼저 처분하면 서울 혹은 수도권에 있는 집을 팔 때 중과세를 받지 않습니다. 이러한 세제의 약점 때문에 지방에 있는 집은 집값이 하락하고 수도권은 상승하는 불합리한 점도 있습니다.

그런데 2020년 다주택자 중과세 세율이 또 올랐습니다. 2주택자는 20퍼센트로, 3주택자는 30퍼센트까지 올랐고 이것은 2021년 6월 1일부터 시행합니다. 2021년 5월 말까지 파는 것은 종전 규정을 적용하고 6월 1일 이후에 파는 것은 개정 규정을 적용하므로 양도 시기를 잘 조절해야 합니다.

또한 8.2대책에서는 1주택자의 경우 거주 기간 2년 이상이 추가되었습니다. 기존에는 비과세 요건이 2년 보유였는데 이제 거주 요건 2년을 추가해 2년 보유, 2년 거주를 해야 비과세 혜택을 받을 수 있습니다.

주의할 것은 조정 대상 지역에서 취득하는 주택만 2년 거주 요건을 충족해야 한다는 겁니다. 이건 양도하는 시점에 따지는 것이 아닙니다. 조정 대상 지역에서 주택을 취득했을 때 2년 거주 요건에 들어간다면 양도 시점에 조정 대상 지역이 해제되었어도 2년 거주 요건을 충족해야 합니다. 즉, 중과세 규정과는 차이가 있습니다.

중과세는 양도하는 시점에 조정 대상 지역으로 지정돼 있을 때 중과세하고 팔 때 조정 대상 지역에서 해제되면 중과세를 받지 않습니다. 1세대 1주택 비과세 규정은 취득 시점에 2년 거주 요건을 충족해야 하고 해제되어도 2년 거주 요건은 여전히 남아 있다는 걸 조심해야 합니다.

그뿐 아니라 조정 대상 지역에 있는 분양권은 중과세율 50퍼센트를 적용하는데 이건 2018년 1월 1일부터 바로 적용했습니다. 이 분양권 관련 세법은 어떻게 바뀌었을까요? 2021년 1월 1일 이후 취득하는 분양권은 비과세와 중과세 규정을 적용할 때도 모두 주택 수에 산입합니다. 2020년 8월 12일 취득세 중과 규정을 신설하면서 분양권과 조합원 입주권도 주택 수에 들어가도록 법을 개정했어요. 주의할 것은 2020년 8월 11일 이전에 취득한 분양권과 조합원 입주권은 주택 수에서 빠진다는 점입니다. 법 시행일 이후 취득한 것만 적용하므로 참고하기 바랍니다.

9.13대책의 핵심, 다주택자 투기 수요 대책

그다음은 2018년 9월 13일에 나온 9.13대책인데 이때 8.2대책에서 미흡했던 부분을 보완했습니다.

이전까지 임대주택에 주는 세제 혜택이 굉장히 컸어요. 다주택자 중과세 배제, 종합부동산세 합산 배제, 1세대 1주택자가 거주 주택을 양도할 때 주택 수 배제 등의 혜택이 있었죠. 즉, 다주택자는 조정 대상 지역에서 주택을 취득해 모두 임대 사업자로 등록할 경우 중과세로 강화한 세제를 다 피할 수 있었습니다.

9.13대책에서는 1주택자가 조정 대상 지역에서 새로 주택을 취득해 임대 사업자로 등록해도 다주택자 중과세 규정과 종합부동산세 합산 배제 혜택을 주지 않기로 했습니다. 대신 1세대 1주택자 거주 주택 비과세는 여전히 혜택을 줍니다.

우리는 그 경과 조치 규정을 주의 깊게 봐야 합니다. 9월 14일부터 적용하므로 9월 13일 이전에 계약을 체결하고 계약금을 지급했거나 조합원 입주권 혹은 분양권을 갖고 있는 사람은 종전 규정을 적용받습니다. 다시 말해 9월 13일 이전에 취득한 주택은 지금이라도 임대 사업자 등록을 하면 세제 혜택을 받을 수 있습니다. 물론 아파트는 아예 폐지되어 혜택이 없습니다. 아파트 이외의 단독주택, 다가구주택, 다세대주택은 지금 임대 사업자 10년짜리를 등록하면 세제 혜택을 적용받습니다. 등록 기준이 아니라 취득 기준이기 때문입니다.

또 하나 고가 주택은 2019년까지만 해도 10년 이상 보유하면 80퍼센트 이상 공제받았는데 2020년부터는 2년 이상 거주해야 장기보유특별공제를 80퍼센트 받습니다. 그런데 12.16대책에서 1주택 고가 주택이 받는 장기보유특별공제 80퍼센트에 10년 거주 요건을 추가했습니다. 그러니까 보유 1년에 4퍼센트, 거주 1년에 4퍼센트를 합해 10년 보유하고 거주해야 각각 40퍼센트 + 40퍼센트로 80퍼센트 장기보유특별공제를 받을 수 있게 세법을 개정한 겁니다.

그동안 일시적 1세대 2주택은 3년 안에 종전 주택을 팔면 비과세 혜택을 받을 수 있었지만 이것이 달라졌습니다. 9.13대책에서는 조정 대상 지역의 1주택자가 조정 대상 지역의 1주택을 새로 취득하면 2년 안에 팔아야 했는데 12.16대책에서 다시 1년으로 단축했습니다. 더구나 1년 안에 이사를 가도록 강화했습니다. 만약 세입자가 거주 중인 상태에서 취득한 주택은 임대 잔여 기간(2년 한도) 종료일까지 양도하거나 이사하면 비과세됩니다.

분양권, 또는 재개발 조합원 입주권은 비과세와 중과세 규정을 적용할 때 모두 주택 수에 산입합니다. 이 말은 주택으로 간주한다는 뜻이 아니라 보유한 상태에서 주택을 양도할 때 입주권이나 분양권도 주택 수로 헤아린다는 뜻입니다.

분양권이란 건설 회사에서 신축하는 아파트에 들어가 살 수 있는 권리를 말합니다. 지금까지 이 분양권은 주택 수에 들어가지 않았습니다. 하지만 2021년 1월 1일부터는 달라집니다. 원래 12.16대책에서는 다주택자 중과세 규정만 들어갔는데 법을 개정할 때 비과세 규정, 중과세 규정 모두 주택 수에 포함하도록 개정했습니다. 만약 분양권을 취득하고 3년 안에 양도하면 비과세를 해주는 규정이 예외로 들어갈 수도 있으므로 2021년 시행령 개정안을 살펴보고 판단하기 바랍니다.

취득, 보유, 양도를 모두 개정한 7.10대책

2020년에 6.17대책과 7.10대책이 나왔는데 6.17대책의 핵심은 조정 대상 지역을 확대한 것입니다. 이전에는 서울 전 지역과 경기도 일부만 들어갔으나 인천과 경기도 대다수가 들어가도록 확대했지요.

또한 법인 관련 과세를 강화했습니다. 즉, 법인으로 조세 회피를 하는 현상이 늘어나자 이것을 차단한 겁니다. 법인의 경우 종합부동산세는 6억 원 공제도 해주지 않고 300퍼센트 한도액도 없었습니다. 1주택만 보유해도 최고 세율이 3퍼센트인데 2주택자는 4퍼센트에서 6퍼센트로 올렸습니다. 과연 2주택자가 세율 6퍼센트를 감당하면서 종합부동산세를 내며 견딜까요? 여기에다 법인의 경우 주택은 법인세 외에 추가로 10퍼센트를 과세했는데 이것도 20퍼센트로 올렸습니다. 아마 2021년부터 법인으로 계속 유지할지, 처분할지 고민하는 사람이 꽤 있을 것입니다.

7.10대책은 지금까지의 모든 대책 중에서도 끝판왕이라 할 수 있습니다. 이제껏 양도에만 집중했으나 취득, 보유, 양도 이 세 가지를 동시에 패키지로 개정한 것이 바로 7.10대책입니다.

취득의 경우 조정 대상 지역에서 2주택자의 1~3퍼센트 세율을 8퍼센트로 올렸어요. 3주택은 무려 12퍼센트까지 올렸습니다. 이건 단지 취득세만 12퍼센트고 관련 부가세를 더하면 13.4퍼센트까지 끌어올린 셈이라 10억짜리 주택 하나를 사면 1억 3,000만 원이 넘는 세금이 나옵니다. 물론 여기에도 여러 가지 예외 규정이 있으므로 전문가와 상의하기 바랍니다.

여기에다 취득세 중과세로 증여가 늘어나자 증여까지 막아놨습니다. 증여할 때도 12퍼센트까지 취득세를 중과합니다. 지금까지는 일반적으로 4퍼센트였는데 3배가 오른 겁니다. 분양권이나 조합원 입주권을 증여하면 괜찮다고요? 취득하는 분양권이나 조합원 입주권은 취득 시점에 주택 수를 헤아려 그 완성 시점에 취득세를 물리므로 그때 가서 중과세합니다. 현재 세율로 판단하면 안 된다는 점에 주의해야 합니다.

더 심각한 것은 종합부동산세입니다. 2020년 말 현재 2주택의 경우 6퍼센트까지 올랐어요. 제가 종합부동산세를 시뮬레이션해보니 10억 원 짜리 주택 두 채를 보유한 사람은 약 3,000만 원을 2021년 종합부동산세로 내야 합니다. 30억 원이면 6,600만 원 정도죠. 그러니까 두 채를 합해 공시 가격이 20억 원이면 3,000만 원, 30억 원이면 6,600만 원 정도입니다. 이것이 2022년에 가면 30퍼센트 정도 또 오릅니다.

양도소득세는 보유한 자산을 팔지 않으면 낼 이유가 없습니다. 반면 종합부동산세는 보유하는 동안 부과하므로 1년에 끝나는 것이 아닙니다. 계속 부과하는 것이므로 내가 종합부동산세를 감당할 만큼 소득이 있는지, 그걸 충당할 대안이 있는지 검토해야 합니다.

2021년부터 5억 원까지 42퍼센트이던 기본 소득세율을 10억 원 이상은 45퍼센트로 올립니다. 만약 45퍼센트 세율에 30퍼센트 중과세율을 받고 다시 지방소득세 7.5퍼센트를 더하면 최고 세율이 82.5퍼센트까지 갑니다. 따라서 2021년 6월 1일 이후 다주택자로 남아 3주택 중과세 규정에 걸려들면 정말로 심각한 일이 벌어집니다. 일단 보유한 주택 수를 정확히 헤아려야 하므로 적어도 전문가 세 명을 만나 상담을 받고 결론을 내리길 권합니다. 전문가 한 사람만 만나는 것은 위험할 수 있습니다.

주택과 조합원 입주권, 분양권은 보유기간이 1년 미만이면 세율이 70퍼센트입니다. 지방소득세까지 합하면 77퍼센트로 미등기전매랑 세율이 똑같습니다. 1년 이상, 2년 미만이면 60퍼센트입니다. 2년이 지나야 누진세율을 적용하므로 주택과 조합원 입주권은 무조건 2년 이상 보유하는 것이 유리합니다. 분양권은 2년이 지나도 계속 60퍼센트입니다. 따라서 분양권은 준공이 떨어져 입주하기 전까지 팔 생각을 하지 말아야 합니다. 무조건 주택으로 변환된 다음 처분하는 것이 그나마 세 부담을 줄이는 방법입니다.

또 재산세의 경우 그동안 신탁을 활용해 종합부동산세 회피가 일어났지요. 수탁자를 신탁회사로 과세하다 보니 거주자의 주택 수에서 제외되었던 거지요. 이제 이것도 막았습니다. 혹시라도 신탁으로 절세하려고 마음먹었다면 다 변경해야 합니다.

임대주택은 지금까지 단기 임대와 8년 장기 임대가 있었는데 임대 사업자를 대폭 축소했습니다. 4년짜리 단기는 아예 폐지했죠. 8년짜리는 아파트는 없었고 기타 주택은 8년 장기 의무 보유기간을 10년으로 연장했습니다. 현재 임대 사업자 등록은 민간임대주택에 관한 특별법(이하 민특법)에 따라 아파트는 안 되고 단독주택, 다가구주택, 다세대주택만 가능하되 의무 기간이 10년입니다.

대신 2018년 9월 13일 이전에 취득한 것은 여전히 세제 혜택을 받을 수 있으므로 지금이라도 만약 자동 말소됐거나 자진 말소한 사람은 재등록해도 됩니다. 등록하지 않은 사람이 지금 등록하려면 임대 개시 당시 공시 가격이 6억 원 이하여야 합니다. 수도권 밖은 3억 원 이하죠.

자동 말소와 자진 말소는 단기 4년짜리와 아파트 8년짜리만 가능합니다. 나머지는 자동 말소와 자진 말소가 불가능합니다. 모두 의무 기간을 채워야 하는 거지요. 민특법에 따르면 1년만 지났어도 자진 말소를 마음대로 할 수 있습니다. 그러면 과태료를 물지 않죠. 그런데 세법에 따르면 의무 임대 기간의 2분의 1을 경과했을 때만 세제 혜택을 줍니다.

세제 혜택에는 다주택 중과세 규정, 종합부동산세 합산 배제, 1세대 1주택 거주 주택 비과세가 있는데 이 중 다주택자 중과세 규정은 자동 말소된 사람의 경우 양도 기한에 제한이 없습니다. 지금 팔든 1년 뒤에 팔든 5년 뒤에 팔든 다주택자 중과세는 받지 않는다는 뜻입니다. 그럼 자진 말소한 사람은 어떨까요? 의무 임대 기간의 2분의 1이 지나서 자진 말소한 사람이 다주택자 중과세 혜택을 받으려면 1년 안에 팔아야 합니다. 1년이 넘으면 중과세를 받습니다. 다만 거주 주택 비과세 혜택은 자동 말소와 자진 말소 모두 5년 안에 팔아야 비과세 혜택을 받을 수 있습니다.

2021년부터 달라지는 부동산 세금

그럼 지금까지 설명한 다섯 개 대책을 모아 2021년부터 시행하는 법을 간략히 정리해봅시다. 현재 국세청에서 이슈가 되고 있는 내용을 중심으로 정리하겠습니다.

먼저 가장 신경써야 하는 것은 장기 임대주택을 보유하고 일시적 1세대 2주택을 갖고 있으면 세법상 두 가지를 동시에 적용해도 비과세된다는 점입니다. 장기 임대주택은 주택 수에서 빠집니다. 또 일시

2021년부터 시행되는 양도소득세 개정 내용

시행일	개정 내용
2021년 1월 1일 이후	• 최고세율구간 인상: 과세표준 10억 원 이상 구간 45% 신설 • 분양권 관련: 비과세 판단, 중과세 주택 수 판단에 분양권 주택 수 포함 • 1세대 1주택 보유 기간 산정: 2주택 이상 보유 1세대가 1주택 외의 주택 모두 양도한 경우 최종 1주택의 비과세 판단 시 최종 1주택 보유일부터 보유 기간 기산(단, 일시적 2주택 등 부득이한 사유로 인해 1수택 비과세를 받는 주택은 예외) • 1세대 1주택 장기보유특별공제 계산: 보유 기간, 거주 기간 • 법인 보유 주택 양도시 추가 세율 인상: 10% → 20%로 인상

2021년
6월 1일 이후
	• 다주택자 중과세율 인상:
	  기본 세율+20%(2주택), 기본 세율+30%(3주택 이상)
	
	• 단기 매도 주택(조합원 입주권) 세율 인상:
	  1년 미만 보유 시 70%, 2년 미만 보유 시 60%
	
	• 분양권 양도소득세율:
	  조정 대상 지역 불문 1년 미만 70%, 그 외 60%

2022년 1월 1일 이후	• 겸용 주택 비과세 범위 조정: 주택 연면적이 주택 외 부분보다 큰 경우 주택 부분만 주택으로 보아 비과세(단, 주택 실거래가 9억 원 이상) • 1세대 주택 비과세 적용 대상 부수 토지 범위 조정: 도시지역 중 택지 – 3배, 그 외 도시지역 – 5배, 도시지역 밖 – 10배

적 1세대 2주택은 비과세되기 때문에 두 가지가 겹쳐도 비과세 혜택을 받는데 주의할 점은 9억 원이 초과할 경우입니다.

장기 임대주택 한 채에다 일시적 1세대 2주택이면 세 채 이상인데 이때 9억 원이 초과하면 어떻게 될까요? 그동안 실무에서는 전부 비과세될 거라고 판단했으나 국세청의 판단은 그렇지 않습니다. 9억 원 이하까지는 비과세되지만 9억 원을 초과하는 양도차익은 중과세되고 세율도 중과세되며 장기보유특별공제도 안 된다고 합니다. 실제로 현재 과세가 이뤄지고 있습니다.

물론 세무 전문가들이 국세청의 유권해석이 합리적이지 않다며 이의를 제기해 2020년 말 현재 소송이 진행 중이므로 그 결과를 지켜봐야 합니다. 어쨌든 다툼의 여지가 있으므로 고가 주택을 파는 사람은 일시적 1세대 2주택 상황을 만들지 말고 아예 팔고 사는 것이 좋습니다.

두 번째, 장기 임대주택을 부부가 공동 소유한 경우 그동안 국세청은 1주택 요건을 갖추지 못했다고 해석했으나 여론이 들끓자 그냥 1주택 이상으로 보고 세제 혜택을 다 주는 것으로 규정을 바꿨습니다.

세 번째, 재개발이나 재건축과 관련해 중요한 것을 하나 제거해야 합니다. 재개발, 재건축은 부동산을 취득해서 보유하다가 파는 게 아니라 부동산을 취득하면 입주권으로 바뀌었다가 다시 부동산으로 바뀝니다. 그 과정에서 내가 부동산을 언제 취득했는지, 언제 팔았는지가 굉장히 중요합니다.

특히 관리처분계획 인가일이 중요합니다. 종전 주택에 관리처분이 떨어지면 주택에서 조합원 입주권으로 권리가 바뀝니다. 내가 취득한 것이 주택일 경우 완공해서 팔 때 종전 주택 취득일로부터 신축 아파트를 팔 때까지의 보유기간을 모두 계산합니다. 반면 조합원 입주권을 취득한 경우에는 보유기간을 준공일로부터 양도일까지로 계산합니다. 그러면 보유기간이 2년도 되지 않아 비과세나 장기보유특별공제를 하나도 못 받는 일이 발생합니다.

가령 어떤 아파트에서 20억 원이 남았는데 1세대 1주택자가 주택을 취득한 경우 세금을 8,000만 원만 내지만, 조합원 입주권을 취득한 사람은 세금이 그 10배인 8억 원이 나올 수 있습니다. 이처럼 무서운 일이 벌어지므로 내가 무얼 샀는지 꼭 확인해야 합니다.

다른 한편으로 재개발, 재건축 아파트는 팔 때가 무척 중요합니다. 관리처분계획 인가가 떨어진 뒤 파는 것이 유리한지, 인가가 떨어지기 전에 파는 것이 유리한지 꼭 따져봐야 합니다. 어차피 다주택자라 비과세를 못 받으면 주택을 팔 경우 중과세입니다. 그리고 관리처분이 떨어진 상태에서 팔면 조합원 입주권이므로 주택 수에는 포함되지만 팔 때 중과세는 물지 않습니다. 결국 다주택자는 관리처분이 나기 전에 팔기보다 관리처분이 난 다음 파는 것이 좋습니다.

1세대 1주택자인 경우 중과세는 아니어도 비과세 혜택을 못 받는다면 주택일 때 파는 것이 훨씬 유리합니다. 종전 주택에서 발생한 양도차익은 100퍼센트 장기보유특별공제를 해주지만 조합원 입주권에서 발생한 양도차익은 장기보유특별공제를 해주지 않거든요. 그래서 세금 차이가 많이 납니다. 내가 관리처분 전에 팔아야 하는지, 관리처분 후에 팔아야 하는지 꼭 전문가와 상담하고 판단하십시오.

네 번째, 다가구주택 소유자는 처분할 때 주의해야 합니다. 다가구주택은 원래 3개 층 이하에 19세대 이하, 660제곱미터 이하 범위로 요건을 갖춰야 단독주택으로 인정해 전체를 비과세합니다. 만약 그중에 요건이 하나라도 어긋나면 공동주택으로 취급합니다. 즉, 1가구만 비과세되고 나머지 가구는 세금을 과세하는데 조정 대상 지역에 있는 다가구주택은 중과세까지 됩니다.

가령 옥탑을 주택으로 꾸미면 3개 층이던 것이 4개 층 주택이 됩니다. 이 경우 단독주택으로 인정받지 못하고 공동주택으로 취급해 중과세까지 나옵니다. 실제로 불법으로 용도를 변경해 층이 늘어나면 중과세를 받을 수 있으므로 다가구주택을 처분하기 전에 반드시 전문가의 조언을 받기 바랍니다.

다섯 번째, 장기 임대주택을 갖고 있으면 거주 주택을 양도할 때 반드시 2년 이상 거주해야 합니다. 2년 거주는 조정 대상 지역에 있든 없든 전국 공통사항입니다. 또한 거주 주택을 양도하고 나중에 임대주택을 양도할 때 임대주택을 모두 비과세하는 것이 아니고 거주 주택을 팔고 난 이후 발생한 양도차익만 비과세합니다. 예를 들어 임대주택 취득일로부터 거주 주택 양도일까지 5억 원의 양도차익이 발생했다면 거주 주택을 팔기 전까지 발생한 이 양도차익은 비과세가 안 됩니다. 따라서 거주 주택 양도차익이 2억 원이고 임대주택 양도차익은 5억 원이라면 차라리 거주 주택은 비과세 혜택을 받지 않고 임대주택에서 비과세 혜택을 받는 게 더 유리합니다. 조금 이상하지만 현행 세법을 따라야 하니 이 점을 주의하십시오.

여섯 번째, 실무적으로 가장 많이 실수를 하는 오피스텔입니다. 오피스텔은 거주 주택으로 쓰면 주택이고 오피스로 쓰면 사무실입니다.

주민등록을 그곳으로 옮기지 않고 일반 사업자로 등록했다고 주택이 아닌 것으로 인정해주는 것은 아닙니다. 이는 세무공무원이나 전산으로 확인해 실제 용도를 판단하기 때문에 오피스텔은 계약서 특약 사항만으로 해결되지 않는다는 사실을 기억해야 합니다.

부동산과 관련해 세금 문제를 정확히 알지 못하는 상황이라면 어떤 변화가 생길 때 반드시 전문가와 상담하기 바랍니다. 그것도 한 명이 아니라 적어도 세 명의 전문가와 상담하길 권합니다. 그것이 정확한 대처로 절세하는 지름길이기 때문입니다.

재테크 노하우

05

주언규(신사임당)

금융·경제 분야 유튜브 크리에이터. YTN국제부, 아시아경제TV(전 PAXNET), 한국경제TV, SBSCNBC 등 국내 최고의 경제 채널에서 PD로 일한 경험을 바탕으로 유튜브 채널 '신사임당'을 운영하며 경제 콘텐츠를 생산하고 있다. 다른 채널과는 다르게 콘텐츠를 통해 배운 점들을 자신의 삶에 직접 적용하고 실험하고 소득 증가량 또는 자산 성장 속도를 공개하고 있다. 현재 오프라인 매장, 부동산 및 주식투자, 온라인 판매, 강의 등 콘텐츠에서 다루었던 돈 버는 방법을 지속적으로 수행하고 있다. 최근에는 네이버 스트리밍 서비스인 NOW와 오디오클립에서 새로운 라이브 컨텐츠를 준비하고 있으며, 유튜브에서는 경제 콘텐츠로는 이례적으로 100만 명의 구독자를 달성했다.

100만 유튜버가 알려주는 온라인으로 돈 버는 방법

주언규, 유튜브 채널 '신사임당' 운영

한 달 수입이 1,000만 원인 사람들은 뭐가 다를까요? 제가 직장 생활을 하던 시절 저는 한 달에 180만 원을 받았습니다. 아침 7시에 출근해서 저녁 7시에 퇴근했으니 하루 12시간을 일하고 그 정도를 받은 것입니다. 만약 조금 올려서 월 200만 원으로 봐도 월 1,000만 원이면 5배나 많고 12시간의 5배는 하루 60시간이니 그만큼 일해야 하는 것 아닙니까. 그럼 매달 1,000만 원을 버는 사람은 슈퍼맨 같은 사람일까요?

매달 200만 원을 벌든 300만 원을 벌든, 월수입 1,000만 원은 그 자체만으로도 어떤 의미를 지니는 것 같습니다. 사실 월수입 1,000만 원이 부자와 동의어는 아닙니다. 하지만 저는 월수입이 1,000만 원인 사람을 100여 명 인터뷰하기로 했습니다. 200만 원을 버는 저와 월수입이 1,000만 원 이상인 사람은 뭐가 다른지 궁금했거든요.

한데 결론이 참 뻔했어요. 돈 버는 데 필요한 자격은 없다! 성별, 나이, 출신 지역, 배경, 학벌은 별로 중요한 게 아니더군요. 그럼 중요한 것은 무엇이냐고요? 바로 포기하지 않는 것입니다. 정말 뻔하죠?

내친 김에 저는 더 깊이 들어가 질문을 던졌습니다. 어떻게 포기하지 않을 수 있었나요? 저는 매일 아침 일어나는 것도 싫고 씻는 것도 귀찮고 출근하는 것은 거의 고통스러울 정도였는데 어떻게 그 어려운 일을 포기하지 않았나요?

한마디로 포기하지 않는 방법을 물어본 겁니다. 사실 시중에는 '포기하지 않으면 얻는다'고 설득하는 책이 많이 나와 있습니다. 하지만 포기하지 않는 방법을 다룬 책은 거의 없어요. 과연 어떻게 해야 포기 자체를 하지 않을 수 있을까요?

예를 들어 어느 실내체육관에서 50명이 함께 살아가는 상황을 상정해봅시다. 그 공간에서는 생존에 필요한 모든 것을 제공해줍니다. 배가 고프면 먹을 것을 주고, 추우면 입을 것을 주고, 졸리면 침구가 나오고, 목마르면 물을 주는 기막힌 공간입니다. 더 이상 생존을 고민할 필요가 없는 거지요.

그런데 그 공간에 있던 50명 중 갑자기 한 명이 열심히 뛰기 시작합니다. 그걸 본 사람들 중에는 '여기 갇혀서 이렇게 살다가는 건강이 나빠질 수 있으니까 같이 뛰자' 하는 사람도 있고, '저 사람 왜 뛰는 거지?' 하고 궁금해하는 사람도 있습니다.

그런데 이 사람은 무언가 달랐어요. 건강을 위해서라면 운동을 적당히 해야 하는데 뛰다가 기절하듯 잠들더니 깨면 바로 다시 뛰었습니다. 마치 뛰기 위해 태어난 사람처럼 씻지도 않고 뛰었던 겁니다.

어느 순간 따라서 뛰던 사람들은 죄다 떨어져 나갔습니다. 그 사람이 뛰니까 뭔가 있나 보다 하고 같이 뛴 사람들이 모두 포기한 거지요. 그런데 그 사람은 포기하지 않았어요. 제가 인터뷰한 사람들에게는 대개 이런 면모가 있더군요.

과연 그 사람은 뭐가 달랐을까요? 사실 그 사람 손에는 쪽지가 있었습니다. 나머지 49명은 실내체육관에 들어오면서 그 쪽지를 줍지 못했는데 그 사람만 주웠지요. 거기에는 이렇게 적혀 있었습니다.

"여기 머무는 사람 중 100일 동안 100바퀴를 먼저 뛴 사람에게는 100억 원의 상금을 수여한다."

그걸 본 순간부터 그 사람은 전전긍긍했습니다.

'나 말고 다른 사람이 이 쪽지를 보면 어떡하지? 그런 사람이 나타나기 전에 무조건 뛰어야겠다.'

그렇게 목표와 방법, 이 두 가지가 생겼으니 도저히 멈출 수 없었던 겁니다.

그런데 목표와 방법을 모두 충족하는 경우는 많지 않습니다. 다음 문장을 봅시다.

"100일 동안 100바퀴를 먼저 뛴 사람에게는"

만약 문장이 여기서 끝났다면 이 사람이 계속 뛸 수 있을까요? 뒤에 나와야 할 목표가 없는 상황입니다. 반대로 방법은 나오지 않고 '100억 원의 상금을 수여한다'는 것만 있으면 그 사람은 뛰는 것을 포기하지 않는 행동 자체를 할 수가 없습니다. 방법을 모르니까요.

반면 목표와 방법 두 가지가 주어지고 목표 그 자체가 주는 성과를 확실하게 파악하면 멈출 수가 없습니다. 포기하는 경우는 방법을 모르거나 목표가 없거나 둘 중 하나입니다.

경쟁자가 포기하게 만드는 법

우리에게는 각자 다른 삶이 있기 때문에 방법도 모두 다릅니다. 저는 쇼핑몰을 운영했던 제 노하우를 유튜브에 공개했습니다. 그때 제 마음은 쪽지를 갖고 있던 사람과 비슷했어요.

'나는 진짜 아무것도 아닌데.'

저는 그냥 구내식당 구석에 앉아 밥을 먹는, 그러니까 너무 평범해서 그냥 지나치기 십상인 사람과 똑같거든요. 그래서 제가 하는 방법을 누군가는 다 알게 될 거고 단지 내가 뛰어나서가 아니라 그 방법이 뛰어난 것뿐이라는 점이 두려웠어요. 누군가가 그 방법대로

만 하면 저처럼 되는 건 시간문제니까요.

그때 저는 그 두려움에서 벗어나는 방법을 선택했습니다.

'누군가가 그 방법을 알면 또 그에게 목표를 주면 그 사람은 그 방법대로 움직이겠구나. 그래 이걸 아예 유튜브에 공개하자.'

그래서 그걸 유튜브에 공개하고 구독자 수와 그 방법을 바꿨습니다. 제 노하우와 유튜브 성장을 바꾼 셈입니다.

일반 직장인, 쇼핑몰 운영자, 카페 경영자, 유튜버 등 각자 삶의 방식과 직업에 따라 방법은 다를 수 있습니다. 그러나 목표 설정은 모두 다를 수 없습니다.

우리가 승리하려면 경쟁자가 포기하게 만들어야 합니다. 우리는 포기하지 않고 경쟁자가 포기하면 우리가 승리합니다. 그럼 어떻게 경쟁자가 포기하게 만들 수 있을까요? 저는 그걸 고민했습니다.

예를 들어 어떤 기계가 있는데 그것이 그 앞에서 아령을 한 번 하면 5만 원씩 주는 발명품이라고 해봅시다. 이것을 사람들이 북적대는 강남 길거리에 놓아두면 어떤 일이 생길까요? 누군가가 아령을 한 번 하자 갑자기 5만 원이 생기면 그걸 본 사람들이 어마어마하게 줄을 설 겁니다.

이것은 5만 원이라는 '목표'와 아령을 한 번 한다는 '방법', 이 두 가지를 모두 충족합니다. 그 상태에서 어떻게 하면 사람들이 포기하게 만들 수 있을까요? 줄을 서 있는 사람에게 하지 말라며 그냥 잡

아당기면 그 사람이 포기할까요? 그렇지 않을 겁니다. 그 정도로는 경쟁자가 포기하게 만들 수 없습니다.

기계가 눈앞에 있고 그것이 작동하는 것이 보이는데 그 앞에 줄을 선 사람들을 어떻게 하면 없앨 수 있을까요? 과연 어떻게 해야 그들이 포기하게 만들 수 있을까요? 저는 바로 이걸 고민한 것입니다.

첫 번째는 더 좋은 목표를 알려주는 겁니다.

"여기는 5만 원인데 저쪽에 가면 10만 원짜리가 있대."

그 순간부터 그곳에 줄을 서서 기다리는 자신이 멍청하게 느껴집니다. 10만 원짜리가 근처에 있다면 어떻게 해서든 옮겨야겠다는 생각이 듭니다.

우리가 뭔가 성과를 달성하려면 기본 학습량과 익숙해지는 시간이 필요합니다. 경매를 하든 부동산이나 주식에 투자하든 기본 학습과 거기에 줄을 서는 시간이 필요한 것입니다. 바로 그때 이런 말을 듣습니다.

"야, 요즘 지방 아파트 갭투자가 가장 핫하대."

지금껏 경매를 공부하고 있다가 이런 말을 들으면 경매를 열심히 공부하는 자기 자신이 멍청하게 느껴집니다. 자신이 선택한 것과 다른 어떤 것이 뜨고 있다는 소문, 기사, 유튜브 정보 등을 듣고 보면 스스로 포기하게 됩니다.

실제로는 변한 건 아무것도 없어요. 여전히 사람들은 줄을 서 있고 기계 앞에서 아령을 한 번 하고 5만 원을 받아갑니다. 줄은 점점 줄어들고 있는데 다른 곳에서 10만 원씩 벌어간다는 소문을 들으면 그때부터 내가 서 있는 줄에 함께 서 있는 사람들이 연기자처럼 느껴져요. 혹시 내가 여기에 줄을 서도록 동원된 사람들이 아닐까? 5만 원을 받고 그 자리를 뜨는 사람을 보고도 '다른 곳에 있는 10만 원짜리로 가는 게 아닌가' 하는 생각이 듭니다. 사실 변한 건 아무것도 없습니다.

두 번째는 뛰어난 사람을 투입하는 것입니다.

내가 잘해야 두 번밖에 못하는 것에 100번쯤 하는 사람이 나타나면 '아, 나는 소질이 없나봐' 혹은 '팔 근육을 키워서 다시 와야겠다' 하는 생각이 듭니다. 한 번 하면 5만 원을 받는 것은 변하지 않았지만 엄청나게 잘하는 사람이 오니까 그 사람과 자신을 비교하는 겁니다.

예를 들어 누군가가 주식으로 얼마를 벌었든 사실 그것은 내가 주식에 소질이 없는 것과 관계가 없습니다. 만약 어떤 펀드매니저가 얼마를 벌었다면 시장 대비 성과가 어느 정도인지 따져봐야겠죠. 그런데 우리의 목표가 펀드매니저는 아니잖아요. 그저 인플레이션 때문에 자산이 깎이지 않게 하는 것이 목표인 보통사람인데 잘나가는 사람과 자신을 비교하기 시작하면 갑자기 소질까지 생각하게 되는 겁니다. 이처럼 스스로를 저평가하고 열등감에 빠지면 바로 그런 심리 때문에 포기하고 맙니다.

우리 삶에 원점으로 돌아간다는 옵션은 없다

물리적으로 따져 봐도 마찬가지입니다. 예를 들어 A에서 B로 가는 경로가 세 개 있다고 해봅시다. A경로는 위로 돌아가고 B경로는 직진입니다. 그리고 C경로는 아래로 돌아갑니다. 그중 내가 A경로로 가고 있고 중간까지 왔어요. 그때 "야, B경로가 직진이래" 하는 말을 듣고 A경로 중간에 있다가 다시 원점으로 돌아와 B경로로 가는 게 가장 빠른 길인가요? 아닙니다. 그냥 가던 길 가는 것이 가장 빠른 길이지요.

인생에는 원점으로 돌아가는 게 없습니다. 지금까지 살아온 것을 수정해서 그냥 가던 대로 가는 거지요. 우리가 처음에 무얼 하다가 다시 새 마음, 새 뜻으로 하자고 마음을 먹으면 원점으로 돌아왔다고 생각하지만 그사이 나이는 먹고 세상은 바뀌고 상황은 변합니다.

우리 삶에 원점으로 돌아간다는 옵션은 존재하지 않아요. 실제로 삶에서 목표에 가장 빨리 도달하는 방법은 바로 지금 단계에서 수정하는 것입니다. 걸림돌이 있으면 돌아서 가면 그만입니다. 여전히 기계는 작동하고 있으니 혼란스러워하며 목표를 바꾸지 말고 그냥 팩트 하나에 집중하는 겁니다. 경로를 자주 바꿀수록 돌아가게 됩니다.

경쟁자만 포기하게 하고 나는 포기하지 않으려면 어떤 목소리가 들려오든 오직 팩트에만 집중해야 합니다. 그 기계는 여전히 작동하는가? 계속 그 방식으로 돈을 벌 수 있는가? 바로 여기에만 집중하는 것이지요.

물론 처음에 그걸 하게 된 원인, 동기가 변한다면 수정해야 합니다. 하지만 그것이 변하지 않았다면 바꿀 이유는 없습니다. 내가 보고 들은 이유가 변하지 않았는데 바꿀 까닭이 있을까요?

만약 기계 앞에서 아령을 들어도 더 이상 돈을 주지 않는다면 줄을 서지 않는 게 맞습니다. 그러나 내가 줄을 선 목표와 방법이 여전히 유효하다면 다른 요소 때문에 그걸 포기할 필요는 없습니다.

경쟁자에게는 포기하게 만드는 다른 요소를 만들어줘야 하지만 자신은 그런 이유로 포기해서는 안 됩니다. 경쟁자는 목표에 혼란을 느끼도록 해줘야 합니다. 한마디로 목표를 분산시키는 것이죠.

"그것보다 더 나은 게 있어!"

만약 승진 자리가 하나밖에 없다면 더 좋은 은퇴 계획이 있음을 알려줍니다. 다만 내가 원하는 목표를 향해 나아가는 사람이 적을수록 그 목표의 가치는 떨어진다는 것도 기억해야 합니다.

특히 1인 사업자는 더욱더 목표를 분산하면 안 됩니다. 바로 혼자서 하기 때문입니다. 우리에게 주어진 하루는 24시간이므로 목표를 분산하지 말고 집중해서 한 번에 한 가지씩 달성해야 합니다. 이를 위해서는 목표를 잘게 분해해서 하나씩 이뤄가야 합니다.

행동과 운이 만들어내는 성과

목표는 어떻게 분해해야 할까요?

사실 목표는 분해하기가 좀 어렵습니다. 약간 진부할 수도 있는데 '운칠기삼'이 작동하기 때문입니다. 기술이 3이고 운이 7이라는 말이지요. 다시 말해 운과 행동 영역이 뒤섞여서 분해하기가 힘듭니다.

예를 들어 사람들은 보통 '10만 뷰 영상 만들기', '1,000개 팔리는 상품 등록하기' 등의 목표를 세웁니다. 여기서 영상을 만드는 것은 행동만 하면 실패할 수 없는 목표입니다. 행동만 하면 100퍼센트 달성 가능한 목표죠. 그런데 여기에 실패가 끼는 이유는 '10만 뷰'라는 운의 영역이 포함되어 있기 때문입니다. '상품 등록하기' 목표가 실패할 수 있나요? 행동으로 옮기기만 하면 절대 실패할 수 없어요. 그럼 '1,000개 팔리는'은 내가 마음대로 할 수 있는 건가요?

고백하자면 저는 마음대로 할 수 있는 것이라고 여겼어요. 실제로는 '10만 뷰'와 '영상 만들기'를 달성하는 것은 성장 전략이 다릅니다. 그렇게 다른 두 가지를 동시에 달성하는 전략을 추구하다 보니 너무 힘든 겁니다.

그래서 저는 그 두 가지를 쪼갰습니다. 먼저 '영상 만들기'는 행동 영역으로 선형적 누적, 즉 차곡차곡 쌓입니다. 공부하고 경험할수록 실력이 늘어나지요.

유튜버인 제가 가장 처음 만든 영상은 너무 엉성해서 지금은 비공개 처리를 했어요. 그때는 제 방에서 혼자 작은 목소리로 제작했는데 의외로 이걸 약 300명이 조회를 하더군요. 그 뒤 아내나 지인들의 도움을 받아 서서히 실력을 쌓았고 지금은 라이브 방송도 하고 있습니다. 만약 제가 처음부터 라이브로 하겠다고 생각했으면 정말 시도하지 못했을 겁니다.

더 흥미로운 것은 제가 점점 실력을 쌓아 열심히 만들었다고 조회수가 더 늘어나지는 않았다는 사실입니다. 즉, 늘어나는 실력이 반드시 성과를 담보하는 것은 아닙니다. 무작정 때려 박는다고 더 잘되는 게 아니라 운도 필요합니다.

그렇다고 행동 영역이 받쳐주지 않으면 그 행동 영역에 맞는 운을 받을 수 없습니다. 운이란 곧 확률을 말합니다. 우린 이것을 인정해야 합니다. 가령 스마트 스토어에 새로 등록하는 제품이 슈퍼스타가 될지 그렇지 않을지는 아무도 모릅니다. 물론 어느 정도 기본 평균값은 알 수 있습니다.

사실 저는 유튜브에 영상을 등록할 때마다 '이번 영상은 대박이야. 미쳤어!' 하고 생각하며 올립니다. 실제로도 그러냐고요? 그렇지 않습니다.

저는 300~400개 제품을 판매하는데 그중 대부분의 매출을 차지하는 것은 30~40개 제품입니다. 그렇다고 나머지 80~90퍼센트에 달하는 제품이 무의미한 것은 아닙니다. 제가 상위 10~20퍼센트 제품만 등록할 수 있다면 진짜 부자가 되겠죠. 제가 저를 갈아 넣으며 성과를 내는 상위 10~20퍼센트만 계속 등록하려 한다고 해서 그게 마음대로 되는 것은 아닙니다. 그게 가능하다면 당연히 저는 상위 제품만 등록하려 하겠죠. 현실적으로 그건 가능하지 않습니다.

유튜브에 새로 등록하는 영상 역시 그것이 인기 영상이 될지 아닐지는 아무도 모릅니다. 제가 올린 여러 가지 동영상 가운데 어떤 것은 제법 조회 수가 많고 또 어떤 것은 시시부신합니다. 가끔은 제가 '이번엔 망했다' 하면서 다음 것을 등록합니다. 재밌는 것은 제가 망했다고 생각해 시큰둥하고 있는데 어느 날 갑자기 조회 수가 올라가더니 대박이 나는 경우도 있다는 사실입니다. 그만큼 성과를 낸다는 건 아주 불확실합니다.

100개 중 10개는 반드시 성공시켜라

행동 세계에서는 학습을 하면 선형적으로 성장하는데 그럼 확률 세계에서는 어떻게 해야 성장할 수 있을까요? 확률 세계에서는 어떤 사건이 생겨야 합니다. 그 사건은 스스로 만들 수도 있지만 무작위로 발생할 수도 있습니다. 만약 그 사건이 발생하면 기댓값을 생각해볼 수 있습니다.

좀 더 이해를 돕기 위해 다음 도표를 활용해 설명하겠습니다.

예를 들어 도표에서 각 '시도'는 한 번 시행하는 데 1만 원이 들어

확률 세계에서의 성장

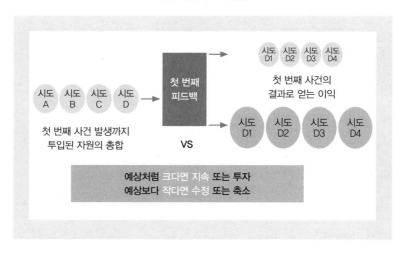

가고 피드백이 나오면 5만 원을 기대한다고 해봅시다. 이때 첫 번째 피드백이 발생할 확률은 30퍼센트입니다. 한 번 시도하는 데 1만 원이고 피드백 발생 확률이 30퍼센트에 피드백 기댓값이 5만 원이면 이 게임은 무조건 해야 합니다.

그래서 첫 번째 피드백을 받았는데 기댓값이 5만 원인 상황에서 피드백으로 나온 것이 6만 원이라고 해봅시다. 그러면 시도당 내가 투입하는 학습량이나 자원 양을 늘려도 되겠다, 즉 1만 200원까지 올려도 되겠다는 판단이 섭니다. 반대로 내 기댓값이 5만 원인데 실제로 나온 피드백이 3만 원이면 다음 시도부터는 투입하는 양을 낮추는 방향으로 가게 됩니다.

내가 결과를 조절할 수 없을 경우 투입량을 조절해야 합니다. 자원 투입량을 조절해서 기댓값과 자원 총합을 비교해 예상처럼 피드백이 크면 지금 하고 있는 것을 지속하거나 투자를 하는 것입니다. 아니면 투입량을 더 늘려야 하죠.

반대로 예상보다 피드백이 낮으면 포기하는 것이 아니라 수정하거나 축소해야 합니다. 피드백이 발생했다는 것 자체가 방법이 맞는다는 것을 의미하니까요.

2018년에는 유튜브에서 한 채널이 구독자 수 3만 명을 달성하면 상위 10퍼센트였어요. 2019년에는 구독자 수 3만 명이 상위 7퍼센트였습니다. 아마 2020년에는 그 수치가 좀 다를 겁니다. 아무튼 상위 유튜브는 1일 채널 전체 조회 수가 아니고 콘텐츠마다 경쟁하는 구조입니다. 쇼핑몰로 따지면 몰로 경쟁하는 게 아니라 상품마다 경쟁하는 구조죠. 스토어 네임밸류보다 각 상품의 경쟁이 더 중요한 스마트스토어처럼 유튜브 채널도 채널 네임밸류보다 각 콘텐츠 경쟁이 더 중요합니다.

이것은 상위 10퍼센트가 아니라 10퍼센트에 꼽히는 퀄리티의 영상을 만들면 가능합니다. 저는 목푯값이 10퍼센트에 발생 확률이 10퍼센트면 영상을 100개 만들 경우 그중 하나는 10퍼센트에 꼽히는 퀄리티로 만들 수 있겠다는 생각을 했습니다.

제가 아는 분이 유튜브 채널에서 소득 공개 콘텐츠를 했는데 3만 명일 때 한 30만 원이 들었습니다. 그때 저는 혹시 하루에 1만 원 이하 제작비로 매일 콘텐츠를 만들 수 있을까 하는 생각을 했죠. 해당 투입 자원이 1만 원씩이면 할 수 있겠다고 본 것입니다. 기댓값과 자원이 나오면 1만 원에 할 수 있느냐 없느냐 하는 문제만 남습니다.

확률에서는 어떤 단계로 넘어갔을 때 거기에 상응하는 행동 영역에서 성장이 이뤄질 경우 그게 다시 새로운 평균값이 됩니다. 이때 피드백을 거쳐 얻은 값이 기댓값보다 크면 투입 자원을 늘리고 기댓값보다 낮으면 투입 자원을 낮추는 거죠.

자원 투입량은 자신감과 확신이 생길수록 올라갑니다. 이때 자원을 확신 수준에 맞게 조절하는 것이 중요합니다. 제 이야기를 한 문장으로 정리하면 이렇습니다.

'목표를 명확히 하고 낮은 수준의 자원으로 운과 행동을 지속한다.'

박현욱(슈엔슈)

재테크 분야 파워 블로거. 대학 졸업 후 삼성증권에서 근무했고 퇴직 이후 본격적인 금융 재테크를
시작했다. '퇴직 없는 평생 직장 금융 재테크'를 모토로 아주 쉬운 재테크, 누구나 함께 할 수 있는 재
테크를 지향하며 '재테크의 여왕 슈엔슈' 블로그와 함께 하루하루 성장하고 있다.

14장

재테크 여왕의
실전 금융 재테크

박현욱(슈엔슈),
《전업맘, 재테크로 매년 3000만 원 벌다》 저자

아이를 양육하는 여성에게 금융 재테크는 매우 중요합니다. 여성은 엄마가 되면 아이를 위해 뭐든 해주고 싶은 마음이 생기지요. 그래서 '내 지갑이 좀 더 불룩했으면 좋겠다' 하는 희망사항을 늘 안고 살아갑니다. 이러한 희망을 현실화하는 데 도움을 주는 것이 바로 금융 재테크입니다.

금융 재테크가 중요한 이유는 몇 가지로 나눠볼 수 있습니다.

첫째, 금융 재테크는 육아를 하면서도 충분히 가능합니다.

둘째, 언제든 빠르게 현금화할 수 있습니다. 가령 주식을 매도하면 이틀 정도면 돈이 들어옵니다.

셋째, 금융 재테크는 삶의 활력소가 됩니다. 양육 때문에 살림만 하고 있으면 은연중에 위축되는 경향이 있는데 적금 만기가 와서 소액 이자라도 받으면, 공모주를 해서 1만 원이라도 벌면 그렇게 활력이 생길 수 없습니다. 육아를 하면서도 충분히 가능하고 내 삶에 비타민이 되어준다는 것이 어쩌면 금융 재테크의 가장 중요한 부분인지도 모릅니다.

넷째, 현재 우리가 살아가는 경제 흐름을 파악하는 것이 용이합니다.

다섯째, 지식 대물림이 가능합니다. 사실 학교에서는 실질적인 경제 교육이 잘 이뤄지지 않고 있습니다. 이를 보완해주는 것이 바로 우리가 하는 재테크입니다. 엄마가 경제 선생님이 되어주세요.

여섯째, 소액으로도 투자가 가능합니다. 재테크 하면 왠지 큰돈이 있어야 할 것 같지만 소액으로도 충분히 할 수 있습니다.

일곱째, 자녀에게 유리하게 증여할 수 있습니다. 만약 전체적인 경기가 좋지 않아 펀드 혹은 주식 잔고가 많이 빠지면 아이들에게 유리하게 증여가 가능합니다.

여덟째, 가족 분위기가 화목해집니다. 아마 어떤 가정이든 집에서 양육을 하는 아내가 돈을 벌면 남편이 가장 좋아할 겁니다. 또 아내가 집에서 어떤 경제적인 활동을 하고 있으면 남편과 함께 나눌 대화 소재도 늘어납니다.

기분을 좌우하는 직접투자보다 간접투자로 시작하라

금융 재테크에는 어떤 종류가 있을까요? 다음 도표는 제가 임의로 나눠본 것입니다. 실제로 금융기관에 가면 투자성향 진단부터 하고 자료를 제시하는데 이것과는 다릅니다.

저위험, 저수익은 원금 손실이 없거나 최대한 나지 않는 것을 말하며 CMA와 예·적금, 저축보험이 여기에 속합니다. 저위험, 중수익은 리스크는 작지만 원금 손실 가능성이 있는 것으로 환테크, 금테크, 공모주, 실권주가 여기에 해당합니다. 이것은 제가 전부 하고 있는 금융 재테크입니다.

그다음으로 ELS는 중위험, 중수익인데 이것부터는 원금 손실 가능성이 커집니다. 고위험, 중수익으로는 펀드와 ETF가 있습니다. 주

금융 재테크의 종류

저위험, 저수익	CMA, 예적금, 저축보험
저위험, 중수익	환테크, 금테크, 공모주, 실권주
중위험, 중수익	ELS
고위험, 중수익	펀드, ETF
고위험, 고수익	주식, ETF 레버리지, 선물옵션, ELW

간접투자

직접투자

식, ETF레버리지, 선물옵션, ELW는 고위험, 고수익인데 가장 리스크가 큰 반면 수익도 가장 많이 올릴 수 있습니다.

저는 이제 막 금융 재테크를 시작하는 엄마들에게 주식 직접투자를 권하지 않습니다. 특히 초보자는 주식에 직접투자하지 않아도 다른 금융 재테크로 충분히 수익을 낼 수 있습니다. 엄마들이 주식에 직접투자를 하면 그날 주식시장에 따라 기분이 오락가락하면서 집안 분위기를 들었다 났다 합니다.

그래서 저는 기분을 좌지우지하는 직접투자를 멀리하고 간접투자로 시작하라고 권합니다. 가령 펀드는 내가 건드리지 않아도 알아서 수익을 내줍니다. 처음에는 간접투자 비중을 늘리고 내가 점차 재테크에 익숙해지면 직접투자 비중을 늘리는 방식을 추천합니다.

제가 가장 많이 하는 재테크 수단은 예·적금입니다. 자산의 50퍼센트 이상은 예·적금인데 그 이유는 신경 쓰지 않아도 원금을 보장해주기 때문입니다. 주식투자를 하든 다른 어떤 것에 투자하든 가장 중요한 것은 수시 입출금 통장이 꼭 필요하다는 점입니다. 이것은 모든 재테크에서 기본입니다.

수시 입출금 통장에 어느 정도 여유 자금이 있어야 다른 재테크도 할 수 있어요. 수시 입출금 통장은 금리가 너무 낮지 않느냐고요? 사실 수시 입출금 통장에도 종류가 굉장히 많습니다.

수시 입출금 통장 하면 가장 먼저 떠오르는 것이 증권회사의 CMA입니다. CMA는 금리가 연 0.2~0.5퍼센트에 불과합니다. 2020년 현재 은행의 1년짜리 예금금리가 몇 퍼센트인지 아시나요? 시중은행 예금금리 1년짜리가 연 1퍼센트도 채 되지 않습니다. 그런데 제2금융권에서 판매하는 파킹 통장이라는 게 있어요. 그 통장의 예금은 자그마치 연 1.5퍼센트입니다. 어떻게 보면 시중은행 1년짜리 예금금리보다 더 많은 금리를 지급합니다. 만약 단기간에 자금을 맡겨놓고 싶다면 파킹 통장을 활용하는 것이 좋습니다. 예금자보호를 받고 싶을 경우 한 금융기관당 5,000만 원씩 나눠서 넣으면 됩니다.

그리고 고금리 적금은 번개처럼 빠르게 가입하십시오. 흔히 귀찮게 생각하지만 고금리 적금 가입은 매우 중요합니다. 예를 들어 연 5퍼센트짜리 5년 적금에 가입하고 월 50만 원씩 납입하면 5년 후 이자가 381만 원입니다.

저는 2019년 연 6퍼센트짜리 적금상품에 가입했어요. 어떻게 했느냐고요? 눈에 띄면 바로 가서 가입해야 합니다. 머뭇거리는 순간 그 상품은 바로 사라지고 맙니다.

저위험, 중수익에 환테크가 있는데 환율로도 충분히 재테크가 가능합니다. '환전' 하면 단순히 해외여행을 갈 때 하는 일이라고 생각하지만 이것 역시 훌륭한 재테크 수단입니다. 이전 10년 동안 원·달러 환율은 평균 1,125원이었습니다. 그러므로 그것보다 밑으로 내려오면 '아, 사도 되겠구나' 하고 생각해도 좋습니다. 환테크는 단순하게 환율이 내려왔을 때 사서 나중에 올라갈 때 파는 겁니다.

주식시장이 마냥 좋을 것 같지만 그렇지 않습니다. 주식시장과 달러는 반비례하기 때문에 주식시장이 좋지 않으면 환율은 오릅니다. 이 경우 주식시장이 하락할 때 환테크로 돈을 벌 수 있지요. 이러한 환율 차익은 비과세입니다. 비과세는 큰 장점이므로 이런 세테크를 잘 활용해야 합니다.

낮은 금리에 만족할 수 없다면 ELS

주식투자는 어렵지만 공모주 투자는 그렇지 않습니다. 공모주는 기업이 증권 시장에 신규 상장할 때 공개모집하는 주식이기 때문에 싸게 할인해서 발행합니다. 그래서 그런지 일반 주식보다 오히려 공모주 시장에 주목하는 사람이 많아 신규 투자자가 많이 들어오고 있습니다.

저는 2014년 삼성SDS, 제일모직 공모주로 재테크를 시작했는데 공모주는 자금만 있으면 단기간에 쏠쏠한 수익이 나더군요. 2020년 가장 핫했던 공모주는 SK바이오팜, 카카오게임즈, 빅히트입니다. SK바이오팜은 총 증거금이 31조 원 정도 들어왔고 흔히 하는 말로 따상상상(공모가 2배에 3거래일 연속 상한가)을 기록했습니다.

그 영향으로 카카오게임즈부터는 돈이 몰리기 시작했지요. 결국 카카오게임즈와 빅히트 모두 각각 58조 원이 들어왔습니다. 하지만

SK바이오팜 같은 수익은 나지 않았죠.

사실 공모주를 하면서 큰 수익을 기대하는 것은 무리입니다. SK바이오팜은 10년에 한 번 날까 말까 한 수익인데 그런 수익을 노리고 공모주에 투자했다가 오히려 손실을 보는 사람도 있습니다.

공모주는 그냥 공모주로 투자해야지 상장 당일 주식을 사면 안 됩니다. 그렇게 하기엔 리스크가 굉장히 큽니다. 공모주에 투자할 때는 이 부분을 꼭 기억해야 합니다.

낮은 예·적금 금리에 만족할 수 없다면 ELS를 권합니다. ELS는 주식의 기초종목이나 개별종목 주가에 연계해 수익을 내는 상품이라 원금 손실을 볼 수도 있습니다. 실제로 ELS에 투자했다가 손실을 본 사람도 많이 있습니다. 그러므로 ELS에 투자하면서 너무 욕심을 부리면 안 됩니다. 그리고 쿠폰(ELS 제시 수익률)이 너무 높은 데는 분명 이유가 있어요. 그러므로 쿠폰이 좀 낮더라도 원금 손실이 발생할 수 있는 주가 기준선인 녹인(Knock-In)을 먼저 수준인지 살펴보고 선택해야 합니다.

ELS의 경우 만기가 있고 금리가 정해져 있다 보니 흔히 ELS를 예금과 많이 비교하지만 예금은 원금을 보장받는 상품이고 ELS는 원금을 보장하지 않는 상품이므로 주의해야 합니다. 그렇지만 ELS로 얼마든지 수익을 낼 수도 있습니다.

2020년 3~4월 코로나19 때문에 주가가 많이 빠졌지만 그때 ELS 금리가 자그마치 9~10퍼센트였습니다. 그때 했었어야 한다고요?

이미 지나가버린 버스는 다시 오지 않습니다.

해외펀드는 연금저축계좌를 이용하십시오. 전업맘이 왜 연금저축을 이용해야 하느냐고요? 연금저축의 경우 해외펀드를 굴려 수익이 날 경우 세테크가 됩니다. 그리고 내가 넣은 원금은 언제든 인출이 가능해요. 단순히 소득공제만 생각하면 이 계좌를 만들 필요가 없습니다. 이것은 세테크용으로 가입하는 겁니다.

개별 주식 매매가 어려우면 펀드를 개별 주식처럼 매매하기 쉽게 주식시장에 상장한 ETF에 주목하세요. 제가 2020년 가장 수익을 많이 올린 것이 ETF입니다. ETF라고 하면 왠지 어렵게 느껴지지만 펀드 매매를 주식으로 할 수 있는 것이라고 생각하면 이해하기가 쉽습니다.

물론 ETF에도 문제는 있어요. 제가 올해 개인투자자들의 매수 종목을 보니 2020년 3월과 11월에 개인투자자가 ETF를 아주 많이 샀더군요. 그것도 곱버스를 많이 샀습니다. 곱버스는 '곱하기 인버스'의 줄임말입니다. 인버스는 본래 주가 하락에 베팅하는 상품인데 곱버스는 그 2배로 움직입니다.

가령 지수가 1퍼센트 하락하면 곱버스는 2퍼센트 상승하는 상품이에요. 그런데 '지수가 이렇게 올랐으니 여기서 더 오르지 않을 것 같아' 하는 추측으로 곱버스를 많이 사는 겁니다. 2020년 3월에도 코로나19로 더 하락할 것 같다는 분위기라 곱버스를 많이 산 것이죠. 그때 그 곱버스들은 2020년 말 현재 손절할 수도 없을 만큼 커져

내 자산에서 빼버리고 싶을 정도로 암울한 상태입니다.

그러니 주가 하락에 쉽게 베팅하지 마세요. 특히 개인투자자는 만약 주가가 하락할 것 같다면 그냥 쉬는 게 낫습니다. 차라리 현금화하고 기회가 올 때를 기다리는 거죠. 개별 주식 매매가 어려울 경우 ETF를 하되 인버스에는 투자하지 말라는 게 핵심입니다.

원금을 지키는 재테크가 기본이다

그럼 제가 권하고 싶은 초보자를 위한 금융 재테크 비법 몇 가지를 소개하겠습니다.

첫 번째는 원금을 지키는 재테크입니다. 이것은 제가 늘 강조하는 말입니다. 또 투자의 귀재 워런 버핏의 제1법칙이자 제2법칙이기도 하죠. 원금을 잃으면 스트레스를 받습니다. 더구나 그걸 만회하겠다는 생각으로 리스크가 큰 상품으로 자산을 옮깁니다. 이를테면 개별종목에 직접 투자하거나 곱버스를 합니다.

이런 이유로 원금을 지키는 재테크는 무척 중요합니다. 제가 예·적금 비중을 크게 유지하는 이유도 원금을 꼭 지키기 위해서입니다. 특히 예·적금은 공모주에 투자할 때 담보대출이 가능하다는 이점이 있습니다. 돈은 그냥 쳐다만 볼 게 아니라 계속 가꾸고 써줘야 합니다. 통장에 가만히 있게 놔두면 안 돼요. 돈을 계속 써주면 돈은 그걸 알고 나를 쫓아옵니다.

　두 번째는 스트레스를 받지 않는 재테크입니다. 스트레스를 받으면 스트레스를 주는 대상을 배제하고 싶은 생각이 듭니다. "스트레스를 받으면서까지 하고 싶지는 않아" 하는 것이죠. 스트레스를 받지 않으려면 원금을 지키는 재테크를 해야 합니다. 원금을 지키면서 즐기는 재테크가 이상적입니다.

　세 번째는 모르는 상품에 가입하지 말라는 것입니다. 이상하게도 우리 주위에는 돈을 벌었다는 사람들만 굉장히 많습니다. 어디에 투자해서 얼마를 벌었다는 이야기만 들려옵니다. 손해를 본 사람은 그 경험을 절대 말하지 않습니다. 누구든 수익이 났다는 이야기를 들으면 솔깃해집니다. 그러나 자신이 모르는 상품에는 절대 가입하면 안 됩니다. 예를 들어 내가 어떤 종목을 추천받았는데 그게 모르는 종목이라면 그건 그 종목 가격이 충분히 올랐다는 의미입니다. 일단 내가 사면 쭉쭉 빠집니다. 시험 볼 때 내가 찍으면 답 사이로 마구 빠져나가죠? 그와 마찬가지입니다. 내가 모르는 상품은 절대 매수하면 안 됩니다.

　네 번째는 재테크를 위한 여유자금이 반드시 필요하다는 점입니다. 환테크를 하거나 갑자기 등장하는 적금에 가입하려면 여유자금이 꼭 있어야 합니다. 이 여유자금은 융통성 있게 단기간에 빼서 쓸 수 있도록 파킹 통장에 넣으십시오. 이 통장은 제2금융권 위주인데 비대면으로 계좌를 개설하는 것을 추천합니다. 내가 직접 은행에 가서 가입하는 것보다 비대면계좌 개설 시 금리를 좀 더 받을 수 있습니다.

예를 들어 상상인저축은행은 파킹 통장 금리가 연 1.5퍼센트입니다. 그런데 비대면으로 개설하면 0.1퍼센트가 더 올라가 1.6퍼센트입니다. 지금 금융기관 영업점이 계속 줄어들고 있죠. 그러니 여기에 발을 맞춰야 합니다. 비대면으로 계좌를 개설하면 오고가는 시간도 줄이고 금리우대도 받을 수 있습니다.

다섯 번째는 계란을 한 바구니에 담지 말라는 것입니다. 금융 재테크를 할 때 무조건 한곳에 몰아서 투자하면 안 됩니다. 주가가 하락할 경우 환율이 올라가므로 하나에서 빠지면 다른 곳에서 수익이 나도록 분산투자를 해야 합니다. 하다못해 달러를 살 때도 한꺼번에 사면 안 됩니다. 꼭 나눠서 사야 합니다. 팔 때도 마찬가지입니다. 같은 맥락에서 펀드도 적립식으로 투자하는 것이 좋습니다.

여섯 번째는 세테크는 기본이고 신규 상품이 나오면 빠르게 가입하라는 것입니다. 세테크가 기본이라는 의미는 세금만 내지 않아도 수익률이 올라가는 효과가 나기 때문입니다. 그러므로 세테크 상품은 최대한 빨리 가입해야 합니다. 생각보다 빠르게 없어지거든요.

2017년 말 가입이 완료된 해외 비과세 펀드가 있었는데 1인당 연 3,000만 원까지 불입액에 10년 동안 비과세 혜택이 주어졌습니다.

저는 아직도 이걸 갖고 있습니다. 그때 불입한 해외펀드 수익률이 자그마치 60퍼센트가 넘습니다. 그러므로 세테크 상품은 무조건 서둘러서 가입해야 합니다.

세테크에는 개인종합자산관리 계좌, ISA가 필수

2020년에는 공모주가 굉장히 뜨거웠는데 2021년에는 더 뜨거워질 거라는 소식입니다. 2020년 11월 공모주 개편안이 나왔습니다. 그동안 공모주는 돈 있는 사람들에게 유리하다는 인식이 있었으나 이것을 조금 완화했습니다. 일반 청약자 배정 물량 중 절반은 균등 방식으로 동일하게 배정합니다. 또 일반 청약자 물량이 예전에는 공모주 총 물량의 20퍼센트에 불과했지만 25~30퍼센트까지, 최대 35퍼센트까지 늘린다는 내용이 있습니다.

그다음에 복수 주관사 중복 청약을 제한합니다. 내가 돈이 있으면 공동주관사라고 해서 기존에는 여러 증권사에 청약할 수 있었으나 이제는 한 주관사에서만 할 수 있습니다. 이것은 11월 말 개정 이후 최초 신고한 증권신고서부터 개선 내용을 적용할 예정이라 2021년 1월 중순이나 말부터 이것을 적용한 공모주가 나올 것입니다.

그럼 여기서 세테크를 좀 더 자세히 설명하겠습니다.

제가 권하고 싶은 것은 개인종합자산관리 계좌인 ISA입니다. ISA

에는 예금, 펀드, 주식, ELS 등 여러 가지 투자 가능 금융상품을 한곳에 담을 수 있습니다. 2021년부터 ISA는 손익을 통산해 소득 200만 원까지 비과세 혜택을 줍니다. 그리고 그 초과분은 9퍼센트까지 분리 과세합니다. 연간 금융소득이 2,000만 원을 넘으면 거기에 또 세금이 붙는데 ISA에 담아 투자하는 상품은 금융소득종합과세에 들어가지 않는 것이죠. 이렇게 분리 과세하므로 세금이 여기에서 끝납니다.

만약 ELS에 투자하면서 세금을 좀 더 아끼고 싶다면, 예·적금을 하는데 세금을 덜 내고 싶다면, ISA를 개설하세요. 2020년까지만 해도 소득이 있는 자영업자나 근로소득자만 가입이 가능했으나 2021년부터는 전업주부도 가입이 가능합니다. 그것도 영업점에 군이 내방하지 말고 비대면으로 가입하길 추천합니다.

저는 개인적으로 ISA 계좌로 ELS를 하라고 추천합니다. ELS는 고금리 상품에다 상대적으로 우리가 접근하기가 쉽기 때문입니다.

노후설계

15장   노후 대비 자산관리, 이것만은 유념하자

06

강창희

트러스톤자산운용 연금포럼 대표. 1973년 증권선물거래소에 입사해 대우증권 도쿄사무소장, 상무·국제본부장, 현대투신운용 사장, 굿모닝투신운용 사장, 미래에셋 부회장 겸 은퇴연구소장을 거친 금융투자업계의 산 증인이다. 이후 트러스톤자산운용으로 자리를 옮겨 현재 연금포럼 대표를 맡고 있다. 활발한 강의와 연구 활동을 통해, 젊은이에서 중장년층에 이르기까지 한 명이라도 더 많은 이들에게 노후 준비의 중요성을 알리는 데 앞장 서고 있다.

15장

노후 대비 자산관리,
이것만은 유념하자

강창희, 트러스톤자산운용 연금포럼 대표

　노후를 대비한 자산관리에서 꼭 유념해야 할 것은 무엇일까요? 저는 20년 가까이 투자 교육과 노후설계 교육을 해오면서 이 의문을 깊이 생각해봤습니다. 노후 대비 자산관리에서 유념해야 할 것은 몇 가지로 나눠볼 수 있습니다.

　첫 번째는 연금입니다.

　흔히 선진국 하면 개인이 노후자금을 몇억 원씩 준비한 나라로 여기기 십상이지만 그렇지 않습니다. 선진국이란 세상을 떠날 때까지 최소 생활비를 공적·사적 연금으로 받을 수 있는 나라를 말합니다.

선진국의 노후 주요 수입원

(단위: %)

	한국		미국	일본	독일
	1980년	2017년			
자녀의 도움	72	25.7	0.7	1~2	0.4
공적·사적 연금	0.8	12.5	60~70	60~70	80~90
기타	27	61.8	30~40	30~40	10~20

자료: 2018 고령자통계, 필자 작성

예를 들어 미국, 독일, 일본 사람들에게 "노후에 당신의 주 수입원은 뭡니까?"라고 물으면 70~80퍼센트가 연금이라고 답합니다. 반면 한국은 연금으로 최소 생활비를 대는 사람이 교사, 공무원, 군인으로 한정되어 있기 때문에 12.5퍼센트에 불과합니다.

그러면 그동안 한국 노인들은 어떻게 먹고살았을까요? 1980년만 해도 자녀에게 도움을 받는 비율이 72퍼센트에 달했어요. 하지만 그사이 이 비율이 약 25퍼센트로 줄었습니다. 앞으로 10년쯤 지나 이 조사를 다시 하면 한국도 자녀에게 도움을 받는 비율이 미국 0.7퍼센트, 일본 1.9퍼센트, 독일 0.4퍼센트처럼 낮아질 겁니다.

선진국에서는 어떤 나라도 자식이 부모의 주 생활비를 도와주지 않습니다. 사실 도와주고 싶어도 도와줄 수가 없어요. 그 이유를 살펴봅시다.

가령 한국은 여성의 평균 수명이 1960년 기준 54세였습니다. 이것이 2018년에는 86세로 늘어났죠. 무려 32년이 늘어난 겁니다. 그러니까 1960년대까지만 해도 수명이 짧아서 노부모 부양 기간이 평균 5년 정도에 불과했어요. 반면 앞으로 100세 시대에는 25~30년간 노인이 노인을 도와줘야 한다는 계산이 나옵니다. 부모가 오래 살면 자식도 노인이 되어버려서 돕고 싶어도 도울 수가 없는 것입니다.

한국의 경우 교사, 공무원, 군인을 뺀 나머지 보통사람은 대개 국민연금 하나에만 기대고 있습니다. 그런데 한국인 65세 이상 고령자 중 국민연금을 한 푼이라도 받는 사람은 42.5퍼센트밖에 안 됩니다. 더구나 받는 금액을 보면 월 60만 원 미만이 80퍼센트입니다. 100만 원 이상 받는 사람은 6.6퍼센트에 불과합니다.

퇴직연금이 있지 않느냐고요? 현재 퇴직연금 적립금이 221조 원인데 이것을 가입자 수로 나눠보면 3,200만 원입니다. 그것을 통째로 받아봐야 1년 생활비에도 미치지 못하는 겁니다. 개인연금은 특별히 가입한 사람 외에는 없습니다. 결국 국민연금 하나밖에 없다는 이야기인데 과연 이걸로 살아갈 수 있을까요?

제가 노후 대비로 다른 재테크보다 가장 먼저 권하고 싶은 것은 부부가 국민연금에 같이 가입하는 것입니다. 전업주부가 예를 들어 30~60세까지 한 달에 9만 원씩 국민연금에 가입할 경우 세상 떠날 때까지 매달 50만 원씩 받습니다. 이것을 남편이 가입한 것과 합하면 절대 굶을 염려는 없죠.

그리고 직장인은 퇴직연금을 가입해야 하고, 그것만으로는 부족하니 10~20만 원이라도 개인연금에 가입해야 합니다. 국민연금, 퇴직연금, 개인연금을 흔히 '3층 연금'이라고 하는데 이 3층 연금으로 최소 생활비를 확보하는 것이 가장 중요합니다.

3층 연금을 마련하지 못한 채 이미 퇴직했다면 어떻게 해야 할까요? 예를 들어 집이 있다면 집을 담보로, 농지가 있다면 농지를 담보로 생활비를 받아쓰다가 세상을 떠날 때 정산하면 됩니다. 그것이 바로 주택연금, 농지연금입니다. 그래도 죽을 때 자식에게 집 한 채는 물려줘야 하지 않느냐고요? 본인이 세상을 떠날 때 아마 자녀의 나이는 70세가 넘을 겁니다. 70이 넘으면 집을 물려받아도 큰 의미는 없습니다. 이런 상황을 받아들이고 생각을 바꿔야 합니다.

하우스푸어는 남의 일이 아니다

두 번째는 우리 집 재산 상태를 살펴보는 일입니다.

나이가 50세를 넘어가면 재산이 어느 정도인지 살펴보는 것이 바람직합니다. 먼저 A4 용지를 반으로 접어 가운데에 선을 긋습니다.

왼편에는 자산 중 실물자산과 금융자산을 적습니다. 실물자산은 가령 아파트 한 채 얼마, 자동차 한 대 얼마 하는 식으로 실물과 가격을 기록합니다. 금융자산은 현금, 예금, 주식, 채권, 펀드, 보험, 연금을 모두 확인해서 씁니다. 그 합계가 10억 원이라면 우리 집 자산 합계는 10억 원입니다.

오른편에는 은행이나 신용금고에서 빌려온 돈을 기록합니다. 그 합계가 7억 원이라면 10억 원에서 7억 원을 뺀 3억 원이 순수한 자기자본입니다. 이것을 부부가 1년에 한 번씩 만들어보면 생각이 달라집니다.

한국 가정에는 대부분 두 가지 문제가 있습니다.

하나는 자산 합계가 10억 원인데 부채가 7억 원인 경우입니다. 이런 집은 자산구조가 위험합니다. 10억 원을 다 팔아서 7억 원을 갚아도 3억 원이 남는데 왜 위험하냐고요?

위험합니다. 부채가 총자산의 3분의 2를 넘어서면 위험하다고 봐야 합니다. 왜냐하면 부채인 차입금은 갚지 않으면 줄어들지 않습니다. 그런데 집과 주식 같은 자산은 불황이 오면 얼마든지 절반이나 3분의 1로 줄어들 수 있습니다.

예를 들어 자산가격이 절반으로 떨어지면 5억 원이 됩니다. 이때 부채는 그냥 7억 원으로 남아 있습니다. 이 경우 채무액이 2억 원을 초과합니다. 결국 퇴직하기 직전 부채가 많은 가정은 먼저 빚부터 갚으려고 노력해야 합니다.

다른 하나는 재산이 제법 있고 빚은 별로 없는데 갖고 있는 자산이 거의 다 부동산인 경우입니다. 한국은 전체 자산 평균의 79퍼센트가 부동산입니다. 특히 60대 이상은 81퍼센트가 부동산이지요. 그

한·미·일 가계의 부동산과 금융자산 비율

(단위: %)

국가		부동산	금융자산
한국 (2019년)	전체 평균	79	21
	60대 이상 가정	81	19
미국(2017년)		30	70
일본	(1990년)	60	40
	(2019년)	30	70

자료: 한국은행 가계금융 복지조사(2019), 미국 FRB, 'Financial Accounts'(2019 2분기), 일본국민계정(2017)

러니까 한국인은 갖고 있는 재산의 81퍼센트가 부동산이라는 문제를 안고 있습니다.

일본도 1990년에는 부동산 비중이 60퍼센트 정도로 한국과 비슷했습니다. 그러나 지금은 그 비율이 30퍼센트로 절반 정도 줄었습니다. 왜 이렇게 됐을까요? 저는 여기에 세 가지 이유가 있다고 봅니다.

우선 일본의 집값과 땅값이 지난 30년 동안 계속 떨어졌습니다. 특별히 몇 곳만 빼고 다 떨어졌지요. 그다음에 마인드가 '집이 없으면 어때. 빌려서 살면 되지' 하는 식으로 달라졌습니다. 즉, 우리처럼 집에 한이 맺혀 있지 않습니다. 마지막으로 여분의 집이나 가게를 하나 갖고 있다가 세를 놓습니다. 그런데 선진국은 세입자 권리가 굉장히 강하기 때문에 세입자가 세를 제때 내지 않아도 내보내지 못합니다. 내보내려면 좀 귀찮아도 소송을 해야 하지요.

그래서 선진국의 보통사람은 실물로 부동산에 투자하는 게 아니라 부동산에 투자하는 펀드에 투자합니다. 지금 한국도 리츠나 부동산 펀드가 늘고 있지요. 이러한 리츠와 부동산 펀드는 간접투자이기 때문에 금융자산에 포함됩니다. 미국과 일본의 금융자산이 70퍼센트에 이르는 이유가 여기에 있지요. 한국도 지금 이런 방향으로 가고 있습니다.

자산 중에서 부동산이 가장 큰 비중을 차지할 때 무엇보다 큰 문제는 무얼까요? 바로 집값이 떨어지는 일입니다. 여기서 잠깐 일본의 부채와 저축 비율을 알아봅시다. 일본은 특이하게도 집값이 떨어져도 각 가정에 부채가 별로 없어서 하우스푸어가 될 염려는 없습니다.

일본 가정의 생애주기별 저축액 대비 부채 비율을 보면 20~30대는 그 비율이 무려 179퍼센트입니다. 그 이유가 무얼까요? 일본 사람들은 대개 30년, 35년 장기론으로 집을 사기 때문에 집을 사면 빚이 껑충 뛰어오릅니다. 하지만 179퍼센트에 달하는 그 빚을 현역 시절에 계속 갚아 나가 퇴직할 무렵이면 5퍼센트밖에 남지 않습니다. 즉, 빚이 거의 없습니다.

예를 들어 일본에 사는 제 친구의 경우 한창 집값이 비쌀 때는 3억 6,000만 원까지 갔는데 그곳이 지금 3,000만 원, 4,000만 원입니다. 그래도 별로 놀라지 않습니다. 빚이 없다 보니 '여기서 살다 죽으면 그만이지' 하는 생각을 하기 때문입니다.

한국에서는 이 비율이 30대가 제일 높은데 약 131퍼센트입니다.

15장 노후설계 노후 대비 자산관리, 이것만은 유념하자

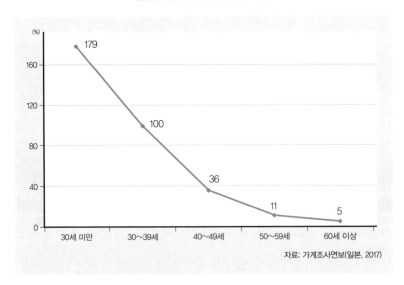

일본인의 저축액 대비 부채 비율

(%)

179
100
36
11
5

30세 미만   30~39세   40~49세   50~59세   60세 이상

자료: 가계조사연보(일본, 2017)

문제는 이 비율이 별로 줄어들지 않는다는 데 있습니다. 퇴직할 때
가 되어도 83퍼센트의 빚이 그냥 남아 있습니다. 왜 그럴까요?

한국인은 작은 평수로 시작해서 점차 평수를 늘려갑니다. 가령
15평에서 시작했다면 20평, 30평으로 늘려가는 거지요. 이때 늘려
갈 때마다 은행에서 돈을 빌려 3~4년 기간으로 집을 사는 까닭에
빚이 그냥 남아 있는 겁니다.

만약 10년이나 15년 후 한국에서 일본 같은 집값 하락 현상이 나
타난다면 한국에 하우스푸어가 얼마나 많이 생기겠습니까. 우리는
이 점을 염두에 두어야 합니다.

글로벌 시대에는 땅도 수입한다

세 번째는 땅 소유에 관한 인식 전환입니다.

한국은 땅이 좁은 나라다 보니 다소 비싸게 사도 기다리면 언젠가는 오른다는 인식이 강합니다. 땅에 묻어두는 게 최고라는 이야기지요. 실제로 지금까지는 그랬습니다. 하지만 글로벌 시대에는 땅도 얼마든지 간접적으로 수입할 수 있습니다. 그걸 가장 먼저 경험한 나라가 영국입니다.

18세기 후반 영국에서는 땅값이 큰 폭으로 올랐습니다. 그러다가 영국 정부가 밀 수입을 자유화하면서 상황이 바뀌었지요. 밀을 해외에서 3분의 1 가격이나 절반 가격에 마음대로 사다 먹을 수 있게 된 것입니다. 밀을 싸게 사오는 것은 간접적으로 땅을 싸게 사는 효과를 낸다는 인식이 퍼지면서 영국의 땅값은 대폭 떨어졌습니다.

일본 역시 그런 경험을 했습니다. 일본은 전국 상업용지 지가지수가 1974년 평균을 100으로 볼 때 1991년 272까지 올랐는데 문제는 그 이전에 있습니다. 1970년대 초 다나카 가쿠에이 수상이 '일본 열도 개조론'을 부르짖으면서 일본의 땅값이 엄청나게 올랐습니다. 그러다가 1991년 일본 땅값이 절정기에 달했지요. 얼마나 비쌌을까요?

한 가지 비유를 들어봅시다. 일본 도쿄 중심가에는 왕궁이 위치한 지요다구가 있습니다. 서울로 치면 창경궁과 경복궁이 있는 종로구 같은 곳이죠. 어떤 일본인이 이런 말을 했습니다.

"오늘 시세로 지요다구 하나만 팔면 그 돈으로 캐나다 땅을 송두리째 살 수 있다."

땅값이 어찌나 비싼지 도쿄시의 한 구를 팔아 그 돈으로 캐나다 전체를 살 수 있다는 이야기입니다. 1991년 일본 땅값이 그 정도로 높았습니다. 그러나 그 이후 땅값이 무너지면서 2016년 지가지수가 70까지 떨어졌습니다.

땅은 수입할 수 없는데 어떻게 이런 일이 생겼느냐고요? 흥미롭게도 해외에서 쌀을 싸게 사오면 김제평야, 평택평야 땅값이 떨어집니다. 마찬가지로 해외에서 소고기를 싸게 사오면 대관령 목장 땅값이 하락합니다.

지금 인도, 중국, 베트남이 땅을 공짜로 줄 테니 빨리 공장을 옮기라며 한국 기업을 유혹하고 있습니다. 만약 기흥에 있는 삼성전자가 통째로 중국으로 간다면 어찌될까요? 아찔한 일이지만 기업은 경쟁력이 떨어지면 갈 수도 있습니다.

현재 삼성전자 베트남 공장에는 베트남 현지 직원이 2만 명 정도 있습니다. 베트남 현지의 고졸 직원 급여가 얼마인지 아십니까? 월 340달러입니다. 한국 삼성전자의 고졸 여직원 월급은 얼마인지 아십니까? 평균 3,700달러입니다. 무려 10배가 넘습니다. 언제까지 버틸 수 있을까요?

대기업이 떠나버리면 일단 직장이 사라지고 그다음으로 부동산

가격이 폭락합니다. 월급과 자산가치가 사라지면 남는 게 뭐가 있겠습니까.

어떤 도시가 관민의 노력으로 기업과 사람이 모여들면 당연히 도시의 땅값이 오릅니다. 이와 달리 한국은 땅이 좁으니까 기다리면 오른다는 막연한 생각은 버려야 합니다. 글로벌 시대에는 땅도 얼마든지 간접적으로 수입할 수 있습니다. 땅은 이 관점으로 생각해야 합니다.

초고령사회, 노후 주거의 문법이 바뀐다

네 번째는 집을 둘러싼 변화입니다.

나이가 60대에 접어들면 아이들이 결혼해서 분가합니다. 그렇게 분가한 아이들이 다시 돌아와서 살 가능성은 캥거루가 아닌 이상 아주 낮습니다. 몇 년 전 서울시에서 65세 이상 된 부부들에게 물었습니다.

"두 분 중 한 분이 돌아가시면 다시 자녀들과 같이 살겠습니까?"

같이 살겠다는 응답은 불과 20퍼센트였습니다. 50퍼센트는 자식들과 멀지 않은 곳에서 혼자 살겠다고 했고, 30퍼센트는 실버타운 같은 노인 전용 시설로 가겠다고 대답했죠. 80퍼센트가 자식이 거부해서가 아니라 본인이 불편해서 혼자 살겠다는 겁니다.

아이들이 떠나고 둘만 남으면 이후 약 30년 사이에 이런 일이 생깁니다. 먼저 둘 중 한 사람이 아픕니다. 이때를 부부 간병기라 부르지요. 그러다가 부부 중 한 사람이 떠나고 혼자 남습니다. 물론 남아 있던 사람도 질병을 앓다가 떠납니다. 그 인생을 누구와 어디서 어떻게 살 것인지 지금부터 잘 생각해봐야 합니다.

몇 년 전 통계를 보니 현재 한국에 '100세인'이 4,793명 있더군요. 100세인이란 100살 이상 된 분을 말합니다. 과거에 100세인은 공기 맑고 경치 좋은 시골에 살았습니다. 그런데 지금 100세인의 절반은 요양병원에 있습니다. 요양병원에 가는 것이 그저 남의 이야기로 들리십니까? 저는 이미 각오하고 미리 봐두고 있습니다.

그럼 이쯤에서 좀 더 예리하게 현실을 직시해봅시다. 어찌된 노릇인지 자녀가 결혼적령기에 들어서면 여성들은 큰집으로 이사를 가려고 합니다. 물론 사돈네 보기에 폼도 나고 과거에는 재테크가 되기도 했지요. 제 아내도 마찬가지입니다. 제 딸이 2002년 결혼했는데 2001년이 되자 아내가 큰집으로 이사를 가자고 하더군요. 집이 커야 결혼한 아이들이 와서 자고 간다는 거였지요. 착각입니다. 요즘 결혼한 아이들은 자고 가지 않아요. 지금까지는 희소가치 때문에 대형 아파트가 많이 올랐지만 지금은 골치 아프지 않습니까?

한국은 인구가 5,100만 명에 가구 수는 2,020만입니다. 그중 혼자나 둘만 사는 가구를 합하면 1980년 15퍼센트에 불과했습니다. 한데 그 수치가 2018년 58퍼센트로 늘어났습니다. 이 추세라면 2045년에는 71퍼센트가 혼자 아니면 둘이 살 것입니다. 일본은 이 수치가 벌써 몇 년 전에 60퍼센트를 넘었습니다.

이런 세상이 오고 있는데 아직도 서울에서는 재개발을 하면 몇 평이 늘어나는지 따지고 있습니다. 변화하는 현실을 잘 보고 주의해야 합니다. 특히 요즘에는 지방에도 고층 아파트가 많이 들어서는데 젊을 때는 상관없지만 나이가 들어서는 조심할 필요가 있습니다.

한국인은 유난히 돈이 많은 사람은 하늘 가까이 가고 돈이 없으면 땅 가까이 가는데, 높은 곳은 그리 좋아할 게 아닙니다.

몇 년 전 일본의 유명한 탤런트 오오하라 레이코가 사망하면서 일본이 난리가 났습니다. 고독사로 죽고 나서 사흘 만에 발견된 탓에 일본이 발칵 뒤집혔지요.

일본에서 어느 도의 뉴타운 단지 하나를 조사하자 과거 3년 동안 고독사한 사람이 25명이었습니다. 그들이 죽고 나서 발견될 때까지 걸린 시간은 평균 21.3일입니다. 이 얼마나 큰 비극입니까. 왜 이런 일이 생길까요? 사람들이 들락날락하는 곳에 살지 않기 때문입니다. 자식들은 이미 분가했지요. 그러면 이웃과 소통해야 합니다. 이웃집만 한 복지시설이 없어요.

30평이나 40평 고층 아파트에서 혼자 혹은 둘이 살고 있으면 누가 찾아옵니까? 2019년 제가 일본 전문가와 함께 강남의 고층 아파트를 지나가면서 말했습니다.

"저게 한국에서 최고 비싼 아파트입니다."

그러자 그는 한번 쓱 보더니 이렇게 말하더군요.

"십수 년 지나면 한국도 초고령사회가 될 텐데 그때 저 아파트는 어떻게 될까요?"

얼마 전 '빅데이터로 본 일본 부동산시장 전망'이라는 자료를 읽었습니다. 거기에 일본의 노후화한 아파트를 재건축하지 못해 슬럼화되고 있다는 이야기가 나오더군요. 아파트를 보통 '구분(區分) 소유 주택'이라고 부르는데 이러한 주택을 재건축하려면 주민의 80퍼센트가 찬성해야 한다는 겁니다.

재건축에 성공하려면 위치가 좋고 저층이어야 한다는 조건을 충족해야 합니다. 위치가 별로 좋지 않거나 이미 고층이면 매력이 없습니다. 저층을 고층화해서 비용을 빼야 하는데 그게 어려우니까요. 여기에다 일단 나이든 분들은 재건축을 귀찮아합니다. 결국 지진이 나서 무너지지 않는 한 재건축을 하지 못해 슬럼화된다는 것입니다.

그런데 우리가 남을 걱정할 처지가 아닙니다. 실은 우리가 더 문제입니다. 아파트 슬럼화를 문제로 지적하는 일본은 전체 주택 수에서 아파트가 차지하는 비율이 10퍼센트밖에 안 됩니다. 한국은 어떨까요? 전체 주택 수 대비 아파트 비율이 2018년 49퍼센트였습니다. 아마 2020년에는 50퍼센트가 넘을 겁니다.

저는 지방에 내려갔을 때 벌판에 서 있는 20층, 30층 아파트를 보면 20~30년 뒤 우리 손주들이 저것을 때려 부수기 위해 얼마나 고

생할까 하는 생각을 합니다. 그래서 대형 고층 아파트를 조심해야 한다는 겁니다.

요즘 일본의 노인들은 어디에서 살까요? 시내에 있는 18평에서 20평짜리 집에서 삽니다. 왜 시내일까요? 병원과 문화시설이 가까운 곳에 있고 쇼핑하기가 편리하기 때문입니다. 나이 들면 넓고 높은 집은 그다지 매력이 없습니다.

주택은 재테크가 아닌 주거 수단이다

지난 20년 동안 한국은 가구 수가 854만 가구 늘었는데 집은 1,074만 가구를 지었습니다. 전국적으로 공급 과잉입니다. 그런데 서울은 208만 가구가 늘어난 반면 집은 113만 가구밖에 짓지 않았습니다. 2019년, 2020년 서울이 집값 때문에 요동을 치는 이유가 여기에 있습니다. 왜 이런 결과가 빚어진 걸까요?

저는 여기에 세 가지 이유가 있다고 생각합니다.

첫째, 나이가 들면 노인들이 교외로 나가 넓은 곳에서 유유자적할 줄 알았는데 현실은 그렇지 않았습니다. 서울과 도쿄의 노인들은 시내 역세권의 작은 집을 선호합니다. 역설적이게도 고령화 시대가 되면 교외 시대에서 도심 시대로 바뀝니다.

둘째, 취업할 곳이 서울밖에 없어서 젊은 사람들이 서울로 몰려들 없습니다.

셋째, 지방은 집값이 잘 오르지 않고 서울만 유난히 오르다 보니 지방에 전세로 살면서 서울에 똘똘한 한 채를 사두는 사람이 많았습니다.

이 모든 것이 복합 작용해 2020년 주택시장이 지각변동을 일으킨 것입니다.

과연 집은 누가 살까요? 바로 젊은 사람들이 삽니다. 한데 지난 20년 동안 한국은 20대와 30대가 100만 가구 줄었고 앞으로 20년 동안 130만 가구가 줄어듭니다.

그다음으로 집을 늘려가는 연령층은 40~50대입니다. 지난 20년간 한국은 40~50대가 260만 가구 늘어났는데 앞으로 20년 동안 190만 가구가 줄어듭니다.

그럼 늘어나는 가구는 어떤 연령층일까요? 이미 노인 가구가 400만 가구 늘었고 앞으로 20년 동안 530만 가구가 늘어납니다. 그런데 노년층은 이미 집이 있거나 집이 없어도 살 능력이 없습니다. 과연 누가 집을 살 것인지 잘 생각해봐야 합니다.

다음 도표를 보면 지난 20년 동안 1인 가구와 2인 가구가 680만 가구 늘었고, 앞으로 20년 동안 380만 가구가 늘어납니다. 3인 이상 가구는 110만 가구가 줄었는데 앞으로 20년 동안 170만 가구가 또 줄어듭니다.

이 도표에 나온 수치가 향후 10년에서 15년 뒤 한국의 주택시장에 어떤 영향을 줄지 고민해볼 필요가 있습니다.

그럼 집을 팔라는 말이냐고요? 집을 사고파는 것은 주택 전문가의 의견을 참고하기 바랍니다. 제가 권하고 싶은 것은 투자에는 리스크가 따르므로 재산을 한 곳에 집중하면 안 된다는 원칙 하나만큼은 꼭 지켜야 한다는 것입니다.

소유한 재산이 100퍼센트 부동산이라면 그 부동산이 오를 때 오를망정 우선 10~20퍼센트라도 금융자산을 보유하기 바랍니다. 그리고 나이가 들면서 점차 금융자산 비중을 높여

가구수 증감 추이

구분		2000~2020년	2020~2040년
총 가구 수 증감		+570만 40%(연 복리 1.7%)	+210만 10%(연 복리 0.5%)
연령대별 가구 수 증감	20~30대	-100만	-130만
	40~50대	+260만	-190만
	60대 이상	+400만	+530만
70대 이상 가구 비중		7% → 15%(2020년)	15% → 34%(2040년)
가구원수별 가구 수 증감	1~2인	+680만	+380만
	3인 이상	-110만	-170만
1~2인 가구 비중		34% → 58%(+24%p)	58% → 70%(+12%p)

자료: 통계청, 미래에셋은퇴연구소

15장 노후설계 노후 대비 자산관리, 이것만은 유념하자

60대에 접어들면 그 비중이 반반은 되어야 합니다. 이 경우 집 값이 상승하든 하락하든 하우스푸어가 될 염려는 없습니다.

저축과 투자는 어떻게 다른가

금융자산은 현금, 예금, 주식, 채권, 펀드, 보험, 연금 등 매우 다양한데 그 비중은 어떻게 높여야 할까요?

1990년대만 해도 금리가 10퍼센트였는데 그때는 예금만 해도 괜찮습니다. 은행에 예금만 해도 금리를 10퍼센트 책임져주니 얼마나 좋습니까. 하지만 2020년 상반기에는 정기예금 금리가 평균 0.9퍼센트였습니다.

우리가 반드시 기억해야 할 것은 수많은 금융상품은 저축 상품과 투자상품으로 나뉜다는 점입니다. '저축'과 '투자'는 분명 다른 말입니다. 저축을 해서 돈을 모으는 것과 투자를 해서 돈을 모으는 것은 절대 비슷하지 않습니다. 오히려 이것은 상반된 개념입니다.

'저축'이란 아껴서 모은다는 의미입니다. 우리가 은행에 예금하는 것, 지급액이 확정된 보험에 드는 것, 지급액이 확정된 연금에 드는 것은 저축 상품입니다. 저축 상품을 선택하면 늘어나는 속도는 느리지만 원금이 깨지는 법은 없습니다. 금융기관이 운용 결과를 책임지기 때문입니다.

과연 어떤 돈을 저축해야 할까요? 단기간 내에 써야 하는 돈, 절대로 원금이 깨지면 안 되는 돈은 예금을 해야 합니다.

'투자'란 가능성을 믿고 자금을 투하하는 것을 말합니다. 주식, 채권, 선물, 옵션, 펀드, 변액보험, 변액연금에 잘 투자하면 돈을 법니다. 반대로 잘 못하면 원금도 깨집니다. 이처럼 투자상품에는 리스크가 따릅니다. 특히 보험이나 연금 앞에 '변액'이란 말이 붙어 있으면 펀드라는 사실을 꼭 기억해야 합니다.

그럼 어떤 돈으로 투자를 해야 할까요? 바로 시장에 장기간 묻어둘 수 있는 돈, 비상사태가 발생해도 놀라지 않고 참고 기다릴 수 있는 돈입니다. 이 골치 아픈 걸 왜 해야 하느냐고요? 물론 금리가 몇십 퍼센트일 때는 이런 것을 하지 않아도 됩니다. 알다시피 지금 금리는 1퍼센트도 채 되지 않습니다.

그래서 투자를 공부해야 하는데 흔히 이것을 주가나 부동산시장 '예측'을 공부하는 것으로 알고 있습니다. 사실을 말하자면 보통사람은 단기 예측이 불가능합니다. 세계적인 펀드매니저 역시 정확한 전망치는 내놓지 못합니다. 결국 우리가 공부해야 하는 것은 자산관리의 기본 원칙, 자산관리자가 전문가인지 아닌지 식별하는 법 그리고 그 사람을 활용하는 법 정도입니다.

자산관리의 6가지 주의점

자산관리에서는 리스크 역시 제대로 이해해야 합니다. 리스크 (risk)는 보통 위험(danger)이라고 번역하지만 정확한 번역은 불확실성, 그러니까 잘될 수도 있고 잘못될 수도 있는 것을 말합니다.

과거에는 소위 '안전빵'이라는 게 있었습니다. 몇몇 직업을 선택하면 평생을 보장받았고 예금에는 몇십 퍼센트 금리를 주었지요. 그렇지만 앞으로는 결혼, 직업, 자산운용 등에서 리스크, 다시 말해 불확실성을 떠안지 않고는 풍요로운 인생을 살 수 없습니다.

사실 리스크의 라틴어 어원을 보면 그 뜻이 '용기를 갖고 도전하다'입니다. 현재 시점에서 한국에 제일 시급한 것은 젊은이들이 리스크를 감수하고 도전하게 만드는 것입니다. 저는 이것이 가장 심각한 문제라고 생각합니다. 지금은 안전빵이 없으며 어차피 젊은이들은 리스크를 감수하고 도전하면서 살아가야 합니다. 다만, 금융상품을 고를 때는 여섯 가지 사항을 꼼꼼히 살펴보기 바랍니다. 이 여섯 가지 사항을 잘 살펴보고 상품을 고르면 자산관리에 큰 실수는 없을 것입니다.

첫째, 선택하려는 금융상품이 저축 상품인지 투자상품인지 확실히 알아야 합니다. 앞서 말했듯 저축 상품은 그 결과를 금융기관이 책임지지만 투자상품은 리스크가 따르므로 상품 내용을 정확히 파악해야 합니다.

요즘 금융사기가 어찌나 많은지 퇴직자를 상대로 한 연수 과목에 '금융 사기 방지법'이 단골 과목으로 들어 있을 정도입니다. 누군가가 기발한 상품이라며 권하면 조심해야 합니다. 내용을 샅샅이 훑어봐도 잘 모르겠다면 절대 투자하면 안 됩니다. 투자 원칙 중 가장 중요한 것은 바로 '모르는 상품에는 절대 투자하지 말라'입니다.

둘째, 저축 상품은 금융기관이 책임을 지므로 사놓은 뒤 잊고 지내도 상관없지만 투자상품은 원금이 깨질 수도 있으므로 꼼꼼히 살펴야 합니다. 요즘 간접 투자상품으로 펀드와 변액보험, 변액연금에 많이 가입하는데 이것은 가입을 권하는 은행이나 증권사보다 상품을 만든 운용회사가 더 중요합니다.

가전제품을 살 때는 제조사를 따지면서 펀드를 살 때는 왜 그걸 만든 운용회사가 어디인지 묻지 않는 것입니까. 그걸 반드시 확인하고 사야 합니다. 신뢰할 수 있고 실력도 갖춘 전문가에게 운용회사를 꼭 물어보기 바랍니다.

셋째, 단서 조항을 알아야 합니다. 금융상품에는 단서 조항이 있는 상품이 많습니다. 예를 들어 요즘 금융기관에서 중위험, 중수익 상품이라는 ELS 상품을 팔고 있습니다. 이것은 좋은 상품이지만 단서 조항이 있습니다. 그중 하나가 3년 내에 주가지수가 40퍼센트 이상 떨어지지 않으면 원금이 보장된다는 내용입니다. 단서 조항은 나쁜 것이 아니지만 그걸 모르고 샀다가 낭패를 보는 경우도 있으므로 미리 확인하기 바랍니다.

넷째, 적합성을 따져봐야 하는데 어떤 사람에게는 좋은 상품이 내게는 맞지 않을 수도 있습니다. 만약 직장인이 컴퓨터 앞에 앉아 주식시장을 들락날락하고 있다면 빨리 말려야 합니다. 물론 주식은 하는 것이 좋습니다. 그렇지만 하더라도 일주일에 한 번 들어가 보는 식으로 느긋하게 해야 합니다. 왜냐고요? 직장인은 직업에서 성공해야 하기 때문입니다. 가장 큰 투자 엔진은 자신의 직업입니다. 따라서 직장인은 우량주펀드를 사놓고 원칙대로 하되 직장에서는 일을 열심히 해야 합니다.

다섯째, 절세상품인지 살펴봅니다. 과거에는 부자들만 세금을 고려했으나 앞으로는 서민도 절세상품을 잘 활용해야 합니다. 정부는 국민의 노후를 일일이 책임지기 어려운 까닭에 노후를 준비하라고 절세상품을 많이 내놓고 있습니다. 그걸 잘 활용하십시오. 가령 세제 혜택도 받고 수익도 낼 수 있는 개인형 퇴직연금(IRP) 하나만이라도 잘 활용하는 것이 좋습니다.

여섯째, 수수료에 신경을 써야 합니다. 현실을 보자면 펀드나 보험에 가입하면서 수수료가 얼마인지 물어보는 사람이 거의 없습니다. 반면 선진국 투자자들은 펀드를 살 때 가장 먼저 물어보는 것이 수수료입니다. 자칫 잘못하면 남 좋은 일만 시키기 때문입니다.

다음에는 인생 단계별 자산관리 전략입니다. 여기에는 3단계가 있습니다.

1단계는 현역 시절입니다. 이때는 월급을 받아 쓰고 남은 돈을 장기 분산투자하는 것이 좋습니다. 한마디로 적립하면서 운용하는 단계입니다.

2단계는 퇴직 후입니다. 퇴직해서 월급이 없으므로 모아놓은 돈을 꺼내 쓰면서 남은 돈을 운용해야 합니다. 세계 평균을 보면 1년에 모아둔 돈의 4퍼센트를 꺼내 쓰고 남은 돈을 3퍼센트 정도 운용합니다. 이 경우 혼합형 펀드를 활용하는 것이 좋습니다.

그리고 2단계에서는 가능한 한 덜 빼서 써야 합니다. 3단계로 많이 옮겨야 하기 때문입니다. 일을 해서 매달 50만 원이라도 벌거나 연금을 100만 원쯤 받거나 시골로 이사해 비용을 줄여서 가능하면 3단계로 많은 돈을 옮겨놔야 합니다.

3단계는 70세 후반 이후입니다. 이때는 예금이나 예금 비슷한 상품에 돈을 넣어두고 꺼내 쓰면서 세상을 떠날 때까지 살아야 합니다.

결국 자산관리의 목표는 내 수명보다 노후자금 수명이 길게 하는 데 있습니다. 이 3단계를 위해 어떻게 할 것인지 깊이 생각해보기 바랍니다.

아트테크

16장　미술 초보자도 쉽게 하는 대안투자, 아트테크

07

이승행

아트투게더 부대표. '누구나 쉽게 접근할 수 있는 미술시장 플랫폼을 만든다'는 모토로 미술품 소유, 공동 구매, 미술품 임대, 임차 등 미술품 소비 사이클의 새로운 생태계를 만들어가는 아트투게더를 통해 고객과 만나고 있다.

미술 초보자도
쉽게 하는 대안투자,
아트테크

이승행, 아트투게더 부대표

아트테크란 아트(Art)와 테크(Tech)를 결합한 신조어로 미술품에 투자해 수익을 얻는 재테크 방식을 말합니다. 작품 거래가 이뤄지는 미술시장은 전통 방식으로 크게 1차 시장과 2차 시장으로 나눌 수 있습니다.

1차 시장을 구성하는 주체는 작품을 직접 생산하는 작가, 그들이 생산한 작품을 유통하는 갤러리와 딜러 그리고 작품을 구매하는 컬렉터입니다. 먼저 작가는 작품을 생산해 갤러리나 갤러리들이 모인 아트페어에서 작품을 선보이고 대중에게 알립니다. 갤러리스트와

큐레이터는 작가와 함께 작품 가격을 산정하고 전시를 기획하며 작품을 홍보하는 역할을 합니다. 마지막으로 딜러는 컬렉터에게 가치 있는 작품을 소개하는데 그 컬렉터는 작품 가치를 인정할 경우 작품을 구매합니다.

이런 거래는 소수 갤러리와 딜러 그리고 컬렉터 사이에 이뤄지는 폐쇄적인 구조로 일반 대중은 접근하기에 어려움이 있는 시장입니다.

2차 시장은 미술품 경매 회사를 중심으로 형성됩니다. 작품을 소유한 위탁자가 경매 출품을 의뢰하면 경매사는 해당 작품을 생산한 작가의 인지도, 예술사적 가치, 작품 가치 등을 산정해 경매가를 산출한 다음 경매에 출품합니다. 작품 가치를 인정받으면 누구나 자신이 보유한 작품을 경매에 출품할 수 있습니다. 반대로 미술품을 구매하고 싶은 경우 갤러리에 비해 온·오프라인 경매 구매가 비교적 쉽게 접근이 가능해 훨씬 용이합니다. 이렇게 접근성은 좋아졌지만 여전히 미술품 이해나 경매 방식의 복잡성 때문에 일반 대중이 접근하기에는 좀 어렵습니다.

최근 경매사들은 미술시장에 한 발 더 다가가고 싶지만 전통 방식의 미술 거래에 어려움을 느끼는 대중이 보다 쉽게 접근하도록 온라인 경매 서비스를 운영하고 있습니다. 세계적인 경매 회사 소더비즈와 크리스티도 온라인 경매 서비스를 제공하고 있지요. 이들은 뷰잉룸을 온라인으로 운영해 장소에 관계 없이 작품을 상세하게 보도록 구성하고 있고 다양한 작품 정보를 온라인에 보다 디테일하게 공개하기도 합니다. 소더비즈 같은 경우 온라인 경매 두 달 만에 7,000만 달러의 판매 신기록을 세울 정도로 온라인 경매는 인기가 굉장합니다. 이는 전통 시장에서 온라인 형태 그리고 새로운 시장으로 이동하는 긍정적인 모습을 보여주고 있습니다.

빠르게 성장하고 있는 국내 미술시장

이제는 1차 시장과 2차 시장을 구성하는 갤러리, 온라인과 갤러리 경매, 딜러 등 모두가 온라인상에서 VR이나 온라인 뷰잉룸 혹은 온라인 경매로 대중에게 좀 더 다가서려는 움직임을 보이고 있습니다.

2009년 세계 미술품 거래 총액은 약 43조 원입니다. 2018년 들어 이 액수는 74조 원으로 빠르게 늘었고 작품 거래량도 급격히 증가하고 있습니다. 국가별 작품 거래 총액 점유율을 보면 미국이 44퍼센트, 중국이 19퍼센트를 차지하고 있습니다.

이러한 판매량 증가와 경매가격 상승은 최근 온라인 경매로 새로운 소비자가 나타나고 있는 것과 맞물려 있습니다. 물론 작품가격 상승도 한몫하고 있죠. 가령 미국 팝아티스트 카우스는 2015년 경매에서는 가격이 낮았지만 불과 4년 만인 2019년에는 383퍼센트 수익률을 달성했습니다. 흥미롭게도 카우스 작품은 판화임에도 불구하고 아주 빠른 속도로 상승하고 있습니다. 영국 현대미술가 데미언 허스트 작품도 불과 몇 년 만에 153퍼센트 수익률을 올렸습니다. 20세기 초현실주의 화가 살바도르 달리도 78퍼센트의 상승률을 보였지요.

그럼 세계 미술시장과 한국 미술시장을 비교해서 살펴봅시다.

미국 현대미술가 제프 쿤스는 생존 작가 중 가장 높은 낙찰액을 보이고 있습니다. 그의 작품 〈벌룬 독(Balloon Dog)〉은 1,084억 원에 낙찰됐고 일본 화가 나라 요시토모도 245억 원에 낙찰된 이력이 있습니다. 반면 한국에서 최고 작가로 꼽히는 이우환의 〈동풍〉은 2019년 20억 7,000만 원에 낙찰됐습니다. 단일 작품으로는 높은 금액이지만 다른 나라 생존 작가들에 비해 상대적으로 한국 작가의 가치는 저평가되어 있습니다. 작고 작가의 경우에도 피카소나 잭슨 폴록에 비해 한국 최고 작가인 김환기의 〈우주〉는 상대적으로 가격이 낮습니다. 2위 작가로 이중섭의 〈황소〉는 35억 원에 낙찰됐는데 작고 작가 기준으로 볼 때 그 갭이 훨씬 더 크다고 볼 수 있습니다.

그렇지만 국내 미술시장 규모는 2018년 기준 4,400억 정도로 빠르게 성장하고 있습니다. 거래량도 2013년 2만 6,000건에서 2018년 3만 9,000건으로 늘어났지요. 2017년 대비 10.2퍼센트가 증가할 정도로 가파른 성장세를 보이는 중입니다.

고가의 미술품에 접근할 수 있는 공동구매 플랫폼

이런 긍정적인 미술 현황과 가치 상승에도 불구하고 사실 대중이 미술품을 접하기는 여전히 쉽지 않습니다. 왜 그럴까요? 여기에는 네 가지 문제가 있습니다.

첫째, 미술시장 자체가 대중이 접근하기 어렵게 약간 폐쇄적입니다. 정보를 구하기도 어렵고 설령 정보를 구할지라도 대중이 이해하기가 어려운 환경입니다. 여기에다 시장 자체가 상위 업체가 독점하는 구조입니다.

둘째, 가치를 인정받는 미술 작품은 최소 몇천만 원에서 몇억 원까지 고가에 형성되어 있습니다. 그러다 보니 일반 대중이 구매하기에는 상당히 부담스럽습니다.

셋째, 미술품은 구매하기 전 가치가 상승할지 아닐지 판단해야 하는데 그런 정보가 생소하고 낯설어 대중이 접근하기가 어렵습니다.

넷째, 작품은 대부분 경매나 갤러리에서 구매하는데 수수료가 상당히 높습니다. 특정 갤러리에서는 최대 70퍼센트까지 수수료를 요구하기도 합니다.

다행히 이러한 문제점을 해결하려는 움직임의 일환으로 온라인 미술 거래 플랫폼이 등장하고 있습니다. 최근 젊은 층 수요가 확산되고 거래가 활발해지면서 대중에게 미술품 거래가 보다 쉽게 다가서고 있지요.

아트투게더, 테사 프로젝트, 피카 프로젝트, 아트 앤 가이드 등의 플랫폼이 대중에게 미술품에 쉽게 접근하도록 서비스를 제공하고 있습니다. 약간씩 차이는 있지만 온라인 공동구매 플랫폼은 대부분 대중이 고가의 미술품에 쉽게 접근하도록 낮은 가격으로 쪼개 구매하는 환경을 만들어놨습니다. 가령 수억 원에 달하는 미술품에 단돈 몇만 원을 투자하는 것이 가능한 서비스를 제공하고 있지요.

작품 가치가 오를지 오르지 않을지 산정하는 것도 이러한 플랫폼이 대신합니다. 또한 작품을 구매했을 때 따르는 보관상의 어려움도 해결해줍니다. 이러한 서비스로 미술품 온라인 플랫폼은 미술 대중화에 크게 기여하고 있습니다.

국내 미술시장은 갤러리, 경매사, 아트페어로 나뉘어 있습니다. 이 중 거래 규모가 가장 큰 것은 갤러리고 그다음으로 경매사와 아트페어에서 거래가 이뤄지고 있습니다. 2019년 기준으로 보면 온라인 공동구매 플랫폼은 약 0.5퍼센트의 시장점유율을 차지하고 있습니다. 비록 점유율은 낮지만 온라인 공동구매 플랫폼이 2018년 본격 시작됐음을 고려하면 단기간 내에 유통 시장에서 새로운 자리를 차지한 셈입니다.

시간이 지날수록 작품 가치가 높아지는 아트 투자

그럼 대체투자 혹은 대안투자 관점에서 아트 재테크를 생각해봅시다.

최근 저성장, 저금리 기조에다 정부의 강력한 부동산 규제로 일반투자자들이 대안투자를 찾기 시작했습니다. 덕분에 대안투자 시장이 활성화되고 있는데 그에 걸맞은 몇 가지 상품군을 여기에 소개하겠습니다.

먼저 음악 저작권 투자입니다. 최근 음악 저작권에 투자하는 플랫폼이 나왔는데 음악 상품 제작자나 작사가가 이 거래소에서 음악 저작권을 분할해 매각하면 그것을 구매한 사람들이 시세 차익을 얻거나 저작권료를 받는 투자 형태입니다.

문제는 인기를 끄는 히트곡이 제한적이다 보니 시세 차익을 보기 어려울 수 있다는 점입니다. 또 시간이 갈수록 저작권 수익이 떨어지는 단점도 존재합니다.

그다음으로 스니커테크(스니커즈+재테크)입니다. 이것은 운동화 마니아들이 인기 있는 운동화를 재판매해서 수익을 창출하는 재테크 방법입니다. 한정판 운동화나 예술적 가치를 인정받은 운동화를 구매했다가 일정 시간 후 판매해서 수익을 얻는 방식이죠.

그런데 패션 트렌드 변화가 상당히 빠르고 투자하는 운동화의 가치 보장이 생각보다 어려울 수 있다는 단점이 존재합니다.

마지막은 암호화폐입니다. 많은 사람이 암호화폐에 투자하고 있는데 이 경우 큰 수익을 올릴 수도 있습니다. 실제로 큰 수익을 올린 사람이 많지만 반면 큰 손실을 본 사람도 많습니다. 그만큼 등락폭이 크고 시장에 따른 잦은 변수 때문에 상당한 리스크가 존재합니다. 그래서 전문적으로 분석하지 않고는 접근하기 어려운 시장입니다.

이 외에 P2P 투자, 크라우드펀딩 등 다양한 투자 방식이 있습니다. 그럼 이런 투자와 달리 아트테크에 어떤 장점이 있고 어떤 의미에서 각광받고 있는지 설명하겠습니다.

아트 투자는 시간이 지날수록 작품 가치가 높아지는 경향을 보입니다. 인기 있는 작가의 작품은 구하기도 어렵고 일단 구매해 일정 기간 보유하면 희소성을 인정받아 가치가 상승합니다.

문제는 가치가 상승할 만한 작가의 작품을 선정하기가 어려우며 선정할지라도 소액으로 구매하기가 쉽지 않다는 점입니다. 온라인 판매 전문업체 아트 프라이스에 따르면 2015년 미술시장 수익률은 10~15퍼센트라고 합니다. 이는 같은 기간 코스피지수 상승률인 2.7퍼센트의 5배 정도로 수익성 측면에서 탁월한 성과를 보이고 있습니다. 이에 따라 최근 젊은 컬렉터가 많이 등장하고 있습니다.

아트투게더의 연령대별 구매 비중을 보면 2030세대를 합칠 경우 60퍼센트가 넘습니다. 그만큼 젊은 층이 미술품 투자에 큰 관심을 보이고 있습니다. 특히 최근 연예인 수요가 급증하면서 일반 대중에게도 미술품 투자가 많이 알려졌죠.

안정적 수익을 올리는 새로운 재테크 수단

아트 투자는 어떤 방식으로 이뤄지는 것일까요?

여기서는 IT 기술을 기반으로 한 미술품 종합 플랫폼 아트투게더를 사례로 들어 설명하겠습니다. 아트테크를 위한 서비스는 크게 다섯 가지로 나눌 수 있습니다.

첫 번째, 공동구매와 작품 매각입니다. 공동구매는 고가의 미술품이나 가치를 인정받는 작가의 작품 가격을 분할해서 소액으로 구매할 수 있게 하는 서비스입니다.

공동구매는 이런 방식으로 이뤄집니다. 일단 아트투게더 소속 미술품 전문가가 모집 작품을 선정합니다. 일반 대중이 아트 투자를 할 때 가장 어려운 점이 어떤 작품이 향후 가치를 인정받을지 예상하는 것인데 그런 것을 미술품 전문가가 대신 해주는 겁니다. 그렇게 선정한 작품을 공동구매 플랫폼에 올리고 고객은 그 작품을 1만 원 단위로 구매할 수 있습니다. 실제로 공동구매 고객은 굉장히 빠르게 모집이 완료되고 있습니다.

예를 들어 서양화가 마리 킴의 작품 〈신데렐라〉는 공동구매 후 K옥션에서 경매에 출품해 147퍼센트의 수익률을 올렸습니다. 단기간에 높은 수익을 달성한 것이지요. 스페인 화가 호안 미로 작품은 금액대가 낮긴 했지만 30초 만에 모집이 완료되었습니다.

2019년 12월에는 한국을 대표하는 거장 이우환 화백의 작품 〈점으로부터〉와 〈대화〉를 공동구매했습니다. 〈대화〉는 209일 만에 재매각했는데 당시 수익률 20.67퍼센트를 달성했습니다. 연수익률로 환산하면 36퍼센트의 수익률이죠. 이처럼 아트테크의 가능성은 상당히 높습니다.

두 번째, 공동구매한 작품은 가치를 인정받기까지 혹은 수익률이 오를 때까지 3~5년의 시간이 걸리는데 그 기간 동안 투자자가 수익을 올리도록 렌털 서비스를 시행합니다. 사업장에 작품을 임대하고 그 수익을 작품 소유자인 고객에게 분할해서 제공하는 것이지요. 작품 소유자는 언제든 그 사업장에 방문해 작품을 볼 수 있고 사업장에서 제공하는 혜택도 받을 수 있습니다.

렌털 서비스는 렌털 이용 업체와 미술품을 공동구매한 조각 소유자로 나눌 수 있습니다. 렌털 이용 업체는 낮은 금액으로 고가의 미술품을 임대해 고급스러운 인테리어 효과를 누릴 수 있습니다. 조각 소유자는 그 미술품을 보기 위해 업체를 방문할 수 있는데 그러면 업체는 잠재고객을 확보하는 이점을 누립니다. 조각 소유자 역시 소유한 금액만큼 렌털 수익금에서 수익을 얻는 혜택을 봅니다. 또 각 업체에서 소유자 방문 혜택을 제공하므로 무료 음료나 이벤트 참여권, 할인권 등을 제공받습니다.

세 번째, 온라인 경매 서비스를 제공합니다. 경매 서비스는 그림을 보유하고 있지만 일반 경매에 내기 어려운 사람, 공동구매에 참여해 소유하고 있지만 한 작품을 온전히 소유하고 싶어 하는 고객을 대상으로 제공합니다. 아트투게더는 저렴한 수수료로 경매를 출품하는데 경쟁률이 24 대 1에 달하는 사례가 있을 정도로 인기가 많습니다.

네 번째, 조각 거래 서비스를 제공합니다. 간혹 공동구매가 이뤄진 뒤 긴 기간 동안 보유하기 어려운 상황이 발생할 수 있습니다. 그러면 자금 유동성이 떨어지는데, 조각 거래 서비스를 이용하면 언제든 작품을 매각할 수 있고 또 구매도 가능합니다.

다섯 번째, 아트몰 서비스를 제공합니다. 아트몰은 온라인 갤러리 역할을 하면서 작가의 에디션 작품이나 한정판 북을 판매합니다.

그 밖에 아트투게더는 다양한 온라인 서비스를 제공합니다. 우선 미술품 투자나 미술품을 어렵게 느끼는 고객을 위해 오프라인 강의를 하고 있습니다. 또한 작가와 만나는 기회를 제공하고 자체 갤러리에서 소유자가 언제든 방문해 자신의 작품을 확인하도록 서비스합니다. 특히 VR 갤러리를 제공하기 때문에 자신이 소유한 작품을 온라인상에서도 현실감 있게 볼 수 있습니다.

무엇보다 아트투게더는 두 가지 특허를 보유하고 있습니다. 먼저 예술품 대여 서비스와 시스템 방법은 특허 등록을 완료했습니다. 이건 렌털로 수익을 얻는 방법과 관련된 특허입니다. 그다음은 예술품 거래 중개 시스템 방법에서 특허를 받았습니다. 이것은 미술품을 분할해서 구매하게 하는 서비스 관련 특허입니다.

한편 아트투게더는 다양한 제휴 협력사와 함께하는 서비스도 제공합니다. 예를 들면 SKT와 하나금융의 합작회사인 핀크에서 서비스를 제공하고 있습니다. 핀크 전용 상품으로 앤디 워홀 작품을 출시했을 때 단 12분 만에 모집이 끝났습니다. 앤디 워홀 작품 같은 경우에는 가격 상승이 많이 기대되고 있어서 수익이 높아질 것으로 예상합니다.

과연 향후 전망과 기대 효과는 어떨까요?

예를 들어 나라 요시토모의 작품 〈돈 워너 크라이(Don't Wanna Cry)〉 2016년에 1,600만 원에 낙찰됐는데 2019년 같은 작품이 다시 나왔을 때는 3,900만 원에 낙찰됐습니다. 3년 사이 143퍼센트의 수익률을 올린 것이지요. 하지만 오를지 말지 모르는 한 작품에 혼자 1,600만 원을 투자하는 것은 리스크가 큽니다.

이럴 경우 미술품 공동구매 플랫폼을 이용하면 소액으로 이 작품에 투자해 똑같이 143퍼센트에 따른 수익을 누릴 수 있습니다. 또한 분산해서 다양한 작품에 투자할 수 있기 때문에 안정적으로 수익을 올리는 효과가 있습니다.

미술품 거래 대중화로 일반인이 미술품 거래를 쉽게 접하는 환경이 열리면서 누구나 소액으로도 수익을 거두는 온라인 공동구매 플랫폼이 점차 각광받고 있습니다. 여기에 참여하면 다른 재테크 수단과 달리 재미있는 투자도 하고 높은 수익률도 올릴 수 있으리라고 봅니다.

2021 대한민국 재테크 트렌드

첫판 1쇄 펴낸날 2021년 1월 22일

엮은이 조선일보 경제부
발행인 김혜경
편집인 김수진
책임편집 김수연
편집기획 이은정 김교석 조한나 이지은 유예림 유승연 임지원
디자인 한승연 한은혜
경영지원국 안정숙
마케팅 문창운 정재연
회계 임옥희 양여진 김주연

펴낸곳 (주)도서출판 푸른숲
출판등록 2003년 12월 17일 제 406-2003-000032호
주소 경기도 파주시 회동길 57-9, 우편번호 10881
전화 031)955-1400(마케팅부), 031)955-1410(편집부)
팩스 031)955-1406(마케팅부), 031)955-1424(편집부)
홈페이지 www.prunsoop.co.kr
페이스북 www.facebook.com/prunsoop **인스타그램** @prunsoop

ⓒ조선일보 경제부, 2021
ISBN 979-11-5675-859-4(03320)